大抉择

大变局中的袁世凯

马平安 著

ZHEJIANG UNIVERSITY PRESS
浙江大学出版社

图书在版编目（CIP）数据

大抉择：大变局中的袁世凯 / 马平安著. —杭州：浙江大学出版社，2016.12

ISBN 978-7-308-16123-7

Ⅰ.①大… Ⅱ.①马… Ⅲ.①袁世凯（1859-1916）—人物研究 Ⅳ. ①K827=52

中国版本图书馆CIP数据核字（2016）第189383号

大抉择：大变局中的袁世凯

马平安 著

责任编辑 谢 焕
责任校对 杨利军 田程雨
出版发行 浙江大学出版社
（杭州市天目山路 148号 邮政编码 310007）
（网址：http://www.zjupress.com）
排 版 浙江时代出版服务有限公司
印 刷 杭州杭新印务有限公司
开 本 710mm×1000mm 1/16
印 张 16.5
字 数 246千
版 印 次 2016年12月第1版 2016年12月第1次印刷
书 号 ISBN 978-7-308-16123-7
定 价 38.00元

目　录

前言：英雄造时势，时势造英雄

是英雄创造历史，还是时势造就英雄，多年以来，这个话题看似陈旧，但一直众说纷纭，莫衷一是。时至今日，仍是各执一说。

对袁世凯的评价就面临着这样一个难题。

毫无疑问，袁世凯是中国近代历史上为数不多的豪杰人物之一。纵观他一生，客观地说，他应该属于王莽、曹操、刘裕之流的人物。

有人曾这样给他盖棺论定：青年，爱国之英雄；中年，治世之能臣；晚年，误国之奸雄。这样的评论，或许有其几分道理。

这样的人物来到人类社会这个大舞台上，注定是一个不可多见的人精。这种人，往往可塑性非常大，如果机缘巧合的话，在秦末，他的功业不会逊于汉高祖；在元末乱世，他的能力不会低于朱元璋。早生千百年，他真有可能像刘邦或者朱元璋那样成为一个传统意义上的开国皇帝；晚生几十年，他也有可能成为蒋介石那样的政治强人，在乱世争雄的舞台上辉煌一时。当然，在他的那个时代里，他也可谓是个出类拔萃、凤毛麟角的人物了。他的天分，注定是一块做领袖的材料。不过，成为一个什么样的人，能够做成多大的事情，并不完全由他自己说了算，更要看他所面临的社会发展形势。所谓形势比人强，即是这个道理。东汉末年，曹操、刘备、诸葛亮、孙权等人哪一个不是人中的龙凤，可他们倾毕生心血，费尽九牛二虎之力，就是统一不了中国，最后落得了一个三分天下“出师未捷身先死，长使英雄泪沾襟”的结果。但到魏晋时期，司马氏统一天下，几乎是一帆风顺。为什么会出现这样的情况？这是因为时势不同的原因啊。七分天命，三分人事，在客观形势面前，他们自己只能做很少一点的主，其余的造化，全要看老天给予他们的因缘际会了。

袁世凯所处的时代，正是中国的一个变局时代。这是一个因为西方炮舰的轰击与观念文化的渗透，使中国旧有的一切传统和观念开始被打破，至少是已经显现出了其弊端的时代。但是，在这个忙于救亡的时代，成熟的观念与行为准则不可能在短期内建立起来。特别是，人们虽然有爱追逐时髦的缺点，但西方的价值体系因为水土不服、基因不同，注定中国不可能完全走西式道路。这是一个令人尴尬的时代，它所造就的豪杰人物，也就必然要打上这个特殊时代的浓重烙印。

袁世凯就处在这样一个时代。

在这个时代里，有两件大事，打破了中国政治的平衡，影响了此后中国百年历史的发展。

一件是，西方列强全方位的侵略。在坚船利炮的击打下，中国开始沦为半殖民地半封建社会。另一件是，太平天国的内部打击。1851—1864年，洪秀全发动了中国历史上规模最大的一次农民起义。太平天国基本上摧毁了作为清政府军事支柱的八旗、绿营武装，使满洲贵族失去了控制国家武装力量的实际能力。除了依靠汉人的政治与军事力量，清政府已经难以维持统治。这两件大事共同运动起来，就造成了一个运数，这个运数改变了清帝国200多年来稳固的统治局面，打破了中央和地方的平衡关系，从此，传统的文官操纵政治的局面被迫让位于武人干政。这，就是当时的真实国情。

短短16年，袁世凯即从一个地市级干部奋斗成为中华民国大总统。“王侯将相，宁有种乎”的神奇预言幸运地降临到他的头上。已经经营了260多年的实力雄厚的清王朝轻而易举地由他来改朝换代。遍览人间春光，极尽人间荣耀，如此神奇的事情，想来令人不可思议。然而，事实就摆在那里，不由你不信。

在这场旷古未有的奇变中，袁世凯的崛起，成为这个时期十分引人注目的一个话题。在清末短短十余年间，袁世凯从组建北洋集团开始，一发而不可收地成为清末民初社会大舞台上举足轻重的显要角色。清王朝所以灭亡，如果从其内部考察，显然是由于中央集权体制的逐步瓦解，曾国藩、李鸿章、袁世凯为首的汉人地方势力长期膨胀侵蚀的结果。但其最直接的原因，毫无疑问，是袁世凯北洋集团拥有政治军事资本，利用辛亥革命之机逼宫夺权的结果。

袁世凯北洋集团，简称袁氏集团，是指承传曾国藩、李鸿章湘淮集团发展而来，利用清末中央政府无力应付内外危机的大好时机，在小站练兵与新政这些合法条件下迅速形成并发展壮大起来的一个以袁世凯为核心的军事、官僚集团。这个集团，首先是一个军事团体，它以小站练兵为起点，以新建陆军为基础，逐渐扩展，到北洋六镇时期臻于完善和强大，终至尾大不掉。它又是一个官僚团体，北洋官僚集团，机构庞大，而且拥有复杂的内部组织，其中一部分人控制着北洋派的财政经济部门，对于北洋派的势力伸展曾经起过重要作用。这一集团，在清末社会发生剧变的时期产生并迅速发展，反过来，它又对清末时局的变化起到了一定程度的加速与催化作用。

袁氏集团何以能强有力地崛起？袁世凯为什么能够取得如此成功？其原因纷繁复杂，大致说来主要有：

1.西方列强的侵略和太平天国的打击，导致清王朝的经制之师——八旗兵和绿营兵的没落。

2.在安内攘外的过程中，曾国藩、李鸿章等汉人地方集团迅速崛起，改变了大清王朝200多年的基本政治结构，中央与地方的平衡被打破，军事、政治权力逐渐下移到地方，王权危机陡增。

3.在甲午战争中，淮军瓦解，中国需要一支新的武装力量来维护清王朝的统治。

4.甲午战后，李鸿章失势，淮系集团支撑清王朝大厦的时代结束。清王朝的统治基础出现了一个相对的真空，需要新的政治强人与势力来进行填充。

5.清末官场腐败，掌权人物腐化，给袁世凯发展私人势力提供了契机。

6.在淮系崩溃以后，是以袁世凯为领袖的北洋集团崛起，而不是以其他什么人为领袖的其他集团崛起，这与袁世凯自身的才干和作用密不可分。

与同时期的其他官僚相比，袁世凯明显有着务实的性格和异于常人的干练作风。他不仅为人机警圆滑，洞悉人情世故，熟悉官场潜在的运行规则，善于运用权谋和政治手段来化险为夷、避祸趋利，而且密切注视着历史潮流的趋向，善于利用刚刚在中国生长起来的新的军事、经济因素，来加强自己的实力，提高自己的威望，因而他才能在同侪中胜人一筹，最终能够攀登到权力的顶峰。读袁世凯的奏疏、信札、诗词和有关他的传记，给人这样一个强烈的感觉，即袁世凯的抱负很大。对袁世凯十分了解的相国荣禄就曾指出："此人有大志，吾在，尚可驾驭之，然异日终当出人头地。"正因为袁世凯有这样的抱负和雄心，他才能在以后的几十年宦海生涯中，攻坚挫锐，克服困难，逐渐实现到达权力顶峰的这一目标。

可以说，在清末10年中，袁世凯的灵活头脑、办事能力和机变手腕确实是其他大官僚所罕能与匹的。在这场权力角逐中，袁世凯在每一个涉及自己人生的重要关头，几乎都是做了正确的抉择。他很早就弃文从武，年纪轻轻即活跃于中国外交舞台；1895年取得小站练兵之权，很早就掌握了一支新的具有战斗力的"新建陆军"；他有编练新军的经验；他有善于结交权贵和寻找靠山的能力；尤其是，他得到了列强在华势力的支持。所有这一切都助长了袁世凯力量的迅速壮大，并利用辛亥革命之机攫取了中华民国政权，最终完成了从一隅走向全国、从地方走向中央的发展过程。

毋庸讳言，清亡前夕，袁世凯已经在人们心目中具有颇高的地位。他与列强驻华使节、立宪派人士、清朝文武官员都有着紧密的联系，得到他们的信任与拥护。同时，他也得到广大社会人士，甚至包括革命党领袖黄兴等人一定程度的拥护，可以说，声誉赫赫，人心相向。特别是他控制着当时中国最精锐、最强大的北洋陆军，还有由他一手培植的具有雄厚实力的北洋官僚集团，他们掌握着清王朝军事、经济、内政、外交的关键部门，唯袁氏之命是从。这样的形势，必然造成袁世凯在清末民初政坛上的举足轻重的地位。

袁世凯的这种声望和地位，不是凭空而来的，而是从他的政绩中检验出来的。他的政绩体现了他的才干、志趣与抱负。清末重大历史事件，他皆参与并且表现突出。初出茅庐即出使朝鲜，果断干练，扑灭"壬午兵变"，挫败"甲申政变"，稳定朝鲜政局。在中日甲午战争中，作为一个不大起重要作用的官员，褒多贬少。他积极参加维新运动，博得维新之名。戊戌告密一事曾使他声名狼藉，但到辛亥革命期间，时过境迁，袁世凯又与梁启超言归于好，告密丑闻已不能再构成对他声誉的损害。从小站练兵开始，他创建了中国近代第一支新式军队，博得了中外人士的普遍赞赏。在八国联军侵华期间，他稳定了山东局势，使山东全省未遭战祸波及；他参与“东南互保”，推动《辛丑条约》的谈判，在中外政界获得了很高的赞誉，一时被称为“强者”。他推动清末新政的发展，坚持废除科举制度，积极创办新式教育；回收利权，推动实业与近代交通的发展；建立巡警制度，把司法与行政分离，创前人之所未有。继而，他积极参与推行立宪活动，奏请派遣大臣出国考察宪政，率先办理地方自治，力主改革官制，实行责任内阁制。他站在时代的前列，成为清政府推行“新政”的强有力的人物，且收效显著，所以，人们把他视为与日本明治维新之伊藤博文、大久保利通齐名的世界级风云人物。民初著名记者黄远庸说袁世凯在“前清北洋时代，威望隆然，海内之有新思想者，无不日以非常之事相期望”。袁氏就是凭借他的政绩、声望与北洋军事官僚集团的力量，取得了政坛上的实力地位，拥有了逐鹿中原的资本。

平心而论，袁世凯逼迫清帝退位并不是出于什么崇高的目的，也不是因为他有反封建的民主思想，而仅仅是希望在清帝退位后由他自己来当大总统，攫取国家的最高权力。但是，就当时的客观效果来说，清帝退位不但标志着统治中国268年的清王朝的寿终正寝，也宣告了在中国实行了两千余年的封建帝王制度的彻底崩溃，中国从此开始步入了一个新的历史时期。这个变化，实际上截断了中国自秦汉以来君主专制的历史，从这个意义上讲，袁氏也算是功不可没。

民国最初的4年，袁世凯风云际会，连续做上了中华民国临时大总统、正式大总统直至终身大总统，可谓运气好得出奇。他的团体成员也都跟着水涨船高，总理、总长、都督、将军随便做，一时无人比肩。袁世凯的事业，终于达到了巅峰状态。可就在袁世凯踌躇满志之时，却不慎在恢复帝制的道路上错走了一步，结果，一失足成千古恨，以前的好运气突然消失得一干二净，袁世凯因称帝而众叛亲离，最终，他也因此忧愤而死。

本书即以袁世凯的十次人生抉择为核心展开，全面探讨他的得失成败。

第一章　袁世凯最初的人生抉择

——投笔从戎：迈出人生第一步

大丈夫当效命疆场，安内攘外，乌能龌龊久困笔砚间，自误光阴耶！

——袁世凯

这样一个家族

在传统中国，中国人的价值观念具有高度的社会化倾向。每个社会成员在由婴儿发展到成年人的过程中，都不断地从其父母、师长、同学和同事处以及各种社会政治环境中吸取信息，从而使自己形成一定的信仰、价值观念和政治态度，最终铸造成个人的性格。

袁世凯价值观念的形成受他家族的影响很大。

1859年，袁世凯出生在经济文化落后的河南项城农村。他的祖辈父辈都受过传统的正规教育，热衷科举，志在做官，一心想依附皇朝求取高官厚禄。当捻军起义席卷豫东时，袁氏家族在世凯祖叔父袁甲三的带领下，纷纷投入到镇压农民起义的行列中。由于镇压农民起义有功，袁世凯的祖叔父袁甲三和叔叔袁保恒、袁保庆等，分别获取了漕运总督、侍郎和道员的高位。袁世凯幼年时就受到这样家庭环境的熏陶与影响，奠定了他以军功和效力皇朝来求取功名的价值观念。

袁世凯出生之际，正是英法两国联合发动第二次鸦片战争和清政府镇压太平军、捻军的战斗正酣的关键时刻。战火纷飞，内忧外患，朝局动荡，社会混乱。袁世凯的长辈们，就是抓住这个机遇跻身于晚清的大历史舞台之上的。

袁世凯的童年时期，捻军活动日炽，所到之处，万马狂奔。战场杀伐、城池攻掠一时司空见惯。俗话说，环境决定与影响人生，尤其是孩提时期的环境，对人的一生的影响更是具有决定性的意义。也许是一种宿命，刀光剑影的环境，把袁世凯熏陶成了一个注重实际、注重力量、注重事功的人。

袁世凯的出生，恰是其叔祖父袁甲三攻占捻军根据地临淮关之日。捷报传来，袁家大庆，均认为这个孩子生得吉祥，给袁家带来了好运，于是就为这个刚刚出生的孩子取名世凯，希望他将来能继承祖业，世世代代一路凯歌高进，为袁家光祖耀宗。其时，袁世凯的叔祖父袁甲三、生父袁保中在家乡组织了自己的团练队伍。他们规定，袁家子弟凡15岁以上能执兵器的，要全部参加围剿捻军的战斗。袁世凯就是在这样特殊的家庭环境熏陶中成长起来的。

据史料记载，袁世凯从小性格刚毅，骄矜无比，胆大妄为，领袖欲极强。五六岁时，在同辈兄弟玩耍游戏时就爱充当大王，一语不合，即拔拳相向，不达目的誓不罢休，因此，孩子们避他如蛇蝎，袁家佣人也戏称他为“泼少爷”。他5岁那年，也就是1864年，袁保中领导团练在袁寨抗击捻军的进攻，小小的袁世凯竟然也登上寨墙，眼见捻军呼啸而至，一片枪林弹雨，他竟然毫无惧色，一点也不感到害怕。[①]他不仅自幼即目睹了死伤遍地、血光剑影的激战场面，而且还经常听到家人谈论太平军、捻军杀人放火的事情，长期耳濡目染，在他幼小的心灵里，便埋下了只有武力才可保家卫国的种子，这在无形之中，培育了他对军事的兴趣与热爱。

科举仕途的惯性

科举是隋唐以来国家通过考试选拔官员的一种制度。

① 周岩：《袁世凯家族》，中国青年出版社1991年版，第6页。

在中国历史上，科举制度前后实行了1300年之久。这个选拔官员的制度，曾经长期影响着中国封建社会文官队伍的建设风貌、政治文化的发展趋向和知识阶层对于生活道路的选择。更重要的是，它影响了隋唐以后历朝历代的国运走向。

隋唐至宋，通过科举入仕者并不占官僚队伍中的多数。但自唐朝中期以后，这一制度在官僚体系中所处的地位变得日益重要起来。正因为如此，科举取士就成为宋代以后各朝代朝野内外关注的焦点。

为了鼓励人们投身科举事业，宋真宗赵恒亲自作了《劝学文》。文中说："富家不用买良田，书中自有千钟粟。安居不用架高堂，书中自有黄金屋。出门莫恨无人随，书中车马多如簇。娶妻莫恨无良媒，书中自有颜如玉。男儿欲遂平生志，六经勤向窗前读。"[①]金钱、美女、高官、厚禄、金车、宝马、名利、奴仆等等，人生所欲，不过如此。既然科举制度能将其全部网罗其中，读书做官就成了唐宋以后有志之士孜孜以求的目标所在。

清王朝在入关以后，出于稳定政治局面、完善自身统治的需要，基本上继承了明朝各项重大政治制度，科举制度就是其中最为重要的一项。

据《钦定大清会典事例》卷337中记载，清初，清政府十分重视科举制度对维护其政治统治的作用。《会典》中说："朝廷建立学校，选取生员，免其丁粮，厚以廪膳，设学宫、学道、学官以教之。各衙官以礼相待，全要养成贤才，以供朝廷之使用。"

大清皇帝在这里说得明白，士人一中秀才，即视为跻身仕林，即可享受国家种种优厚的待遇。如果中了进士，即可成为国家正式官员，从此宝车锦衣，荣华富贵，前程锦绣。

这个充满诱惑力的选拔官员的制度，将广大民众牢牢笼络其中。这样，地无分南北，人无分种族，稍有条件的家庭，无不倾全家之财力，尽力支持孩子投身科举仕途的洪流之中。

但是，漫漫科考之路，至如难于上青天的蜀道。

在清代，科举名额有限，考中机会很少。按照政策规定，秀才大府

① 《真宗皇帝劝学文》，《古文真宝》前集卷首。

20名，大州县15名，小县4名或5名。全国秀才名额在25000名左右，举人限额在1500名上下。自1853年清廷批准各省增加生员名额起，至1871年停止，各府学考试中生员名额已增加了20%，从1850年的25089人增加到30133人。乡试中录取举人全国限额控制在1851年的1770人以下，1881年下降到1254人，19世纪80年代中期曾一度恢复到正常的1500人左右。按此限制，一个步入科举途程者，从熟背四书五经开始，童生考取秀才，秀才考取举人，举人考取进士，踏上科举之路的每一级台阶都无不荆棘丛生，坎坷艰难。

秀才与举人限额的比例按规定大体是20：1，但是，具体到真实情况，添加历年落榜者，20：1的比例就大打折扣，按大、中、小省，分别是80：1、60：1、50：1，淘汰率十分高。参加会试殿试中进士，录取比例大致是30：1、40：1。这种选拔考试都是三年一次，三级考试都能顺利通过，大体就要花费10年左右的时间，从童生到进士的考中机会大概是百分之几，越往上考，淘汰率就越高，要是在哪一级上蹉跎一下，一晃就是十几年甚至几十年了。[①]

但是，直到晚清，虽然已经天下大变，但科举风气依旧。袁氏家人像中国当时所有仕宦人家一样，也没有改变读书做官的观念模式，还是按着当时读书做官的老路，希望袁世凯能够在不远的将来，科举登对，仕途顺风，发达袁家。

袁世凯6岁入家塾启蒙，7岁随嗣父袁保庆到济南，10岁到扬州，不久移居江宁（今天的南京）。每到一处，袁保庆都为他延聘名师授课，希望他早日学业有成。但是，由于嗣母牛氏的溺爱，或者是天性的使然，也可能是袁世凯对现实社会有着与众不同的认识与观察，总之，他对读书并不感兴趣，而对于游山玩水、看戏斗殴、练拳习武，却乐此不疲，兴趣盎然。他在济南，就曾从家中拿了银子10两，投拜拳师学技。袁保庆任官扬州时，寓居该城的前云贵总督张亮基一次宴请袁保庆，袁保庆携袁世凯赴宴。由于袁世凯临场表现得十分机灵，很得张亮基的喜爱。于是，张亮基对袁保庆说：令郎是个可造之才。经过袁保庆的同意，张亮基把袁世凯留在自己府上，让他与自己的儿子一同学习，专门

① 任恒俊：《晚清官场规则研究》，海南出版社2003年版，第2—3页。

聘请名师王伯恭教读。但是，袁世凯还是没有兴趣读书，甚至唆使张亮基的儿子盗窃家中银两，一同赴妓院嫖妓。此事被张亮基发觉后，十分生气，立即派人将袁世凯送回了南京袁保庆处。

在南京，袁世凯的志趣还是不在科举上。他本性难移，依然故我，酷爱兵书，学习骑射。因为骑射，一次不小心从马背上摔下，伤了脚踝骨，怕嗣父责怪，自己偷着让"野大夫"医治，结果因为断骨没有接好，留下了终生残疾，日后走路都有些微瘸。1908年慈禧死后，摄政王载沣就以此为借口，将袁世凯罢黜回家，此是后话。他常常成群结伙骑马闲逛，荡游于清凉山、莫愁湖、秦淮河、太平湖等风景区或热闹场所。其嗣母牛氏，颇习诗书，为了他将来能出人头地，不时把他关在家里，亲自课读，讲解历史上的先贤名哲，予以激励。他的兄长袁世敦也屡加劝诫，以道义敦勖。袁保庆公务虽然繁忙，也不时加以课读、训诫。但是，袁世凯仍然我行我素，放荡自如，毫无顾忌。尽管如此，在严格的管教下，袁世凯在学业上也大有长进，不仅四书五经娴熟，还能写出一些颇展露他心志的小诗。

现将保留下来的两首摘录如下：

其一：

眼前龙虎斗不了，杀气直上干云霄。
我欲向天张巨口，一口吞尽胡天骄。

其二：

我今独上雨花台，万古英雄付劫灰。
谓是孙策破刘处，相传梅销屯兵来。
大江滚滚向东去，寸心郁郁何时开。
只等羽毛一丰满，飞下九天拯鸿哀。①

诗无韵味，但豪气四溢，英雄之态毕露，出自一个十二三岁的少年笔下，自然是难能可贵，足见其小小年纪就胸襟开阔。

① 王忠和：《项城袁氏家传》，百花文艺出版社2007年版，第37页。

兴趣决定出路

中国人观人有“三岁看大，七岁看老”的说法。

据说，袁世凯9岁时，在一次作文中写道：“以杀止杀，杀杀人者，即止杀矣。”老师批改作文时，对此“惊诧不已”。[①]

袁世凯13岁时，还写过一副对联：大泽龙方蛰，中原鹿正肥。私塾老先生看过不仅咋舌，还知其自有胸襟。[②]

袁世凯少年时期即出言不俗表明，他后来在政坛上雄才大略、纵横捭阖的作风不是无根之木，而是有源流可寻的。

当时，袁保庆任两江总督马新贻的营务处差务。太平天国覆灭之后的南京，疮痍满目，伏莽充斥，散兵游勇比比皆是。营务处的主要任务之一，就是维持军纪，袁保庆也因此忙碌不堪。袁世凯读书虽然懒惰，但却经常爱在营务处衙门跑进跑出，东问西访，刨根问底，这对于他以后官场办事方式和军事才能的养成，都产生了重要的影响。

袁世凯很可能有应酬人事关系方面的天赋秉性。

相传，袁保庆有一个得宠的姨太太，叫作金玉，她和牛氏不和，但小小年纪的袁世凯竟能在她们中间进行成功的调解。因此，牛氏和金玉都很喜欢他，常常在袁保庆面前为他掩饰过错。

袁保庆是一个颇为自负、热衷于官场的人物。他把自己做官带兵的经验写成了一本名为《自义琐言》的小册子。每当他公事之暇，就把他“琐言”的精华，讲授给袁世凯兄弟们听。他说：“古今将兵，必先以恩结之，而后加之以威，乃无怨也。”又说：“人言官场如戏场，然善于做戏者，于忠孝节义之事能做到景境毕见，使闻者动心，睹者流涕。官场如无此好角色，无此好做工，岂不为伶人所窃笑乎？”[③]袁保庆这一套官场权术的经验之谈，成年累月地灌输给正在成长中的袁世凯，潜移默化，所起的作用无疑是巨大的。后来事实也表明，这套呼风唤雨的家传本领，对于袁世凯以后的为人处世，无论是从政还是从军，都起到了

---

① 王忠和：《项城袁氏家传》，百花文艺出版社2007年版，第35页。

② 周岩：《袁世凯家族》，中国青年出版社1991年版，第125页。

③ 袁保庆：《自义琐言》卷下，第13页。

重要作用。

1873年6月，袁世凯14岁，袁保庆因霍乱病故于江宁盐法道任上。少年丧父，对袁世凯是一个重大打击，使得他“哀毁骨立”，病了5个月。与袁保庆有莫逆之交的淮军名将刘铭传、吴长庆代为治丧。这年冬，袁世凯陪其嗣母牛氏扶袁保庆灵柩返回项城原籍。

1874年春，官至户部左侍郎的袁保恒，回原籍省亲，看到袁世凯兄弟缺乏良师授业，子侄辈大都不勤奋求学，亟思激励子侄以保袁家昌盛。因此原因，袁保恒就携袁世凯兄弟前往北京官邸读书，希望他们能够上进，早日科举登第。

在北京，袁保恒与任内阁中书的袁保龄共同担负起教育“世”字辈兄弟的责任。这两位在北京做官的堂叔，对于袁世凯的影响很大。袁保龄兄弟为他们聘请了三位名儒作为教师，举人周文溥教授作诗，进士张星炳教授写字，举人谢廷萱教授经义，作八股文，而以谢廷萱为主。

袁保龄兄弟观察到，袁世凯读书的天资并不很高，却浮动异常，不专心向学，于是，决定对他严加管束。给他在授课先生课桌之旁，单独设置一个书桌，而把其堂弟等人在对过套房中间另置书桌，把他们兄弟隔开来，免得玩耍荒废学业。晚上，则让他睡在谢廷萱的隔壁，比屋而居，夜课至亥正，晨以日出为始。经过一段时间严格的管束与培养，袁世凯的学业确实有所长进，昼习词章，夜究兵书，昼夜并进，每寝不及二三个时辰。他能够把四书五经背诵如流，音韵词章亦有长进。只是不喜欢章句之学，对文章也未入门，但对兵书却读之不倦。袁保龄对袁世凯的评语是：“算得上中上人才，袁家后继有人，亦可略慰。”[①]

1874年，袁世凯生父保中病故。按照制度，父死要守丧3年，不能参加科举考试和婚配，但由于袁世凯已经出嗣，为嗣父袁保庆守丧3年即可。1876年守丧期满，袁世凯17岁，从北京返乡参加科举考试，名落孙山。同年11月，在家乡与陈州名门于氏结婚，两年后，于氏为他生育了大儿子袁克定。

1877年初，18岁的袁世凯再度奔赴北京。时袁保恒已调任刑部左侍郎。袁世凯一面读书，一面帮助他处理公务。在此期间，袁世凯不愿

① 《袁氏家书》卷四，第13页。

意在八股文章上多下功夫，却不时作文对社会不良现象陈说讽谏。在寒窗苦读同时，他也学到了官场中的种种机巧本领，因此颇得袁保恒的赏识，“手批嘉勉，喜其留心时事”。可是，袁保恒发现他的猜疑心太重，顾虑太多，于是就训诫他说：“你思虑太多，防患太深，日后遇大事恐难立断。”袁世凯也很赞同叔叔的这种评价。[①]

大概是1877年冬或者1878年初春，时值河南大旱，袁保恒奉命到河南开封帮办赈务，袁世凯也随同前往，学习办事。袁保恒遇有机要密事，均令他查访，参佐一切，多方面培养他的做官做事本领。时届严冬，袁世凯驰驱于冰天雪地之中，手足冻裂，毫无懈意，勤奋从公。1878年5月，袁保恒病故于任上，袁世凯为叔叔料理身后一切，并检点公私未了各项事宜，措置一丝不苟，井然有序。

在交接公事过程中，有一件事很能说明袁世凯的为人。

因为袁世凯办事妥帖，新任巡抚涂宗瀛决定按月给他30两银子作为薪资，袁世凯却坚辞不受。他说：“先叔办理赈务，自备资斧，未支公帑，今于身后背之，可乎？”[②]由此可见，年轻时的袁世凯，并不是一个贪婪钱财、做事情没有原则的人。

在护送袁保恒灵柩返回原籍后，袁世凯即与嗣母牛氏、妻子于氏搬到陈州居住。

起初，袁世凯不想辜负父辈们对他的期望，仍打算走科举入仕的道路，所以在家读书，准备再考。由于此时他已自立家门，不再有长辈们的管束，加上欲念并不在读书上，所以着实放纵了自己一阵子。他经常嗜酒骑马，倜傥不羁，喜为人鸣不平，慷慨好施，以善为乐，因此，寒士多依他为生，士绅推戴，很自然地在他的身边聚集起了一批文人学子。为此，袁世凯用自己的钱财办起了“丽泽山房”和“勿欺山房”两个文社，他“主其事，捐资供给食用”。不仅如此，袁世凯还与陈州知府吴重熹约为“诗酒友”，过了一段诗酒留连的悠闲日子。1879年，袁世凯的姑丈张向宸办理河南赈捐，委托他“分办陈州捐务”，袁世凯办得非常出色，“集款独巨”。为此，张向宸将袁保恒生前的捐款，为袁

① 吴闿生、沈祖宪：《容庵弟子记》卷一。

② 廖一中：《一代枭雄袁世凯》，北京图书馆出版社1997年版，第9页。

世凯捐了一个从七品的“中书科中书”。当年秋天的乡试，踌躇满志的袁世凯再入闱场，却不料再次落榜。

走自己的路

毫无疑问，晚清社会剧变的结果，导致了社会重心逐渐向近代军人群体倾斜。这种情况，从根本上破坏了原有政治与社会秩序的运转机制。社会结构的裂变所导致的士与兵的地位变动，这是晚清失衡的政治和社会秩序不得不进行的一种必要的调整，从而要求人们的价值观重新进行定位。

鸦片战争以后，欧风美雨对中国社会产生了巨大影响，科举制所维系的社会价值与秩序面临着前所未有的危机。特别是自湘军、淮军兴起后，大批军功入仕者纷纷通过行伍途径进踞军政要津，科举与行伍的消长之数便一发而不可收。

在镇压太平天国的过程中，为了便于作战，曾国藩利用自己手中的权力，把大批湘军将领举荐为封疆大吏。1853年，清政府任命江忠源为安徽巡抚。1855年，任命胡林翼为湖北巡抚。1860年，任命刘长佑为广西巡抚；严树森为河南巡抚。1861年，任命李续宾为安徽按察使署理巡抚；毛鸿宾为湖南巡抚；张运兰为福建按察使；骆秉章为四川总督；彭玉麟为安徽巡抚；刘坤一补授广东按察使；左宗棠为浙江巡抚；沈葆桢为江西巡抚；李桓为江西布政使；严树森为湖北巡抚。1862年初，曾国藩升为两江总督协办大学士，他推荐任命鲍超为浙江提督，蒋益澧为浙江布政使，曾国荃为浙江按察使，陈士杰为江苏按察使；推荐李鸿章任江苏巡抚；曾国荃升浙江布政使后，刘典补授浙江按察使；刘长佑为两广总督；阎敬铭署理山东巡抚；丁宝桢补授山东按察使；厉云官补授湖北按察使。1863年春夏之间，左宗棠晋升闽浙总督，曾国荃升补浙江巡抚，万启琛补授江苏布政使；唐训方补授安徽巡抚；毛鸿宾迁两广总督，恽世临补授湖南巡抚；郭嵩焘补授广东巡抚；刘蓉补授陕西巡抚。1864年，曾国藩授一等侯爵，曾国荃、李典臣、萧孚泗依次授一等伯、子、男爵；李鸿章、左宗棠授一等伯爵，鲍超授一等子爵[①]。

这样，经过“太平天国一役，自为近世武人抬头之开端，湖广总督以诸侯实封其上，曾国藩以操演武艺为富贵利达之捷径，清廷在增减廉俸定文武品级之不同，此皆重武轻文之表示也”。“同光之间，不由科第而致身通显者，时人目为八大生员。曾忠襄公国荃以优贡官两江总督，彭刚直公玉麟以附生官兵部尚书，刘忠诚坤一以附生亦官两江总督，刘壮慎长佑以武生官云贵总督，张树声以附生官两广总督，岑毓英以廪生官云南巡抚，李续宾以附生官安徽巡抚，刘蓉以廪生官陕西巡抚，他如杨岳斌、刘铭传等皆纯以军功进，时人尚不以与八大生员等量齐观。”有鉴于此，薛福成在《选举志》中认为：军功入仕已为晚清人才进身的主要渠道，而科举选士则百病丛生，弊不可救。这些现象预示着晚清用官机制已经开始发生重大的转变，“进身之阶，军功捷于科举，则是武人之重，其重极矣”[②]。其后随着军事近代化和近代兵学的兴起，以科举与行伍为渠道的做官路径进一步发生逆转。

相形之下，传统的科举入仕需要经过大约25年“迷宫般”的考试，方有希望步入仕宦之道。[③]然而，千军万马争过独木桥，毕竟成功者少，失魄者众。相形之下，行伍入仕则简捷便当，特别是晚清的乱世形势与时局，需要大批年轻有为的军事人才，从而增大了行伍入仕的可能性和成功率。

形势发展表明，在清末社会转型的特定条件下，行伍入仕成了一条飞黄腾达的进身捷径。“末世书生贱”。如果说太平天国运动以前，中国的学子士人还甘心“埋首书城，磨穿铁砚”，希望借此途径进取荣华富贵的话，那么从此以后，重文轻武的社会风气却是已经大为改变，弃文习武的新风气已经弥漫全国。

在晚清社会价值取向发生重大改变、从军行伍与科举入仕出现“倒挂”的情况下，毫无疑问，整军经武的政府导向与弃文习武的社会风

① 朱东安：《太平天国与咸丰政局》，《近代史研究》1999年第2期，第47—48页。

② 陈登原：《国史旧闻》第三分册，第659、662页。

③ 费正清：《伟大的中国革命（1800—1885）》，刘尊棋译，世界知识出版社2000年版，第24—25页。

尚，使军事职业的社会地位获得空前的提高。科举与行伍的消长，改变了人们的价值观念，其结果，是行伍入仕者脱颖而出，军官的职业，与在官僚政权中的文官一样都得到世人的尊敬，越到后来，这条道路越发显示出了它的无可替代的生命力。

袁世凯自幼受教于名师，又兼上走南闯北，见多识广，人情练达远过于本地莘莘学子，他对此也很自负。然而，此次秋闱，他主持的文社中有两人中举，而自己却又名落孙山。于是，激愤之下，经过慎重的思考，在对社会变化与时局需要做出正确分析的情况下，他将自己所作诗文付之一炬，誓言："大丈夫当效命疆场，安内攘外，乌能龌龊久困笔砚间，自误光阴耶！"①大有汉代班超投笔从戎的气概。从这一刻起，他真正迈开了人生起始点的关键一步。此时，袁世凯已经为科举入仕耗费了多年的大好青春。

实际上，袁世凯放弃科举，投笔从戎，并不代表他真的是胸无点墨。真实的历史是，袁世凯虽然以行伍与事功著称，但他毕竟读过书，也接受过众多良师的教育，自己也曾下过苦功，具有较深的文史功底。后世众多历史与文学作品对袁世凯的"混混"、"不学无术"等骂名，怕是没有认真读过袁世凯的奏折、书信、诗词、文墨，或者明明读过，只是因为受特殊时代的文化影响，人云亦云地在那里胡写乱骂而已。

袁世凯在51岁上下写过一首颇展才具的诗：

楼小能容膝，
檐高老树齐。
开轩平北斗，
翻觉太行低。

读了这首诗，谁能说袁世凯不具有东汉末年曹阿瞒在大江上横槊赋诗的气度呢？

袁世凯的宦海生涯中，也有因他的才具，而使别人折服的事情。

袁世凯在直隶总督任上时，有一个刚过门的女子吴氏，年方20岁，而丈夫却病弱垂危。这个女子为了殉夫，就吞金身亡了，不想她丈夫竟

① 吴闿生、沈祖宪：《容庵弟子记》卷一。

旋即大病痊愈。

地方官老爷们听说这事，自然争夸这女子好，有烈性，要请褒朝廷。

袁世凯知道后，就让大文人王式通、吴闿运各拟一匾额。结果名士文人的匾额都不如意。袁世凯拿起笔，写下“一死回天”四个字，旁人叹服。的确，抛开贞孝节义的混账道德不讲，这四个字的确说明袁的心胸非常人可比。

还有一次，那是袁世凯做了洪宪皇帝以后的事。大文人章太炎把袁世凯颁给的勋章做扇坠，不修边幅，大摇大摆地堵到新华门，大骂袁世凯。

因为章太炎名气太大，袁世凯也无可奈何，况且又是文人，便把章太炎软囚在东四钱粮胡同。

这时，章太炎的弟子、四川万县师范学校校长钟正楙进京。袁世凯设宴招待他。

席间，袁世凯对钟正楙说：“你老师和我过不去，你去劝一劝。中国向来有两块万岁牌，一块是大成至圣先师，一块是当今皇帝，太炎何不让一块给我？”

宴毕，袁世凯问钟正楙有什么要求没有。钟正楙说，能不能请题几个字？袁世凯当下题了一副对联：

天生我材必有用，他人爱子亦如余。

这副对联正合师范校长身份，而又暗寓有他意。书大如斗，颇有气势。[①]

当袁世凯决意不再跻身于科举之途后，他北上京城，计划以自己的官场经验和父辈们的人脉关系为自己谋取一个前程。可是，因为他居乡2年，不事生产，坐吃山空，家产已经挥霍殆尽，为了筹措进京活动的路费，他不得不向亲友借钱。到京后，他遍访父辈们的门生故旧，试图谋取个一官半职，结果事与愿违，官没谋到，钱却花光了，还是靠了自己的故交徐世昌的资助，才有了回乡的路费。这一段经历，使袁世凯看到了世态的炎凉，人情的冷暖，也使他的头脑变得冷静、现实起来。不

① 周岩：《袁世凯家族》，中国青年出版社1991年版，第130—131页。

久，他便投奔了自己嗣父的好友、督办山东海防的吴长庆，从此开始了他的戎马生涯。

这是袁世凯人生的最初抉择。

袁世凯的这一选择，我们在今天看来或许属稀疏平常，不值得大惊小怪。但是不要忘记，袁世凯放弃科举，走军功道路是在“书中自有颜如玉，书中自有黄金屋”价值观念盛行的晚清时代。当时，只有少数先知先觉者才能敏锐感觉到，西方的不断入侵可能会造成中国人价值观发生一个大的变化。至于大多数人，还是埋首于寒窗之下，仍然把传统的科考之路作为晋升的重要出路。袁世凯敢于独辟蹊径，冒失败的风险，顶住家中亲人的压力，舍科举而走军功的道路，这说明他确实具有常人不及的胆略，不仅眼光独到，而且是颇具勇气的。

一个人早年的经历能够引发其个人持续不断的社会化过程，推动他朝着一个可以预料的方向发展。

家庭和社会环境的重叠影响，铸就了袁世凯早年的价值观念。

袁世凯看到，他的叔祖父袁甲三，道光十五年就中了进士，但一直熬到1853年，近20年还是一个七品芝麻官。适逢太平天国、捻军蜂起，他以帮办团练大臣回乡剿捻，不过数年便因军功升为钦差大臣、漕运总督，官至极品。袁世凯的父执辈也是因为剿捻的军功而先后身跻高位。

由于家族军功之路的推动，当袁世凯发现自己对走科举之路不感兴趣或者也可以说当他认为这条道路走不通时，他就效法祖辈父辈的行为，决心走以“军功”求取高官的道路。

1881年，袁世凯投靠了淮军统领吴长庆，开始了他的军旅生涯。在此后，他随同吴长庆到达朝鲜，在镇压朝鲜“壬午兵变”过程中，袁世凯头角展露，受到李鸿章的器重。1885年，在李鸿章保荐下，袁世凯被任命为“驻扎朝鲜总理交涉通商事宜”大臣。朝鲜是当时中国外交、军事的前沿，在这里袁世凯不仅吸取了洋务派的政治外交经验，还观察到近代日本军事的强大。回国后，他拜谒太傅李鸿藻，畅论中国旧制军队之腐败及日军之精练，产生了改良中国军事的抱负和理想。

经过早期的社会化训练，袁世凯一方面接受了清王朝代代相传的封建官僚政治文化，成为统治阶级政治文化的继嗣者；另一方面又受到时代发展的影响，吸取了洋务派的政治思想和维新派的某些改良思想，形成了自己的政治文化。因此，当1895年袁世凯受命在小站训练新建陆军时，他就将这种政治文化与价值观念注入了新的军事团体，使北洋集团在形成伊始就烙下了强烈的袁氏政治文化的印记。

纵观袁世凯在投军前的所作所为，可以看出，此时他虽然还十分年轻，但已经具备了日后成功的一些重要的政治潜质。

这些潜质主要体现在：1. 有志向，有远大抱负。2. 爱才如命。3. 不吝啬钱财，善施人。4. 有异常的组织能力。5. 重视实践，办事能力强。6. 敢于挑战时代局限7. 充分发挥自身特长。青少年时代，袁世凯身上已经多少体现出了上述种种特点，这是他日后能够投笔从戎，不断建功立业，抓住时代脉搏，广泛延揽人才，组建北洋集团，最终走向成功的重要条件。

第一条是说人才对成就大事的重要性；第二条则说明成就大事者必须具有不吝啬钱财，乐善施人的素质；至于第三条，则说明要想成就一番大事，就必须下得起手，具有消灭对手的本领。此时，袁世凯初出茅庐，还未掌握生杀予夺的权力，第三条暂时还无法表现出来。但前两点素质，他不仅已经具备，而且发挥得颇为淋漓尽致。

古人说，文人相轻，自古而然。袁世凯能把家乡中习惯不一的读书人聚集在自己的旗帜之下，绝非一件易事，这说明他具有很高的领导才能。袁世凯不看重金钱的攫取，而是将它视为实现自己愿望和目的的工具而已。袁世凯懂得世人的需要，他有慷慨好施的习惯，所谓“天生我材必有用，千金散尽还复来”，做大事者多有此豪阔气概，大概是因为抱负远大，才不看重眼下手中钱财，不汲汲于眼前的小名小利吧。

第二章　袁世凯第二次人生抉择

——投靠吴长庆：投靠谁，最关键

眼前龙虎斗不了，杀气直上干云霄。

我欲向天张巨口，一口吞尽胡天骄。

——袁世凯

要不要依附李鸿章

说起李鸿章，只要是中国人，恐怕没有几个不知道他的。可是对于李鸿章，国人又多戴着有色眼镜，真正弄懂他的估计也没有多少人。

李鸿章，字少荃，安徽合肥人。太平天国运动爆发后，他先在安徽与吕贤基一道，奉清廷之命剿灭捻军。吕贤基死后，他投奔曾国藩，成为曾国藩的一名幕僚。1861年，他奉曾国藩的命令，收编安徽的地方团练，仿照湘军营制，开始组建淮军。次年，他率领淮军6000多人东下上海，大量购买洋枪洋炮，装备淮军，同时雇用外国军官教习，在太平天国的腋下插了一把尖刀。此后，他联合上海的买办势力，开办江南制造局和金陵机器局等大型兵工厂，制造用于淮军武装的军火。他依靠这支使用洋枪洋炮的军队，与曾国藩的湘军，联合绞杀了太平天国运动。接着，他又用淮军把捻军镇压下去。由此，他被朝野上下推崇为“中兴名将”。消灭太平天国后，曾国藩为避功高震主的嫌疑，自翦羽翼，大肆撤裁湘军，李鸿章的淮军就代替曾国藩的湘军成为清政府赖以维系统治的支柱。由于李鸿章手中有强大的武力，清政府不能不依靠他来维护统治。1870年，李鸿章接替曾国藩成为直隶总督兼北洋大臣，成为晚清第一疆臣。为了保持北洋地盘，巩固和扩大淮系集团的力量，李鸿章创办了轮船招商局（1872年）、开平矿务局（1878年）、天津电报总局（1880年）、上海机器织布局（1882年）和天津铁路局（1887年）等一大批近代民用企业。同时，他还修筑大沽、旅顺、威海卫等处军港炮台，1881年，又组建当时亚洲最大的海军舰队。他又派淮军军官分赴德、英、法、日各国学习陆海军，设立天津水师学堂和北洋武备学堂，大力培养洋务军事、交涉人才。一时间，李鸿章及其淮军集团代替曾国藩集团一跃而成为清政府赖于生存的重要支柱。

可是，肩负朝廷希望的李鸿章，在用人上，却老乡观念极重，“安徽帮”一度占据淮军各个军中要位。

在当时流传着这样一个顺口溜：“只要会说合肥话，马上就把长枪挎；只要认识李鸿章，长枪马上换短枪。”甲午海战中，在北洋海军的实力比日本海军还强的情况下，居然落得个大败而归、全军覆亡的命运，这其中的原因之一，就在于淮军领袖李鸿章的任人唯亲的用人政策上。当时，凡想要做官，或已经做官而想升官的人，大都要走李鸿章的门路。如果不是甲午战争的一声炮响，这种局面很可能还会维持下去。

说起来，袁世凯的家族与李鸿章及其淮系集团有着一定的渊源关系。

道光末年，袁甲三、曾国藩、李鸿章都在北京做官的时候，就曾经“相历以道谊”。1853年，袁甲三和李鸿章一起随吕贤基到安徽督办地主团练，一在淮北，一在淮南。后来，李鸿章转入曾国藩的幕府，他们之间仍有书信往来。曾、李镇压太平天国后，李鸿章率领淮军北上镇压捻军。当时袁甲三已死，其部众便大都为李鸿章所吞并，成为淮军的一部分。袁保恒一度在李鸿章手下带兵，袁保庆在山东时，也曾给淮军采购粮食。袁保龄在北京做官，本来师事顽固派倭仁，后来受洋务思潮的影响，拟了不少关于“求强”的条陈，主张“集天下纯儒志士”，“共励洋务”。李鸿章认为他“谙习戎机，博通经济”，于1881年秋奏调他到天津，以二品道员委办“旅顺海防营务”；直到1889年病死，他一直受到李鸿章的器重。可以说，李鸿章的亲信幕僚和高级将领，如刘铭传、周馥、丁汝昌、吴长庆、宋庆等人，都是袁世凯的父执辈。刘铭传、吴长庆等还与青少年时代的袁世凯见过面。

袁世凯在北京读书时，李鸿章正在直隶总督任上，权高位重。袁世凯对李鸿章的显赫地位，不胜钦羡。在洋务派“练兵求强”思想的影响下，他“好读兵书”，“留心时事”，“常作文论，有所陈说讽谏”。袁保龄对他的议论，颇为赞赏，曾情不自禁地表示，袁家“嗣武有人，亦可略慰”。袁世凯既然决心不再走科考之路，袁保龄就很希望通过关系，托人将袁世凯介绍到李鸿章的幕府，冀望他能够由此得以发达。

可是，袁世凯并不这样看，他更多想到的却是此举弊大于利。

这不奇怪，在袁世凯看来：

第一，李鸿章虽为第一疆臣，但权势已经如日中天，李幕人才济济，到李鸿章身边工作，似乎没有自己施展抱负的地方。

第二，李鸿章的幕府需要的也多是些摇笔杆子和耍嘴皮子式的人物，像袁世凯这样注重事功、长于做实际工作的人在此处做幕僚，无法发挥长处，不过是混口饭吃，浪得个虚名而已。

第三，李鸿章用人，老乡观念极重。袁世凯不是安徽人，更不是合肥籍，即使受到重用，也肯定会受到排挤与倾轧。

基于上述几个原因，袁世凯在得到荐书后，不是喜欢，而是发愁。

其中，还有一个重要原因，就是如果袁世凯一旦进入李鸿章幕府，少不了还得与他的叔叔袁保龄在一起工作，对于这位叔叔管教的严厉，袁世凯是早已经领教过的。袁世凯不想再受到这份约束。他想海阔凭鱼跃，天高任鸟飞，自由自在地闯荡闯荡，做一番事业。

该不该投靠吴长庆

吴长庆，字筱轩，又字小轩，安徽庐江人，是李鸿章手下的重要大将之一。1880年冬，他率领淮军六营由浦口移驻登州，督办山东海防，极受李鸿章的信任。当捻军驰骋中原之时，吴长庆的父亲吴廷襄同袁甲三一样，受命办理庐江地主团练武装。咸丰年间，太平军包围庐江，吴廷襄派吴长庆到宿州，向袁甲三求救。袁甲三举棋不定，征求子侄们的意见。袁保庆以“绅士力薄，孤城垂危”，主张援救；袁保恒则认为“地当强敌，兵不能分”，两人争持不下，拖延数日，以至庐江被太平军攻占，吴廷襄被杀。此后，吴长庆与袁保恒绝交，而与袁保庆“订兄弟之好”。袁保庆在南京为官时，吴长庆带兵驻扎浦口，两人过从甚密。袁保庆死时，吴长庆渡江视敛，“扶棺痛哭”，帮助料理丧事。袁世凯认为，吴长庆身处海防一线，正需要能干之人的辅弼。由于吴长庆与嗣父袁保庆的特殊情谊，如果投奔吴长庆，他肯定会因为是故人之子而格外照看自己。

因此袁世凯在得到周馥写给李鸿章的推荐书时，他并没有欣喜如狂，而是斟酌再三，反复权衡，感到自己这个一无位二无名三无财的“三无人员”，在李鸿章人才济济的幕府中很难有出头之日，而吴长庆也已官居一品，是主持方面的淮系大将，握有一定的生杀大权，正需要做事之人，又兼有故人之谊，考虑到上述诸方面因素，袁世凯遂断然放弃了投奔李鸿章的机会，决心弃文从武，投奔督办山东海防的吴长庆，从此开始了他的戎马生涯。

这样，袁世凯在他人生道路的第二次抉择时刻，又正确地选择了他人生的发展方向。投靠吴长庆后，袁世凯很快就找到了感觉，并且很快就有了建功立业的机会。

袁世凯选择依附对象这件事情足以说明，他不仅有自知之明，而且还具有极强的现实感，这也是成就大事者不可缺少的一种素质。两次落榜后，袁世凯便能断然放弃科举之路，立志从事功上出头，证明他有现实感，有自知自明；也说明他早看透了四书五经书中的穷酸和迂腐，知道不能再凭借它来立世。尤其应当注意的是，一般人如果能得到接近当时权势如日中天的李鸿章的机会，不知该有多么的欣喜若狂，肯定会马上忙不迭地前去投靠，甚至还会用来作为炫耀自己的资本，可是袁世凯却能冷静地权衡利弊得失，放弃这个来之不易的机会，扬长避短，改投权势、名气比李鸿章都要小得多的吴长庆，这证明他不仅明白李鸿章幕府人才济济，自己在那里很可能难有出头之日，而且还知道自己的长处在何处更容易得到发挥。此后，袁世凯在他一生的许多重要关头，都多次表现出了这种现实感和临机抉择的能力，这是他能不断取得成功的一个重要因素。

果然，当袁世凯来到登州时，吴长庆不仅“肫然相信”，乐意收留，备加照抚，而且随后又不断加以提拔重用，从而使袁世凯迈出了他仕途上重要的第一步。

伊藤博文

袁李关系论

李鸿章与袁世凯，都是晚清极其杰出的人物。

刘厚生说：“世凯为人，其才略与作风颇似鸿章，他虽向鸿章倒戈，但心目中，最钦佩的，止有鸿章一人……合于中国历史上奸雄之条件，所以于庚子之后，能握全国政权十五年之久。”①

李鸿章是袁世凯的父执辈，老上级，是提携袁世凯最初仕途发达的重要人物。但二人直接发生业务关系却是始于1884年朝鲜甲申兵变时期。该年，由于中法战争爆发，李鸿章为巩固北洋防务，命令吴长庆从朝鲜撤回三营清军，驻扎辽东半岛金州，其余三营仍留驻汉城，由记名提督吴兆有、张光前统带。袁世凯得李鸿章奏荐，被任命为“总理营务处，会办朝鲜防务”，一跃而成为驻朝清军的重要人物。

1884年12月4日，朝鲜“开化派”在日本公使支持下发动“甲申兵变”。袁世凯一面会同吴兆有上报李鸿章，要求“派兵轮东来”，一面随机应变，果断处置了这场事变。

① 刘厚生：《张謇传记》，上海书店1985年影印版，第72页。

1885年2月，日本派伊藤博文来天津，和李鸿章谈判“中日冲突”问题。伊藤博文在此期间特意提出了惩办袁世凯的无理要求。李鸿章始终不肯接受，最后依据李鸿章的折中办法，以其私人名义“行文戒饬”袁世凯了事。至此，袁世凯所谓“擅启边衅”的责任由李鸿章完全推卸，一场变幻险恶的风浪总算躲过去了。袁保龄为此函告袁世凯说：“伊藤此次极力欲撼汝，尚赖合肥相国持正，颇费唇舌，此节自是可感。”同时又致书李鸿章的亲信幕僚章晴笙说：“凯侄得蒙我帅力持正论以覆庇之，感切心骨。”李鸿章的“行文戒饬”仅是官样文章，所以不到半年，袁世凯又被起用，而且身价更高了。

清政府对朝鲜的政策，大都由李鸿章制订。自从日本强迫朝鲜签订《江华条约》以后，李鸿章一直劝导朝鲜政府在外交上采取“以夷制夷”的方针，即与英、美等西方列强“通商”，“借以牵制日本”，“杜俄人之窥伺”。结果，随着与西方列强“通商”而来的，是各国侵略势力的深入，而受害者总是朝鲜和中国。“牵制”政策反映了腐败的清政府在维持中朝“宗藩关系”的前提下，无可奈何的主观选择。在列强的侵略面前，这一政策的破产是必然的。

1885年7月，清军从朝鲜撤出以后，沙皇俄国趁机插足，其驻朝公使韦贝（Karl Weber）勾结闵妃集团，控制朝鲜军队，妄图变朝鲜为俄国的“保护国”。朝鲜政局更加动荡。李鸿章为了维护中朝“宗藩关系”，采取了两项具体措施：第一，送大院君回国；第二，起用“足智多谋”的袁世凯，接替“忠厚有余，才智不足”的陈树棠，为驻朝商务委员。

李鸿章释放大院君回朝鲜，想利用他的威望及国王生父的关系，压制闵妃集团的势力，以稳定朝鲜动荡不安的局势。由于闵妃集团反对大院君，李鸿章认为护送人选关系重大，他经过反复考虑，选中了袁世凯。袁世凯返回原籍后，与朝鲜官吏金允植等人仍有书信来往。袁保龄当时在旅顺办理海防，经常往来于天津和旅顺，仍然充当他与李鸿章之间的桥梁。李的亲信僚属如张佩纶、周馥、章晴笙等，都与袁保龄有着很深的交情。因此，不断有人在李鸿章面前称赞袁世凯的“才智”，使其更为李鸿章所赏识，认为是“后起之秀”。这是袁世凯很快又被起用的重要原因。起初，袁世凯为提高身价，托病不出。但当他得悉此事已经办妥，李鸿章拟保荐他为驻朝鲜商务委员时，便立即启程北上。一到天津，李就接见他说："今如演戏，台已成，客已请，专待汝登场矣。"袁要求带兵前往。李笑着说："韩人闻袁大将军至，欢声雷动，谁敢抗拒……汝带水师数十登岸，作导引足矣。"[①]李鸿章对袁世凯的器重和信任由此可见一斑。

此后，李鸿章即令陈树棠辞职，并奏请委派袁世凯接办朝鲜外交与通商事务。他说："查有分省补用同知袁世凯，胆略兼优，能知大体，前随吴长庆带兵东渡，久驻王京，壬午、甲申两次定乱，情形最为熟悉，朝鲜新旧党人咸相敬重……若令前往接办，当能措置裕如。"李鸿章不希望袁世凯接任后，蹈常袭故，单纯照料商务，而企图通过袁世凯加强对朝鲜的控制，所以他在奏折中又要求提高袁世凯的权限，他说"袁世凯足智多谋"，"两次戡定朝乱，厥功甚伟"，"兹令出使属邦，尤须隆其位望，使之稍有威风，籍资坐镇"，委以"办理朝鲜交涉通商事务"，在头衔上加上"交涉"两字，"略示预闻外交之意"。10月30日，清政府正式任命袁世凯为"驻扎朝鲜总理交涉通商事宜"的全权代表，并以知府分发，尽先即补，俟补缺后以道员升用，加三品衔。

李鸿章的提拔，使袁世凯感激涕零，立即上书表示仰赖之心。他说："卑府才力驽下，深惧弗克胜任，惟有仰赖声威，敬谨从事，已其不负委任至意。"袁保龄也感到此次"擢太急，任太隆"，上书李鸿章表示："两世受恩，一门戴德。"[②]同时，指示袁世凯说，此后"内意帅意（指朝廷和李鸿章）均在用心察看，但有几件事办顺手，则令闻日彰，声望渐起矣"。又告诫说："临事要忠诚，勿任权术，接物要谦和，勿露高兴，庶几可寡尤悔。"[③]

袁世凯接任朝鲜交涉通商事务，成为中国在朝鲜的最高代表。袁世凯在朝鲜期间，极力维护宗藩关系，也推行了一些改革，从而遭到图谋吞并朝鲜的日本的忌恨，也引起了在朝鲜当政者的另一派人所不满。

① 沈祖宪、吴闿生：《容庵弟子记》卷一；来新夏：《北洋军阀》（五），上海人民出版社1993年版，第19页。

② 袁保龄：《阁学公集》，书札，卷八，第23页。

③ 《袁氏家书》卷六，第20页。

当他们要求清廷调回袁世凯时，李鸿章力保而告总署说："若轻信谣啄，而使任事者抱不白之冤，以后稍知自好顾全国体者，孰敢蹈此危机哉！""袁道驻韩四年，遇有韩与他国交涉，尚能悉心襄助，随事调护，案据具在，未始无裨大局，自不能因韩王及各国嫉忌，轻于撤回，致堕敌谋，而失大体。"[①]1890年正月，李鸿章办理朝鲜商务请奖时还奏："朝鲜每遇交涉事件，在廷群小，多嗾西人从旁谗越，巧为挟制，唆使该国自主。经袁世凯等扼定朝鲜系中国属藩，每暗为筹画，设法知道驳正，以存体制。袁世凯血性忠诚，才识英敏，力持大体，独为其难。拟请旨免补知府以道员分省归候补班尽先补用，并加二品衔。"缘此，袁世凯嗣于1893年五月补授浙江温处道，复经李鸿章奏留继续在朝鲜供职。

甲午战前，袁世凯向李鸿章剖陈利害，乞迅速派得力重兵兼程来韩。"万分急电迭发十一通"，结果都石沉大海，实际上是没有得到李鸿章的认可。袁世凯于是离朝回国，"对于李鸿章的感想就与以前大不相同了"。他于李鸿章甲午战前对朝鲜的措施，已感到战事一定难免，而中国一定失败；进而，李鸿章一定因战败而失脚。[②]因此，他于中日宣战以前，便已另觅晋升途径。回国以后，在军事冗忙之际，秘密进京，但并不进谒当局，而遍访京中密友，按照预定的活动计划，将光绪壬午后李鸿章对日交涉如何软弱、两次调回吴长庆军队如何失算、与伊藤博文在天津所订条约如何错误，及本人在朝鲜因中国军队之撤回对日交涉及对朝鲜处置如何困难、李鸿章如何掣肘，并将最近四月中往来文电，摘要抄录缮成小册数十份，呈送北京要人。袁世凯的这种手段，确使李鸿章受到了很大的打击。张謇、徐世昌弹劾李鸿章的材料，1895年七月李鸿章被褫职直督，与之不能说没有一点关系。但李鸿章对于袁世凯，在中日开战时诚不免有所遏抑，但终于遴才之一念，而仍是爱护成全他的。所以袁世凯回国以后的发展，与李鸿章还是有关系。当甲午战争爆发以后，攻袁者认为袁世凯酿成兵衅，但李鸿章责任自揽，并未诿过于人。中日马关订约以后，恭亲王奕䜣还追问李鸿章："吾闻此次兵衅悉

① 《李文忠公全集·译署函稿》卷十九，第29、30页。

② 刘厚生：《张謇传记》，上海书店1985年影印版，第67页。

由袁世凯鼓荡而成，此言信否？”李鸿章仍是保护袁世凯，说：“事已过去，请王爷不必追究，横竖皆鸿章之过耳。”甲午战争后，李氏失势，袁世凯转投翁同龢、荣禄、李鸿藻等当权人物，并对李鸿章落井下石，致使李鸿章很不高兴，李袁关系开始疏远。

史载，袁世凯因李鸿章已经无权，决定另投权贵。这时，翁同龢正是最红的时候，他想要为翁同龢做点贡献，以为进身之阶。有一天，袁去看李，对他说道：“中堂是国家再造的元勋，功高汗马，但是现在朝廷对中堂的待遇，如此凉薄，以首辅空名，随班朝请，迹同寄旅，实在太令人感叹了！以卑职之见不如暂告归，悠游林下，俟国家一旦有事，朝廷必然是闻鼙鼓而思将帅，不能不倚重老臣。”李鸿章这时已经七十多岁，在一般人，早就想要告老还乡了。可是李没等袁说完，就将桌子一拍，厉声喊道：“住口！慰亭（袁世凯的字），你是不是来替翁叔平（翁同龢的字）作说客的？他处心积虑想做一任协办大学士，等我开了缺，以次擢升，腾出一个协办，他便安然顶补。你告诉他，教他休想！旁人开了缺，他做得上协办，那不干我的事，想让我走了，他依次递补，那却万不可能。武侯说鞠躬尽瘁，死而后已。这两句话，我也配说，那一息尚存，绝不告退，臣子对君有何可计较？有何可慨怨？这种巧话，不要在我面前卖弄，我不会受你愚弄的！”袁世凯看李鸿章对自己发了火，唯唯而去，十分狼狈。他走后，李鸿章对幕友们说：“袁世凯真是个小人，他过去受我奖掖，才有今日。现翁叔平方得权用事，他又极力巴结，要我乞休开缺，替翁作成一个协办，我偏不告退，教他想死。”[①]但是搞政治如果仅从个人好恶出发，感情用事，鲜有不败事者。因为还有更重要的大局问题、集团利益问题，其重要性，远出个人好恶，恩怨之上，在处理具体问题时，理智便要战胜感情。作为资深的政治家，李鸿章便面临着这种局面。

后因得荣禄信任，袁世凯得以在小站练兵。其所统武卫右军的班底，实系淮系旧人。义和团运动兴起，袁世凯突然蹿升，受命统武卫右军入鲁，1900年3月实授山东巡抚，而李鸿章亦于同年5月实授两广总督。在此中国北方处于动乱之际，唯袁世凯辖境较为安定，洋兵亦未

① 吴永：《庚子西狩丛谈》，岳麓书社1985年版，第114页。

清末重臣李鸿章

入鲁。李鸿章本人为此曾致袁世凯函称，“幽蓟云扰，而齐鲁风澄”，充分肯定了袁世凯在山东的作用。庚子事变期间，李袁均参加了“东南互保”。李鸿章拒绝6月21日宣战诏令。此时李袁联络频繁，袁世凯并中转诏令与奏报。清廷为收拾局面，令李鸿章北上，7月13日令调补直督。《辛丑条约》订立后，继以中俄谈判交收东三省，事未结束，李鸿章即去世。李鸿章“先逝一日，口授于式枚草遗疏，保令总统袁公继任直督，谓‘环顾宇内，人才无出袁世凯右者’”。[①]尽管袁世凯在甲午战争后的表现让李鸿章很不满意，甚至为此生气过，恼怒过，但是环顾四周，能保全、发达淮系集团利益，扶持和关照李氏亲属、亲信、幕僚权益者，实在乏人，除了年轻有为的袁世凯，也确实没有太合适的人选。袁世凯终究是淮系集团的一员，其发达的基础，仍是淮系集团的旧人。淮系集团以外的任何人继任直隶总督、北洋大臣，均非淮系集团之福。从这些方面去考虑，作为一个终生游弋宦海、观人甚多、眼光独到的政治家李鸿章，在临终之前荐袁世凯自代也是合乎情理的。实际上鉴于当时各方面的条件与舆论，慈禧太后也明令袁世凯继李鸿章之后为直隶总督兼北洋大臣。至此，李鸿章的政治遗产全部为袁世凯所继承。这种继承关系，可以说奠定了清末民初袁世凯在中国政治舞台上活动的基础。淮系集团从此基本退出历史舞台，而由袁世凯的北洋集团来导演由地方集团走向中央政权的最后一幕。

① 禅那：《庚子国变记》，《庸言》第一卷，第一号；胡寄尘：《清季野史》，岳麓书社1985年版，第42页。

第三章　袁世凯第三次人生抉择

——甲申事变中的果断处置：不在其位，也要谋其政

我今独上雨花台，万古英雄付劫灰。

谓是孙策破刘处，相传梅销屯兵来。

——袁世凯

朝鲜政局动荡之原因

1884年12月4日，在朝鲜的首都汉城，发生了一件让中、朝、日三国都卷入进去的重大历史事件，历史上称这次事变为“甲申之变”。这个事件，由于袁世凯及时、果断的处置而得到消弭。

朝鲜在历史上长期是中国的属国，在制度上也仿效中国。从地缘政治上说，朝鲜对中国重要，对一衣带水的日本当然也同样重要。从历史上看，中国与朝鲜长期维系着一种沾亲带故的关系，朝鲜也在相当长的时间内一直附庸于中国，可日本对这种状况不满意。特别是明治维新后，随着国力的增强，日本军界的征韩论就一直甚嚣尘上，其典型代表是佐田白茅。他说：“当天朝加兵之日，则遣使于清国，告其所以伐朝鲜之故；若清必出援兵，则可并清而伐之。”[①]就是说，国力强大起来的日本，不仅对朝鲜怀有野心，其胃口也想吞噬中国这条古老而庞大的东方巨龙。

① 王芸生：《六十年来中国与日本》第1卷，生活·读书·新知三联书店2005年版，第118页。

朝鲜王妃闵氏

当时，统治朝鲜的是李氏王朝。

1388年，高丽大将李成桂自立为王，建立李氏朝鲜。从那时起，在近600年的时间内，朝鲜一直与中国保持着良好的属国关系。

1864年，朝鲜国王李昪去世，因为无子可嗣大位，于是以其弟李昰应的儿子李熙入承大统。李熙因为年幼，没有能力亲政，遂由其父李昰应以大院君的身份摄政。10年后，李熙成年亲政，但大权逐渐落入王后闵氏外戚集团之手。这让权力欲很重的大院君很不高兴，统治集团内部的矛盾愈来愈尖锐。

1876年，日本以朝鲜拒绝邦交、蔑视日本为借口，出动军舰侵朝，迫使朝鲜与日本签订了不平等的《江华条约》。由于当时中国也处在危难之际，清廷自顾不暇，未能尽到宗主国的保护之责，朝鲜王室的一些人于是对清政府感到失望，转而把眼光投向日本。日本乘机挑拨中朝关系，鼓动朝鲜脱离中国，并大力培植亲日势力。这样，在朝鲜王室和大臣中，就出现了愿意维护中朝关系的一派和新崛起的亲日一派。

面对这种情况，1879年8月，清廷谕令李鸿章"婉为开导"朝鲜王室，让他们开放门户，与西方各国立约通商，借此"潜弭外患"。李鸿章致函朝鲜王室："用以毒攻毒、以敌制敌之策，乘机次第亦于泰西各国立约，借以牵制日本。"[①]1880年，朝鲜王室接受清廷的开导，实行

① 《清季外交史料》第16卷，第15页。

“改革开放”。

当时，闵妃集团在改革军事制度时，乘机削弱大院君集团的实力，裁汰了大院君的“亲军营”；大院君则借此挑拨军队和闵妃集团的矛盾，煽动军队兵变。其时，闵妃集团以国王的名义改革旧军队，成立新军营，聘请日本教官训练。新军营的待遇优于旧军队。大院君乘间挑拨说闵妃勾结日本，旧军营官兵愤怒至极，先是殴打发放饷米的军曹，进而抢夺武器，最后发展到攻击日本使馆，杀死日本教官，进攻高官住宅，并且攻入王宫。闵妃一看情况不妙，扮成宫女出逃，汉城一时陷入瘫痪。这场事变，史称“壬午兵变”。

兵变发生后，李熙被迫召回大院君柄政，大院君重新组阁，恢复旧制。

日本驻朝公使花房义质逃回日本后，向日本政府报告了兵变的经过，日本政府以为正是举兵入朝、迫使朝鲜投靠日本的大好时机，遂借此事件大举派兵入朝。清政府驻日公使黎庶昌探测到日本的动向，急忙电代理直隶总督、北洋大臣张树声（其时李鸿章母亲去世，丁忧回籍），建议赶快派兵入朝。逃亡在外的闵妃也通知正在天津的朝鲜使臣金允植和鱼允中赶紧向清廷求救。

这样，1882年8月17日，清政府命令庆军统领吴长庆、水师提督丁汝昌、候补道马建忠率军乘威远等三舰赴朝调节。8月10日，清军抵达仁川登陆，庆军六营快速进入汉城，“旬日之间，祸乱悉平”。

当时，日军也快速入朝，但却比庆军慢了半天。日军到朝鲜时，庆军已控制了朝鲜局势，日军无所作为，日本趁机控制朝鲜的阴谋一时破灭。

但是，侵略朝鲜本是日本大陆政策的第一步。壬午兵变之后，日本不甘心他们在朝鲜的暂时失机，进一步寻找机会，在朝鲜大力扶植亲日派，企图颠覆亲华政权，为将来侵占朝鲜创造条件。在日本的离间、扶植下，朝鲜出现了以金玉均、洪英植、朴泳孝为党魁的开化派。掌握政权的被称为事大派，代表人物是闵泳翊、金允植、尹泰骏、赵宁夏等，是亲华派。

树欲静而风不止，各种矛盾仍然在不断激化。

甲申兵变始末

1883年12月，法国侵略大清国的另一属国越南，中法战争爆发。

因为要集中力量应付法国的侵略，在慈禧太后的授意下，李鸿章把吴长庆及庆军三营调防离朝，中国在朝的军事力量减弱。另一方面，因清军在中法战争中接连失败，致使朝鲜政治格局骤然发生变化。国王李熙认为中国不能尽到保护之责，决定倒向日本一边，王室成员包括原来亲华的事大派部分成员也开始动摇。开化派和日本人认为大清国陷在中法战争中，无暇兼顾朝鲜，便抓紧活动，阴谋发动政变，力谋推翻亲华政权，达到控制朝鲜之目的。

在上述历史背景下，1884年12月4日晚上6时，开化派首领之一、任邮政局总办的洪英植以庆祝邮政大厅落成为由，邀请政府官员和各国驻朝使节赴庆祝宴。中方总办朝鲜商务委员陈树棠、税务司穆麟德出席，日本公使竹添进一郎托病未出席。席间，厅外突然失火，宾客纷纷离席察看。这时，埋伏在四周的开化党徒一拥而上，把亲华派大臣闵泳翊乱刀砍倒。接着，放火、杀人的叛乱分子大呼清军作乱。金玉均等迅速冲进王宫，迫使国王李熙写出“日本公使来卫朕”的敕书，由朴泳孝持敕书引日使竹添带兵入宫，把国王、闵妃软禁于景佑宫。然后假诏传亲华大臣入宫，进去一个杀死一个，先后被杀的大臣有闵台镐、尹泰骏、韩圭稷、李祖渊、闵泳穆、赵宁夏等人，把亲华重臣几乎全部杀光。随后，亲日派以国王谕旨形式组织新政府，金玉均、洪英植、朴泳孝、徐光范、徐载弼等开化派人物皆为政府要员。接着，亲日派将新政府中枢名单函告各国公使。

6日上午，新政府又颁布了新的政治纲领。美、英等国公使皆入宫晋谒国王和新政府中枢，亲日派发动的政变似乎已经大功告成。

当时，中国方面在朝鲜的情况是：吴长庆奉命调回大连金州防卫。行前，他保举袁世凯总理留驻朝鲜的庆军营务处，兼领庆字营。留驻朝鲜的庆军还有吴兆有、张光前两营，他们都是淮军宿将，是官至一二品的大员。唯有当时袁世凯为五品候补同知，却独带庆军的庆字先锋营，而且尚有总理庆军营务处和会办朝鲜防务的头衔。这自然引起了在朝淮军宿将们的嫉妒与不满。

政变当晚，袁世凯未知内情。陈树棠告知日使竹添和开化派杀人的情况后，袁世凯立刻率兵赶往邮局，但已空无一人；袁世凯率兵来到达宫门，则宫门已闭。

5日上午，开化派公布了新的政府名单。袁世凯等始知政变的全部过程。

在这种紧急局势的面前，袁世凯、吴兆有、张光前等人聚议商量对策。吴、张及陈树棠都表示要等待清廷的命令，遂向李鸿章发函，由军舰送往旅顺，再由旅顺电告李鸿章。

6日，汉城全城震动。幸免于难的亲华官员向清廷驻朝将领“痛苦乞师”。

而吴兆有等人仍整日坐待，无所动作。袁世凯从大清国国家利益角度考虑，一面强调事态紧急，不能待命后再行动，一面联络了自己负责编练的朝鲜新军，向新军发放军饷，约集新军指挥官金钟吕、申泰照，随时准备入宫护卫国王。行动前，他致函日使竹添，质问何以杀害朝鲜大臣八九人，并告知将率队入宫保护国王，但未见竹添的回音。

眼见事态紧急，朝鲜政府有在日本要挟下从中国脱离出去的企图，袁世凯向吴兆有、张光前等人表示：事态严重，应朝鲜大臣请求，师出有名，应立即入宫戡乱，并声明：“朝鲜的防务和外交，我负有专门的责任，如果因为挑起争端获罪，由我一个人承担，决不牵累诸位。”吴、张、陈等见袁世凯愿意承担责任，才勉强同意出兵平叛。

袁世凯当即约定：会合朝鲜新军左、右营，分三路入宫。袁世凯自率庆军庆字营及新军左、右营为中路，入敦化门；吴兆有率一营为左路，入宣仁门；张光前率一营为右路，负责策应。

庆字营和朝鲜新军皆是袁世凯训练，所以行动迅速、作战勇敢，很快进入景佑宫，与敌军展开数轮激战。袁世凯带队入宫后，即遭到守军猛烈射击，枪子如雨，清军还击，双方展开激战。宫内倾刻大乱，闵妃携王子趁乱逃出宫门，投奔北山清军营地。清军攻至景佑宫，发现国王已被转移，遂与退守楼台的敌军展开又一轮的激战。袁世凯身先士卒，勇猛进攻。在清军的强大火力下，竹添首先动摇，率领日军退出王宫逃回使馆，金玉均、朴泳孝等政变骨干亦随之逃往使馆，一路上受到聚集在宫外的市民的追打。洪英植等则护卫国王出宫赴北庙避难。整个战斗仅持续了一个时辰，清军便大获全胜。袁世凯悬重赏打探国王去向，夜间方探到国王下落，遂将国王接至吴兆有的军营，洪英植等试图阻拦，结果被杀。

次日上午，国王移居袁世凯所部军营，并召集原政府成员金弘集、金允植等，商议善后，组成了以沈舜泽为首的新政府。8日，国王召见各国使节，告以政变平息。日使竹添因使馆连日遭到愤怒的汉城民众的围困和袭击，而自己烧毁使馆，率领使馆人员、驻军和金玉均、朴泳孝等政变骨干逃往仁川领事馆。

甲申政变，以中国大胜、日本惨败告终。此后，袁世凯应朝鲜国王之邀，居"偏殿楼下，与国王居所仅一墙之隔，朝夕接触会晤，握手谈心。各部大臣每日必造访袁公禀告公事，环绕左右听指挥……袁公不动声色，代韩内筹抚治，外辑邦交。一个月来一手秉笔，一手按剑，衣不解带，目罕交睫。当时年龄才二十六岁，头发却由此而斑白"[①]。

而在此时，清政府却正愁于中法战争的节节失败。李鸿章因海防失败、台湾被法军封锁、越南北部的清军接连失地，被整得焦头烂额。因此，当李鸿章接到朝鲜发生事变消息，迟至平乱后的第九天才密令"以定乱为主，切勿与日人生衅"。清政府更是拒绝派援军入朝，只是派钦差大臣吴大澂前来朝鲜"熟审机宜，悉心办理"，主要任务是"剖析中倭误会"，"免生衅端"。等到清廷的"密旨"送达朝鲜，甲申变乱已平息半月有余了。

日人佐藤铁治郎说："袁世凯当日之谋，实有令人可惊可畏者，使清政府与李鸿章能明断敏速，出师图韩，一跃而登，真令我日军无从措手……袁之外交，诚有剽悍之手腕哉。"[②]

历史的真实是，如果坐等清廷或李鸿章的指示，日本人策划的政变就早已成功了。

---

① 沈祖宪、吴闿生：《容庵弟子记》卷一。

② 佐藤铁治郎：《一个日本记者笔下的袁世凯》，天津古籍出版社2005年版，第15页。

中州有数男儿

袁世凯在闻知政变消息后能在等不到清廷指示的情况下，勇于承担责任，果断出兵平叛，这源于他一贯的务实作风和对国家事务的负责精神。

事实上，他的这种作风早在投奔庆军后就多有流露。

1881年，袁世凯投奔吴长庆。当时，吴长庆正率领庆军六营驻扎在山东登州，督办山东海防。对于袁世凯来投，看在曾与袁保庆是盟兄弟的情面上，吴长庆把他留了下来，并每月给他10两银子作为零用钱，叫他在营中好好读书，并指定学识渊博的幕僚张謇作为袁世凯的老师，为其授课，希望这位故人之子日后能够金榜题名，光宗耀祖。

袁世凯乘兴而来，志在大用，看到又要让他去读书走科举做官的老路，不免大失所望。

张謇在回忆教授袁世凯的学业时说："謇曾命题，课以八股，则文字芜秽，不能成篇。謇既无从删改，而世凯亦颇以为苦。"但是，"偶令其办理寻常事务，井井有条，似颇干练"。[①]张謇的评论，是切中袁世凯其人实际的。

对于吴长庆让他读书、继续走科举道路这件事，袁世凯流露出不满的情绪，他曾经向张謇抱怨说："我家中有田可耕，此来不是为谋糊口。我以为中国现在受到列强压迫，法兰西侵略安南，扰及我南洋沿海，指顾之间，战事将起，假若对法失败，则列强或将群起瓜分。我当初因吴公膺海防重镇，需才必多，正是大丈夫报国之秋，不料到此以后，见吴公温雅如书生，并无请缨赴敌之意，谅我亦不甘于久住也。"[②]

作为一个22岁有志四方的热血寻梦青年，袁世凯这番慷慨陈词，应该是直率情真的流露，而不是脱口而出的大话，连张謇听后也不觉大为动容，遂劝他既来之则安之，稍安勿躁，等待时机。

吉人自有天相，也该袁世凯崭露头角。

1882年，在袁世凯投奔吴长庆的第二年，机遇的女神就开始垂青于

① 刘厚生：《张謇传记》，上海书店1985年版，第6—7页。

② 刘厚生：《张謇传记》，上海书店1985年版，第7页。

他。这一年朝鲜发生“壬午之变”，日本趁机准备插手，消息传来，清政府命令吴长庆迅速带军前往平息。吴长庆仓促奉命，事多杂乱，就把前敌营务筹划工作交给张謇办理，张謇办理不过来，遂令袁世凯帮同办理。袁世凯这时虽有一般表现在青年人身上的诸种傲视一切、自视甚高的缺点，但他确实也具有一般人所不具备的办事之才。张謇让袁世凯去采购军中各种急用物品，期限6天，但袁世凯仅用3天就出色地完成了张謇交给他的采购任务，崭露出他办事干练的才华。

对于此次朝鲜之行，袁世凯已经认识到了它对于自己前程的重要性，他也正希望借此一展才干，“乘长风破万里浪”。行前，他在家书中写道：“弟限于资格，中原难期大用。抵高丽，能握兵权……既建功业，不愁朝王李熙之不我用。”在这封家书中，袁世凯已经计划好了到朝鲜要做好的两件大事：一是整军经武，不让小邦所轻视；二是削平内乱，恢复朝鲜稳定的政治局面。他甚至极其自信地写道：“李熙，庸主耳，无能为，夺其政权归我掌握，犹反手也。”这样的想法，就是统兵大帅吴长庆都不敢有，可这个茅庐还未走出的年轻人却已经成案在胸了。这件事，初步显露出了袁世凯不同常人的雄才大略。

王侯将相，宁有种乎？

袁世凯这个晚清时期的“陈涉”，也许此时心中也充满了这种激情与呐喊。

袁世凯随吴长庆的军队赴朝鲜平定壬午兵变，因为他的军事才华与果断机智而得到过很多知情人的赞扬。

当时主持朝鲜外交事务的金允植赞扬袁世凯“豪慨似宗悫，英达类周郎”，把袁世凯比喻为率军讨伐越南叛乱的宋代名将宗悫，以及三国时统率孙刘联军，在赤壁战败曹操的周瑜。

张謇赞扬袁世凯是“谢幼度一类的人物”。谢幼度即东晋名将谢玄，在历史上著名的以少胜多的淝水之战中，他统率8万军队，打败前秦苻坚的百万大军，史书说他有“经国之才略”。

统帅吴长庆则称赞袁世凯是“中州有数男儿”。

上述诸人的赞扬，当然不是无缘无故，而是有事实依据的。

袁世凯自入吴长庆军营，未因自己与大帅吴长庆的特殊关系而表现特殊，也没有往日世家公子惯有的放纵习气，他总是事事留心，谦抑自下，办事刻苦认真，干练有条。

出兵朝鲜前，正是春节期间，庆军营中放假三天。暮气已深的淮军恶习爆发，赌博、酗酒、斗殴，甚至动以刀枪。营官们因放假离营过年，无人管束，营中大乱，事态发展，不堪闻问。袁世凯见状，乃假以统领之命，率亲兵营士兵赶往械斗现场，迅速查实肇事者，当即命令就地正法，使这场恶性事件平息。事后，他向吴长庆报告经过，并向统领请罪。吴长庆了解真相后，不但没有责怪他，反而极力赞许他的管理才干，命他为营务处帮办。

出征朝鲜命令传来时，庆军营务处的幕府办事人员多回乡参加“秋闱”乡试，于是张謇委袁世凯一手操办。结果应该五六天办好的事，他不到三天就办得妥当齐备。

庆军抵达仁川后，先锋营管带强调士兵不习乘船，多数晕船，躺在舱里迟迟不动。吴长庆大怒，立撤先锋营管带，在军前宣布让袁世凯接任先锋营管带指挥进兵。袁世凯受命，催令登陆，在两小时内即完成登陆和战斗准备，大受吴长庆夸奖。在此后登陆过程中，袁世凯身先士卒，“赤足履沙石”，“迨登岸，两足皆破裂”。[①]在军情紧急、间不容发的时刻，先锋营在袁世凯的率领下，飞奔汉城，进兵神速，终于争得了比日军早到半天的先机，迅速平乱，立了大功。

入朝后的庆军，纪律甚为涣散，“奸淫掳掠，时有所闻”。

袁世凯认为，前来戡乱的王师，军纪如此，遗笑藩封，玷辱国体，乃向吴长庆请令严肃军纪。吴长庆授以全权，发给治军令符。袁世凯传令各营，有擅入民居及军营者斩。恰好有违犯命令者，于是立即处斩数人传首示众。有人报告庆军某人强奸朝鲜妇女，袁世凯徒步前往查办，废寝忘食，亲自监督搜捕，最终查获了人犯，亲手予以处决。

壬午兵变后，金允植要求庆军诱捕挑动兵变的大院君，归政国王。吴长庆命令袁世凯“密为布置”。8月26日，大院君去清军营帐访问，袁世凯将其亲兵阻于帐外。大院君很有礼貌地访问吴长庆，同时讽清军名为平乱，实则欲夺其权而归闵妃。吴长庆听后“尚支吾其辞，不忍发

① 沈祖宪、吴闿生：《容庵弟子记》卷一。

动”，持刀侍侧的袁世凯则说：“事情已经泄露，迟则生变！”遂令亲兵把大院君扶入轿子，星夜奔赴仁川马山浦，又扶入军舰，送往天津，成功完成了朝鲜王室的归政，消弭了大院君的分裂祸患。

事后，吴长庆褒奖他：“治军严肃，调度有方，争先攻剿，尤为奋勇。为他上奏请赏，清廷授予五品同知，优先补用，并赏戴花翎。”

兵变平息，朝鲜王室继续编练新军，辞却日本教官，让袁世凯统筹编练。袁世凯为之呕心沥血，起草规制，选拔壮丁，逐步编练，未及一年，成效显著。朝鲜王公大臣、各国使节等前往参观检阅，皆感赞编练的新军“堪称劲旅”。就连治军多年的淮军名将吴长庆，也为之惊异，赞叹不已。

如此看来，袁世凯受到当事者多方面的高度赞誉是有根据的。这真实反映出当时袁作为热血青年的才干与性格。历史的真实情况就是如此。

袁世凯平乱却招祸

中国封建社会的人事关系十分奇怪。人的行为方式必须是宗法与封建等级制度下的一种上下有序的关系，人们所做的事情或所建的功业也要求个前后秩列关系。下级小人物做事立功若不合身份、超出有序的关系，即使正确也不被认可，甚至还会有不测之祸。就如主人的笼中鸟，只要在笼中，歌唱得好听就能博得主人高兴、赞赏，得到更多的食物。如果鸟儿跳出笼子，飞到高树上歌唱，即使歌声比在笼中还动听，但主人也会恼怒，甚至可能会因此而遭到灭顶的灾祸。①

三国时期的诸葛孔明之所以长期被后人颂扬，是因为他明知刘备的儿子阿斗是个扶不起的庸碌之辈，仍然忠心耿耿为他打天下；而曹操身为大汉丞相，虽顺应历史潮流，却因为丢开汉室自图大业，便留下了千古骂名。咸丰时，左宗棠在刘秉璋幕府中，就因为身居幕宾却凡事独断

---

① 马东玉：《从晚清重臣到立宪皇帝：真实袁世凯》，团结出版社2009年版。第15页。

专行而差一点就被湖广总督官文取了性命。

一个仅为五品虚衔的袁世凯，没有跟在一二品大员吴兆有、张光前之后唯他们马首是瞻已让人觉着不甚舒服，更何况未经清政府批准，就擅自率兵闯入朝鲜王宫与日本兵和叛军作战，平息了变乱，立下了不该他立的大功劳。该立功者没立寸功，不该立功者却声名远扬，人们如何会不攻击袁世凯这个不懂人情世故、越级而擅自立功的多事者呢？如果袁世凯不关心朝鲜王宫中叛乱之事，听任日本人和叛乱者所为，坐等清政府发来命令，听从吴兆有等人的话而坐失战机，让日本人得逞，使中国失去朝鲜的一切，几时要怪罪，天塌下来有高个子顶着，高个子先倒霉，矮个子后倒霉，至少袁世凯后倒霉。可惜袁世凯有抱负，有性格，有责任心，未按这个逻辑办，未按这个封建等级的秩序行事，因此就成了众矢之的，成了达官贵人常说的“野心家”与目无王法尊长的捣乱分子而欲除之而后快。

也怪袁世凯太把国家利益放在第一位，太爱动脑筋。壬午兵变后的朝鲜政局，不要说吴兆有、张光前等身临其境的大员们未能察知，就连李鸿章这样专事清国的一品大员也麻木不仁。以袁世凯的聪明睿智、勤奋观察、对国家大事的负责任、对职守的忠诚等特点，他早已料定会有日本人挑动朝鲜内乱发生的那一天。

就在甲申变乱发生的前夕，未雨绸缪，袁世凯洞察变乱将发，就径直向直隶总督北洋大臣禀报了朝鲜的政局动向：

> 朝鲜君臣，为日人播弄，执迷不悟；每浸润于王，王亦深被其惑，欲离中国，更思他图。探其本源，由法人有事，料中国兵力难分，不惟不能加兵朝鲜，更不能启衅俄人。乘此时要，引强邻自卫，即可称雄自主，并驾齐驱，不受制中国，并不俯首他人。此等意见，举国之有权势者半皆如是。独金允植、尹泰骏、闵泳翊意见稍歧，大拂王意，渐疏远。似此情形，窃虑三数年后，形迹必彰。朝鲜屏藩中国，实为门户关键，他族逼外，殊堪隐忧。该国王执拗任性，日事嬉游，见异思迁，朝令夕改。近时受人愚弄，似已深信不疑，如不设法杜其骛外之心，异日之患，实非浅显。卑职谬膺重任，日思维

系，竭力图维。初犹譬喻可悟，自中法兵端既开，人心渐歧，举止渐异；虽百计诱导，似格格不入。日夕焦灼，初食俱废，大局所关，不敢壅于宪听。近闻福州台湾同时告警，东洋讹传最多，韩人不允必有新闻。鬼蜮之谋，益难设想。外署虽与日人不睦，而王之左右，咸用其谋，不知伊于胡底也。竹添进一郎带兵换防，八九日内必到。薛斐尔已在东洋，闻将偕至，嗣有所闻再当密禀。[①]

这是甲申变乱前的21天，即1884年11月12日，袁世凯向李鸿章所作的禀报。袁世凯这篇禀文的文字极为简练，不失优美。在报告中，他洞若观火，仅以寥寥数百字，就把朝鲜、日本的关系和政局发展趋势清楚、透彻地表述了出来，给主持中国外交大局的李鸿章示之以警。日本人幕后指挥，朝鲜国王为亲日派包围，不再听从劝告，严重的祸患临近，不久将发生大事变。禀文最后直言：日本公使竹添进一郎率换防日军在八九天内到达汉城，美国驻朝公使薛斐尔（也积极策划朝鲜独立）已在朝鲜，预示着朝鲜马上要发生大事变了。

李鸿章看到了袁世凯的禀函，命令他“不动声色，坚守镇静，并随时侦探情况随时报告”。正因为有李鸿章的亲自指示，袁世凯才通知吴兆有、张光前等随时行动。袁世凯有“总理营务处”和“会办朝鲜防务”的头衔，函禀李鸿章与庆军统带和清朝驻朝外交官商办外交、军事事务，他有其权力，并非过格行为。但是，吴兆有等人的官衔远远高过袁世凯，他们见袁世凯的行动过于积极，不合传统礼法、秩序，心中早生嫌怨，不愿意配合袁世凯的行动了，事后更是落井下石，背后打小报告，急欲置袁世凯于死地而后快。

当袁世凯在汉城参见吴大澂等人时，有一段很精彩的对话。

袁世凯入见说：“某带兵驻韩，责在保护，如失韩国，并丧其君，朝廷其谴责乎？”

吴大澂说：“必有严谴。”

袁世凯说：“既以死力救护，韩之君国俱存，但也有擅开边衅之罪，愿朝廷按律惩治。然某自问，尚觉无愧怍耳。”

---

① 《李鸿章全集·译署函稿》卷十六，第3300—3301页。

吴大澂急忙说："君劳苦功高，相见恨晚，当以实情上达。"

随员续昌亦言："吾辈必竭力保全，望勿灰心。"[①]

吴兆有、张光前满以为钦差大臣一到朝鲜，袁世凯准要倒霉，至少也要落个撤职查办的结局。因此，早准备好了口实，要把袁世凯一案告倒。岂料，吴大澂来后根本不查"启衅"的缘由责任，却把袁世凯当成了功臣，对吴、张的态度却极为轻视怠慢。吴、张等人非常恼火，从而引发了袁世凯与庆军将领，包括长期做吴长庆幕僚的张謇的根本性矛盾冲突。

吴、张等人抛开平叛主题，另找袁世凯的平日缺陷，罗织其"罪名"，向钦差大臣告发，并利用张謇在士林中的名望，在国内官场中对袁世凯加以诬陷，给袁世凯造成许多难以挽回的名誉损失。实际上，他们罗织的种种"罪名"、"恶习"，多是"欲加之罪"。这些罪名主要集中在以下几个方面：

1. **擅做主张，挪用军饷**。

甲申变乱的过程中，朝鲜统治集团中的亲华官员被乱党几乎全部杀死。事后经袁世凯与营务处吴兆有、张光前等人会商，以清军军饷给死者家属发放了抚恤金。然而，吴、张等合谋诬告是袁世凯擅自挪用军饷，不仅向钦差大臣吴大澂告黑状，还将刁状直告到李鸿章那里。当袁世凯要求报销这些款子时，李鸿章拿出吴、张的"黑状"，诬告是袁世凯"以银买给韩人之心"，并责令袁世凯以私款赔补。袁世凯百口莫辩，只好请假赶回老家，"售卖家产进行补偿"。此事不仅是吴、张等人恶毒诬陷袁世凯，也是清廷、李鸿章对他的极大不公平。袁世凯不避艰险平息变乱，即使是他主张挪用军饷抚恤韩国官员家属，也完全是应该做的。朝鲜是中国藩属，中国向有保护之责，有困难时中国也向来帮助解决。在平乱非常时期，向死者家属抚恤，正显得中国给予保护国的立场和态度，这是争取人心的工作，是完全应该的。但结果却是让袁世凯变卖家产由个人进行赔偿，实属不公平。

当直隶总督北洋大臣李鸿章不给他报销抚恤金时，袁世凯尚不明白其中奥妙。他并非朝鲜方面的主要负责人，他完全可以不承认是自己

① 沈祖宪、吴闿生：《容庵弟子记》卷一。

挪用，横赖是吴、张的责任。但他没有这样做。事情出来了，他的叔叔袁保龄，时任旅顺任水陆军防务总办，给他写信指出："你此次朝鲜之功，众论昭然，而吃吴某如此大亏者，就是犯了阔字之病。行有不得，反求诸已，怨天尤人，有什么益处呢？"[①]袁保龄比袁世凯更知官场恶习，袁世凯当时毕竟才是20多岁的青年，以为凭借自己的一身热血与刚正的行为就可以达到自己立身的目标，对于宦海险恶显然还估计得不足。李鸿章虽已深知是吴、张等人告袁的恶状，但吴、张毕竟又是李鸿章的淮系大将。壬午兵变后，袁世凯在朝鲜锋芒毕露，大刀阔斧整顿淮军纪律，并杀了违反军纪的淮军官兵，淮军"分统提督黄仕林泣诉于吴公（吴长庆）"，淮军众将侧目于袁。此后，袁世凯又接管淮军一营，一再显示个人锋芒，使淮军大将吴、张等人非常难堪，因此，李鸿章明知就里，但也无可无不可。官场上的事情向来是无法用是非曲直来讲清楚的，按着老规矩，李鸿章仍护着自己的旧部，给了袁世凯这个新进者以一定的惩处，为淮系大将挽回一点面子，这正显示出了李鸿章的老道圆滑的做官技巧。

2. **冒称钦差，仪仗逾制**。

这是张謇的揭发，实际上也是淮军将领吴兆有跟张謇说的"罪状"。

袁世凯的行文发函，落款确有"钦差北洋大臣奏派总理亲庆等营营务处会办朝鲜防务袁"。但在"钦差北洋大臣"后面总空一格，在自己的职务前有"奏派"二字，这个格式是无可挑剔的。"钦差"是北洋大臣的重要头衔，而袁世凯的职务是由北洋大臣奏派产生的。可见，钦差是指北洋大臣，袁世凯只是个"营务处会办"。这犹如今日"中华人民共和国派驻美国大使馆某员"，谁也不会说那个某员是"中华人民共和国"，这是起码的一种文字游戏常识。

尤其在国外做官办事，面对的是各国使节等国际代表，袁世凯用前面的大帽子作为技巧来处理外交上的事情是无可指责的。如果是一个国内某单位的官员，自然不必加中华人民共和国的大帽子，在国外若不加中华人民共和国的定语，只剩驻美国大使馆某员，怎么认定该成员的身份呢？如果袁世凯不用"钦差北洋大臣奏派"就得加上"大清国奏

① 庄练：《中国近代史上的关键人物》下，中华书局1988年版，第99页。

派”。那么，把“钦差北洋大臣往哪里摆”？那他袁世凯不就是皇帝直接派来的，那才是真正的“钦差”了。袁世凯确是钦差北洋大臣奏派来朝鲜的，他的官衔北洋大臣无权赐给，只能是北洋大臣向皇帝上奏，名义上仍是皇帝通过北洋大臣委派这个官职去朝鲜办事的。

这又有什么错呢?

具体到当时复杂的外交事务，应该指出，清政府和朝鲜的关系原是宗藩关系，地位不平等，不能直接派出使臣，而到朝鲜后面对的却是和清廷平等的各国公使，这就让代表清廷的袁世凯、陈树棠（名义商务委员）、吴兆有（名义营务处总办）等做起事来十分难堪。本来陈树棠是个大使衔，但只有“商务委员”名称，日本使臣明知就里，而故意刁难他，“平日宴会应接，卑亢俱难”。

就连吴大澂这样已有“钦差”头衔，而无“全权”官样的代表清政府的全权大员也受到羞辱。日本派“全权大使”井上馨赴朝后，和吴大澂明明同等官衔，就因为少了“全权”二字，连私人拜访都被井上馨拒之门外。日韩交涉会议，牵扯中国的内容，井上馨也拒绝吴大澂参加，吴大澂硬闯会场，井上馨则宣布休会，根本不予理睬。

由此可见，袁世凯的官职虽然不高，却是大清国驻朝鲜代表，落款前面冠个吓人的大帽子，是不得已而为之的一种下策。在朝鲜的左宝贵也曾不得已用了“钦差”字样，就曾被言官弹劾。左宝贵是真用了“钦差”头衔，而袁世凯用的是由“钦差奏派”而来的，自不能相提并论。

对于袁世凯在朝鲜办事的种种难处，李鸿章是清楚的，因而不愿深究，将此事压住不提，这可能也是袁世凯没有像左宝贵那样因为“冒称钦差，仪仗逾制”而受到弹劾的原因吧。

这其中种种缘由，吴兆有等人心知肚明；李鸿章也曾有专文谈了中国驻朝官员的难堪和不得已。张謇作为吴长庆的多年幕僚更是明晰此中缘由，而他又曾是袁世凯的老师，却在袁世凯立了大功后，众人忌嫌之时，也跟着起哄攻击自己的学生，可见其胸襟并不阔大。[①]

① 马东玉：《从晚清重臣到立宪皇帝：真实袁世凯》，团结出版社2009年版，第20—21页。

3. **事事任性，妄自尊大。**

这条罪状也是淮军驻朝将领吴兆有、张光前等人一致认定的，张謇曾写信责备袁世凯，点出这条罪状。信中说：既然你是一个小小的五品"司马"，是吴兆有的帮手，做起事来应听从吴兆有的。但是，你却总是妄自尊大，威福在我，凌蔑一切，致使将领寒心，士卒愤涕。朝鲜国王处处皆言"袁会办"而吴兆有"总办"反而被忽略。"这难道不是由袁司马的心思、力量、手眼所造成的吗？"

张謇信中所谈，说来说去还是老生常谈，以中国官场上的人情世故来说事。他指责袁世凯官职微小，不该越级办事，更不该越级立功，造成了朝鲜王公大臣只知有一个五品的"袁司马"，不知有一品的大员吴兆有，造成了淮军大将"寒心愤涕"。

这个结果的造成，前文已经论及。甲申变乱突然发生，袁世凯一直等着吴兆有等人拿主意。但吴兆有等人的主意却是坐等清政府下发命令，根据命令行事。历史已经证明，如果等到清廷的命令，那么，日本公使策动的朝鲜政变早已成功，中国对朝鲜的隶属关系早已改变，朝鲜政权早已为日本控制了。

袁世凯是在如此紧急的形势下，力主入宫戡乱的，也是得到吴兆有等人事前同意了的。但是真正行动起来，吴、张两营却几乎未能配合作战，戡乱之役实是袁世凯一人率庆字营和朝鲜新军完成的。

据沈祖宪等编纂的《容庵弟子记》与目击战事的日本记者佐藤铁治郎所著《袁世凯》等书，都已言明吴兆有、张光前实未参加戡乱，而是躲在高墙下，未敢发一枪、向前迈一步。

吴、张、袁议定入宫戡乱后，袁世凯即率军入宫，与敌人几番枪战后，才看到吴兆有由两名士兵搀扶着狼狈地走来。吴兆有见到袁世凯后，即"跌足号哭"。袁问其故，吴哭着说："士兵入宫一闻枪声，便逃跑溃散了。"袁笑着说："你作出这副模样，敌人就能放过你吗？你赶快回营吧？不要乱我军心！"随即指挥军队与敌继续激战。

整个战斗过程更未见张光前率部前来，袁世凯很担心，派人查看，原来他率领的军队全躲在王宫西面金虎门内的高墙下躲避子弹，未敢发一枪进一步。袁世凯闻此叹息道："淮军的暮气怎么会到了这种地步啊！”

这些情况，见沈祖宪、吴闿生在《容庵弟子记》中的描述。

而甲申变乱在日本记者佐藤的笔下的记述是，袁世凯先给竹添书信，“书甫入，我公使未暇拆阅而袁军已先鸣枪。时韩兵守宫门，我兵驻内院，清兵入门，先击毙韩兵数十人，继与我军相接。清众我寡，势不敌。我公使势甚危。幸韩军携轰雷一具入宫……袁兵果争取，触机爆发，炸伤多人，毁屋数间，袁兵始不敢前进。我公使乃得乘间出。韩王为袁世凯拥至清营”[①]。

佐藤是站在日本的立场上写作的，“书甫入，我公未暇拆阅而袁军已先鸣枪”，是要把责任推给中国方面。但是，他的记述对袁世凯的表现，应较沈祖宪、吴闿生编纂的《容庵弟子记》更客观真实。在佐藤的笔下，也只见到袁世凯的戡乱作战，未见有吴兆有、张光前的戡乱行动。

袁世凯的戡乱作为，震动了日本人、各国公使和朝鲜国王及官吏。戡乱之后，韩王李熙是被袁世凯接到自己的营中，吴、张畏敌不敢参与战事，自然无颜与闻朝鲜的王室事务。此后，朝鲜国王和官吏依靠袁世凯“内筹抚治，外辑邦交”。

整个戡乱过程如此。张謇责备袁世凯“事事任性，妄自尊大”，不是跟着吴兆有做事，而是“威福在我，凌蔑一切”。又说韩王来函，处处提的是“袁会办”，仅仅顺便提带吴兆有，等等。

吴兆有、张光前如此畏敌，如此狼狈，让袁世凯如何跟着他们去应付甲申变乱？吴兆有等人见死不救，自己吓得狼狈不堪，自己说士兵闻警，吓得逃散，让韩王如何去写他们的表现？

袁世凯此时本就是一个热血青年，年少气盛，入世未深，做事不免锋芒，缺少顾虑，露才扬己，也不是不可能的事情。他眼见吴、张二人在阵前如此“怯懦庸劣”，难免不对这些人心存轻蔑，在举止行为上很可能也会有所流露。这样双方矛盾也就越积越深，最后发展到不可调和。

---

① 佐藤铁治郎：《一个日本记者笔下的袁世凯》，天津古籍出版社2005年版，第12—13页。

历史事实确实如此。袁世凯自问的“淮军暮气”确实存在。他在甲申事变时所以敢大包大揽，操纵一切，未始不是他对吴兆有、张光前等人的轻蔑与不信任所致。在善后过程中，袁世凯以年轻资浅之人，驾凌于吴兆有、张光前等旧同事之上，主持调度，代理朝鲜内政外交，确实也有越俎代庖之嫌。

淮军的暮气在中法战争、甲午战争中已暴露得淋漓尽致。吴长庆在镇压太平军和捻军的作战中，成为淮军名将。但当他死后，随时间推演，他的部队日益腐败，军机松弛、训练疲沓自是常事。甲午战争中，张光前、黄仕林统兵驻扎旅顺口，日军杀来他们也是一枪未放，尽数逃走，造成旅顺一地民众几乎全被日军杀光。光绪二十五年（1899年），李鸿章出任两广总督时。张光前前往道贺，谈到自己曾到安徽无为县拜访庆军的创始人刘秉璋，被刘拒之门外。李鸿章说：“你是败军之将，（他）不见你是合适的。”[①]而李鸿章却仍留张光前做两广防营统领。

想当年曾国藩攻下金陵，大功告成却变得四面楚歌，言官词臣纷纷攻击，昔日伙伴左宗棠、沈葆桢等人也站在朝廷一边，与他反目成仇。曾国藩无奈之余，只好自翦羽翼，首先令功劳最大的九弟曾国荃开缺回籍。为了安慰这位因为功大不赏而伤心透顶的弟弟，他写了几首饱含怒愤和伤感的诗在曾国荃的生日时作为生日礼物加以劝谏，其中有句曰：“十载艰难下百城，漫天箕口复纵横”；“河山策命冠时髦，鲁卫同封异数叨。刮骨箭瘢天鉴否？可怜叔子独贤劳”。读得曾国荃泪下滂沱，简直肝肠寸断。

如今，袁世凯在朝鲜的危急时刻立了大功，结果却是“外国人全部以流言诋毁他，留防朝鲜的清军诸将也都嫉妒其功劳而中伤他，而钦差对慰亭也追查得很急。慰亭愤懑不已”[②]。

袁世凯为偿还抚恤韩官家属挪用的饷项，适逢嗣母牛氏生病，以此为借口，回乡省亲，抽身而退。但是非功过，当事者心如明镜。

袁世凯迅速平定这次变乱，其结果却是被追查“谁先挑起事端的责任”，变成了被追查的罪人。

---

① 刘体仁：《异辞录》，山西古籍出版社1996年版，第130页。

② 金允植：《云养集·送慰廷归河南》卷三。

去朝鲜前，按吴大澂的最初计划，是想“诛世凯以谢日人”。原因是中法战争紧急，清政府生怕得罪日本，生怕日本借中法战事进攻中国的东北，故而杀一个袁世凯，“以谢日人”，也不是不可能的事情。但是，当吴大澂、续昌等一行行至山海关时，忽接到李鸿章发来电报一通，告诉他袁世凯有一份万余言的事变始末报告书，令他去马山浦索取一阅。原来，袁世凯已把事变始末电告李鸿章，并说马山浦有更为详尽的报告书，并有充分证据可供阅览。李鸿章的电报虽未说明袁世凯报告书的内容，但电报的口气，已对袁世凯进行了赞赏，为官多年的吴大澂体会上峰的意思，自然就打消了“诛世凯以谢日人”的计划。

历史的真相往往就是这样，当事人冒险犯难，历尽艰辛，议事者却尽可在背后风言风语，胡说八道。其实如让议事者身临其境，其表现还不知不如当事人多少倍呢!

平心而论，袁世凯竭其智计，采取一些非常手段维护国家在朝鲜的利权，原系职责所系，本就无可厚非。其实到了后来，因为有李鸿章的维护，查办袁世凯之事，也就不过成为一种官样文章而已。

虽然袁世凯在甲申政变中未领寸功，且获祸回籍，但是，他的出色表现，实令他从此享誉中外。

钦差大臣吴大澂表面上查办了他挪用军饷以恤韩官家属等项“欲加之罪”，却对他钦佩安慰，连连称赞，并请他一道同船返津。

吴大澂到达旅顺后，当面向袁保龄夸奖袁世凯“能力过人，前途不可限量”。回到天津后，在向李鸿章汇报了赴朝查办情况后，他又特别称赞了袁世凯的才干。他说：“公一向说张幼樵为天下奇才，在我看来天下奇才非幼樵，乃袁某也。”

吴大澂在入京向皇帝复命时，更是“扬言于朝，认为公才可大用，由是名望重中外”。

李鸿章在了解事实真相后，也“咨嗟叹服”，对袁世凯大加赞赏。他认为袁世凯以25岁缺乏历练之青年，在那般紧急的时刻，竟能号召中国驻防各营，并策动朝鲜左右两营勤王，不避嫌疑，不计自身后果，果断率军入宫戡乱，“在军事上，甚至在外交上作详尽周密的部署，发号施令，统驭中韩联军，击溃日军，摧毁政变集团的势力，拯救韩王，恢复李熙政权，同时维持汉城的治安，实为难能可贵"[①]。认定袁世凯的才干、度量、能力，在复杂的环境中可以独当一面，是难得的军事外交"奇才"。袁世凯当时大功不争，委屈不诉，尤其"无一语及吴兆有，李相咨嗟叹服"。他能有功不居，有过不惧，能够全身而退，更让人钦佩。因此，当李鸿章与井上馨会谈时，井上馨提出惩办"肇事者"袁世凯，李鸿章对袁世凯坚决予以了维护。

袁世凯在朝鲜经营多年，人脉已经盘根错节。他通过自己在宫廷内外的关系网，能够准确把握王室和朝鲜政府内政外交的动向，给李鸿章和清廷提供决策的根据。仅此一项，袁世凯就具有无可替代的价值，他是在朝鲜执行清廷全面控制政策的最佳人选。

实际上，在惊闻甲申政变正彷徨无计之际，得知袁世凯已经及时平叛，而没有用国内添一兵一卒，派一船一舰，李鸿章大喜过望，表扬还来不及，遑论查办呢？因此，所谓查办不过是官样文章，安抚一下北洋老将们对袁世凯迅速蹿红的不满而已，重用袁世凯，已经是李鸿章早已决定了的事。

就这样，1885年8月21日，李鸿章召袁世凯到天津。他见到袁世凯，非常高兴。就朝鲜事务，他对袁世凯说："如今演戏，台已成，客已请，专待汝登场矣。"[②]希望袁世凯勇担重任。

27日，李鸿章致函总理各国事务衙门，决定撤回陈树棠，举荐袁世凯替代陈树棠出任驻朝鲜使臣。荐文说：

> 正好有前管理庆军营务处的袁世凯，曾两次带兵救护韩王，屡立战功，该国君臣士民深为敬佩。（袁）才能见识突出，精明敏捷，忠实开朗。清卿（吴大澂）、燕甫（续昌）去年冬天在朝鲜已熟知其为人。昨天奉调来津，激劝闵泳翊往见李昰应，立时为俩人释憾交欢，李、闵全都深深感谢他。（袁）与在朝鲜执政的金允植、金炳始等人全都是莫逆之交，李昰应、闵泳翊等也再四恳求下令袁世凯驻朝鲜办事，可以平息争端，免除内患。似乎应该顺应朝鲜人的舆论情感，暗暗消

① 汤伏祥：《外国人眼中的袁世凯》，广东人民出版社2008年版。

② 沈祖宪、吴闿生：《容庵弟子记》卷一。

解其反复无常。现在拟等待奉旨赦回（大院君），应该派袁世凯护送前往，将来或要恳请特别的恩典，从优赏加更高的职衔，使其接替陈树棠的差使，可以得到耳目臂指之助。[①]

李鸿章此封荐函可谓不遗余力，亦可见其对袁氏期望之大、倚重之深。此函中提到的李昰应，即三年前被清军绑架到中国、安置在保定的大院君。闵泳翊即大院君的死对头闵妃之侄，是闵妃后党集团的重要成员。李、闵本来势同水火，所谓"立为释憾交欢"，不过是迫于清廷压力而作出的姿态。闵泳翊是袁世凯在朝鲜时交下的朋友，难得的是，大院君是当年袁世凯一手绑架并押送到中国的，居然能够同闵泳翊一起再三恳求派袁世凯出使朝鲜！由此亦可透视出袁世凯笼络结交人的手段不一般。

10月28日，李鸿章正式向朝廷上奏，荐举袁世凯替代陈树棠出使朝鲜。奏折以袁世凯胆略兼优，能持大体，为韩人所重，其国王也来函，敦请遣往相助为由，建议清廷从优授予袁世凯权限，让他主持办理朝鲜交涉、通商各事。

李鸿章指出：目前朝鲜局势动荡吊诡，日、俄两国虎视眈眈，袁世凯足智多谋，希望他在任职内可以挽回匡正，暗中扭转这种趋向。袁世凯历著劳绩，请超擢职衔官阶，以重体制，而资以镇摄。

李鸿章最后请求：袁世凯两次戡乱，皆身在行武，操纵合宜，其功甚伟。本应优加奖擢，以酬劳绩。现在奉命出使属邦，尤其需要提高其地位和威望，使他稍有威风，作为坐镇（朝鲜）的凭借。

根据李鸿章的意见，30日，清廷下旨：袁世凯以道员升用，加三品衔，即可出使驻扎朝鲜，总理交涉、通商事宜。

此时的袁世凯，年龄不过26岁，从军不过才4年多时间，即由布衣一跃而为三品的候补道，职衔直追入宦已经23年的乃叔袁保龄（当时袁保龄为二品直隶候补道），可谓官场上的一个奇迹。这其中的原因，固然与袁世凯在朝鲜壬午、甲申两次事变中出色表现有关，更与李鸿章对他的爱重与力荐分不开。没有在朝鲜短短几年时间内表现出来的良好业绩与杰出的才华，袁世凯就不会得到李鸿章的如此重视；而没有李鸿章的

① 《李鸿章全集·译署函稿》卷十七，第3348—3349页。

重用和力荐，袁世凯也不可能越次擢升。

平心而论，以袁世凯的志向、性格、办事处世的能力而言，他无疑具有杰出人物的潜质，所缺乏的只是表现施展才干的机会而已。无论局面大小，只要给以机会，他都能做得很好。朝鲜的变乱所带来的机会，若无吴长庆的器重使其得以施展，袁世凯是不可能以才干见知于李鸿章，终得清廷大用的。古人云：良禽择木而栖，良臣择主而事。所以，投靠什么人，走哪条路，在人生事业的抉择上是至关重要的。古人又云：人生贵早立志。早立志，早奋斗，早成功。袁世凯立志走事功之路，又择人得当，其成功实在不是偶然的。他后来之所以能够驰骋于清末民初中国政治大舞台，最初的机缘可以说就发端于此次做出的正确之选择。

袁世凯在朝鲜纵横捭阖12年，在军事、外交上占尽风头。袁世凯在监控朝鲜王室、政府外，还通过操纵其在朝政府内的强大人脉关系，百般阻挠列强们渗透、控制朝鲜的图谋，因此深为列强们尤其是日、俄等列强所忌恨。后来他与日本的长期不和，根源就在于此时他在朝鲜展露出来的才华遭到了日本朝野的忌恨。伊藤博文甚至挑唆李鸿章杀掉袁世凯，以除去这个日本未来潜在的对手。

袁世凯在朝鲜不仅是清廷政策的忠实执行者，而且是出色的执行者。在代表清政府主政朝鲜外交的最后几年，他穷竭智计、权谋、手段捍卫清政府在朝鲜的利权。他虽然有胆有识，可惜因为手中无兵可恃，不能像最初出使朝鲜时那样得心应手，眼睁睁看着朝鲜在日本等国的策动下，日益表现出自主离心的倾向。他深知，没有军事实力做后盾，劝说与恫吓只是一时奏效之策。在军事之外唯一能迫使朝鲜王室就范的办法就是金钱的收买，可惜，清廷此时财力也捉襟见肘，根本拿不出援助朝鲜政府的资金。袁世凯最终还是英雄无用武之地。

袁世凯自投笔焚诗、立志从戎起，其所作所为与汉代的班超出使西域颇有类似之处。

很可能，班超就是袁世凯在朝鲜时期竭力效仿的偶像。

班超投笔从戎，以不入虎穴、焉得虎子的胆略，凭36骑起家，在西域纵横捭阖长达30余年，为大汉王朝联合西域诸国、大败匈奴立下了汗马功劳，使大汉声威普被西极。最终，他拜将封侯，荣归故里，成为古今传诵的英雄。袁世凯选择从军，未始不受此影响和激励。最初他出使朝鲜的目标，很可能就想做出和班超一样的功绩，达到拜将封侯的目的。他若生于国家强盛之时，也未始不能成为立功异域的一个英雄而彪炳青史。但他所处的时代，却是大清帝国风雨飘摇的暮年时期；他所面对的敌手，也不再是匈奴、突厥一类的落后民族，而是制度比中国先进、国力比中国强盛且拥有精良武器装备的列强。班超所以成功，在于其身后有一个实力强大的大汉帝国作为他的坚强后盾，拥有可以让他充分发挥自己才能的空间与时间。而袁世凯却没有班超那么幸运，他所拥有的资源仅仅只是大清帝国在朝鲜的余威和自己由壬午、甲申两次事变中树立起来的威望而已。由于瘸着军事这一条腿，仅靠外交手段完成控制属国的使命，较之班超当年无疑要困难得多。在东邻日本的长期觊觎下，袁世凯在朝鲜的外交任务结局之不妙也就可想而知了。

1894年，朝鲜发生了东学党起义，袁世凯主张早遏乱萌，防止日本利用此事大做文章，建议李鸿章早做准备，力争居主动地位，派遣大军入朝以应付不虞之变。可惜，清政府和李鸿章不准备更不愿意与日本发生争执，而是寄希望于列强的外交调解，不听袁世凯忠言，错失了大好的良机。后来，清政府虽然应朝政府的邀请出兵朝鲜，但面对预谋已久、军机已先占　着的日军，后发之策已经不能再起到任何积极的实际作用。最后，甲午战争惨败，中国不仅失去了藩属国朝鲜，更伤心的是还要割地赔款、丧权辱国。对于这种结果，李鸿章作为统帅自应为战争的失败负全部责任，淮军主将卫汝贵、叶志超、龚照屿等人对于败战朝鲜、辽东和旅顺失守负有主要责任，受到惩处也是理所当然。然而，作为身处一线的袁世凯，在清政府追究导致这场战争失败的责任人时却能全身避祸，究其原因，是因为袁世凯没有错处；清廷不久之所以又重用他，则是因为他的能力出众。

第四章　袁世凯第四次人生抉择

——争取新建陆军领导权：机不可失

为今之计，宜力惩前非，汰冗兵，节糜费，退庸将，以肃军政。亟检名将帅数人，优以事权，厚以饷糈，予以专责，各裁汰归并数大枝，扼要屯扎，认真整饬。并饬募西人，分配各营，按中西营制律令参酌改革，著为成宪，必须使统帅以下均解器械之用法、战阵之指挥、敌人之伎俩，冀渐能自保。

——袁世凯

胡燏棻奉旨建军

甲午一战，“湘淮同悲”。湘淮军在甲午战争中的惨败，使朝野上下一致认识到，勇营制度已经不可复用，只有赶紧与西方接轨，迅速编练出一支具有近代化水平的作战部队，或许能挽救危机一二。

出于迎合形势，两江总督张之洞、顺天府尹胡燏棻，先后上书，建议朝廷弃旧练新，重建中国的军事力量；德国军官汉纳根也向督办军务处递上他的《练兵节略》，建议清政府甩开旧军，编练一支西式化的新军，直接隶属于中央政府。在这种形势下，一个前所未有的机遇降临了。

起初，清政府把选练新式陆军重任委托给了此时已经担任广西按察使兼长芦运司的胡燏棻。

胡燏棻，字芸楣，夙以谈洋务闻名于晚清政界，他曾多次向朝廷上疏论变法自强之事，是李鸿章十分赏识的一个淮系官僚。

据丁士源《梅楞章京笔记》一书中记载，胡燏棻曾托好友王修植代拟练兵条陈。王修植是浙江定海人，1890年进士，翰林院编修；时任直隶候补道，受李鸿章委托办理北洋水师学堂，后任北洋大学堂总办、定武军营务处帮办等职。他为人文思敏捷，对用西法练兵颇有研究。当胡燏棻向他索要新式练兵计划报告书时，他曾写有两稿，一稿以英国公使的练兵说帖为蓝本，一稿则在前稿基础上加以文字润色而成；最终，王修植对后一稿更为满意，就将它交给了胡燏棻，胡燏棻以此呈递督办军务处王大臣，因此才有了朝廷委任他筹办编练新军之事情。

1894年冬，胡燏棻选择旧日淮系盛军驻地天津马厂作为他练兵的基地，会同德国教练汉纳根开始筹建新式陆军。1895年，练兵的基地又从马厂转移到小站，开始了所谓的“小站练兵”。

小站位于天津东南70里的新农镇。淮军曾在该地驻军20多年。胡燏棻在小站自行招募兵员，从组织、训练、武器装备全部仿照德国，建立了10个营，号称定武军，其中包括步队、炮队、马队、工程队4个兵种，共4750人，形成了一支与往日淮军不同的军队。

可是，胡燏棻虽然喜谈洋务，并且得到了建立新军的权力，但他毕竟是一介书生，无编练新式军队的经验，在朝中也并无根基。实践证明，他没有能力和运气来充分地享受这个重大机遇给他带来的快感。

袁世凯的雄心

在胡燏棻开始组建新军不久，袁世凯也盯上了这个练兵的项目。

在朝鲜前线连续摸打滚爬了12年的袁世凯，凭借他在一线拼打的经验与阅历，早就深深地懂得了抓军权、拥有属于自己军事力量的重要性。

袁世凯深知，他早年在朝鲜所以做事顺心如意，全在于身后有吴长庆的军队在做他坚强的后盾。后来他虽然得到李鸿章和清政府的加官晋爵，甚至将朝鲜事务完全托付给他，但因为中法战争西南前线战事吃紧，庆军主力被调回国，袁世凯虽然豪气冲天，可巧妇难为无米之炊。

没有了军队做后盾，他在此后朝鲜的外交斗争中就时时感到捉襟见肘，力不从心。中国在甲午战争惨败，湘淮军退出了国家的政治舞台，清政府正需要新的军事支柱来支撑，这是一个千载难逢的大好机会，袁世凯凭借他的眼光和敏锐的第六感觉，嗅到了这个机会对他此后仕途通达的重要性。对于喜爱军事、雄心勃勃、正要捕捉时机大干一场的袁世凯，这个机会他焉能不去全力争取？

袁世凯以他在朝鲜的练兵经历深知，甲午战争中国所以惨败于日本，其根本原因就在于中国没有一支强大的现代化陆军。湘淮军暮气沉沉，距离世界一流军事水平相差太远。要想振兴中国的军事，走西方的道路，建立一种新式军队已经成为大势所趋。他断言："欲使中国变弱为强，自以练兵为第一件事。"①可是，环顾国内四周，懂得西式练兵的人才寥寥无几。真正认识到其重要性的官僚重臣也不多见，更不要说懂得编练新式军队的难度和复杂的程度了。要不，胡燏棻也不可能如此轻易就得到了清政府编练新军这样重要的授权。

对于清政府已经将编练新军授权给胡燏棻一事，袁世凯并不担心，也没有感到气馁。胡燏棻虽然获得了建立新军的特权，但袁世凯了解到，胡燏棻这个老官僚，虽然口头上奢谈洋务，但基本上对洋务一窍不通，对于编练新式军队，他并没有任何实际的经验，不是一个能成就大事的人物，何况，清廷还在意存观望，督办军务处也没有多大继续重用他的步骤。

不过，对于能否将新建陆军的创建权攥夺到手，袁世凯一开始并没有多大的把握。他自从卸职朝鲜交涉通商大臣回国后，就只剩下了一个浙江温州道员的身份，充其量也就是相当于现在厅局级身份的一个投闲官僚。此时，赏识他的李鸿章已经落魄赋闲，而督办军务处也并没有自己的靠山，要想夺得新建陆军领导权这个重大的项目，看来前途荆棘丛丛。但是，袁世凯并没有感到绝望，这个年轻人似乎不是个轻易就认输的人物。

先前，甲午战争爆发前夕，袁世凯奉调回国，清廷原打算要他尽快进京觐见，以便了解中日战争前的一些细节情况，但为李鸿章所阻。

① 袁世凯：《新建陆军兵略录存》卷一。

李鸿章又将他派往前线，负责办理转运军需粮秣事宜。战争结束后，袁世凯销差回到天津，时间已经过去了一年。此时，署理直隶总督兼北洋大臣的已经是王文韶，李鸿章则仍在天津办理《马关条约》的善后，其幕府也尚未遣散。袁世凯此时的身份是实授的道员，拥有浙江温处道的职衔。战时的差使既已结束，他如果愿意，即可申请赴任，去浙江作个安稳太平的地方官，完全可以置身于大败后的残局之外，落得个逍遥自在。但袁世凯如果前去浙江赴任他就不是袁世凯啦。此时，他满脑子想的都是如何取得这个清政府眼下十分重视的西法练兵的权力，所以，他宁可在天津闲待着，也无意去浙江赴任道台之职。常言道，性格决定命运。袁世凯骨子里是一个不安分的人，况且，以他的心胸抱负，一个小小的地方芝麻官，他根本就没有看在眼里。退一万步讲，即使他最终没有成功，没能从胡燏棻手中夺取新建陆军的创建权，他这个三品衔的身份不是照样没丢吗？

是骡子是马拉出来遛遛。

既然决心已定，袁世凯说干就干。剩下的事情，就是如何精心筹划进行这件大事了。

这一时期的袁世凯，表面上无所事事，其实他正在为实现自己的计划做着积极的准备工作。

袁世凯深知，要想得到西法练兵权，首先就要懂得西方兵典，起码要成为一个西方军事学的半拉子专家。袁世凯虽然精通兵书，但那都是中国古代军事家的著作，他对用西法练兵虽然有些感性上的认识，可由于不通外语，对于书本上系统的西方军事学理论、条例、操典等知识，还是十分欠缺。

但这难不倒袁世凯。一方面，他自己出资邀集幕友抓紧翻译西方军事著作；另一方面，设法与王修植等人结为朋友，让他为自己编写练兵条陈。

袁世凯在关外办理后勤期间，就已认识到抓取西法练兵权力对于自己此后前途的重要性。他没有科举等第之名，朝中也无引荐的大臣，要想让自己前途辉煌，自己就要做命运的主人。但当时因为战事，他既无时间，也无条件钻研西法兵典。回到天津后，听说王修植搞过这么一份东西，胡燏棻就是因为拥有它才得到建设新建陆军这项美差的，也就千方百计想得到它。恰好，王修植此时正在北洋王文韶幕府供职，袁世凯遂想方设法，下力气结交，向王修植请教，努力弥补自己对西法兵操了解的不足。

袁世凯在朝鲜外交界折冲樽俎已经有12年之久，对官场上各种人物的心理自然有着透彻的了解。他没有科举功名，在当时尽管已是三品的高官，但因不是正途出身，在王修植这类翰林、进士的眼中仍然受到轻视。甲午战争后的舆论也对他不利，清流派中不少人认为他对战争的爆发负有责任，更有人认为他临战脱逃，是个胆小鬼，王修植就是持着这样的观点。对他人的轻视、疏远，袁世凯并不在意，因为他心中有着自己的目标，反而格外谨慎和大气。

当时的晚清官场，腐败成风，达官贵人们显摆自己的一种休闲方式，就是好到妓院吃花酒冶游。王修植一介文人，不免也少不了这个缺点。但他官职不高，收入有限，不能常请朋友吃花酒，不免渐渐就有自卑之感。袁世凯就从他的这一弱点下手，利用自己从朝鲜聚敛来的银子，放手施展其拉拢逢迎的本领，使出挥金如土的手段，很快就摆平了这些高傲的文人。为了让王修植全心尽力为他做事，袁世凯还与他结为拜把子兄弟，常常在钱财上接济他，在生活上关心他。吃人家的嘴软，拿人家的手短。时间一长，王修植就渐渐感到过意不去。待王修植与袁世凯的交情渐入佳境的时候，袁世凯就求王修植也为他代拟一份练兵条陈。

王修植答应后，就把以前所著的关于英国军队的编练一稿拿来给了袁世凯。袁世凯得到后，奉若至宝，朝夕诵读，仔细揣摩，所以很快就了解和掌握了西法练兵的一些要点。结合自己在朝鲜为朝鲜王室编练新军的经验，他总结出了一些心得体会，决定仿效当时世界上陆军最强的德国，结合湘淮军的建军经验，建立中国自己的军队。

接下来，第二步，袁世凯所需要做的就是进京游说主持朝政的政要，使其关于创建新式军队的见解能够上达并被朝廷接纳，以实现自己编练新建陆军的愿望。

袁世凯西法练兵的计划能否实现的关键，取决于他的建议和计划能否得到督办军务处王大臣们的重视和采纳。

督办军务处的成立缘于甲午战争。

1894年11月2日，鉴于清军对日作战不利，光绪皇帝下旨命恭亲王奕䜣、庆亲王奕劻、翁同龢、李鸿藻、荣禄、长麟等人组成督办军务处，其作用相当于今天的总参谋部。这表明，光绪皇帝对李鸿章十分不满，他想亲自过问战事。此后一段时间内，督办军务处就成为清政府决定军事事务的最高权力机关。

在督办军务处，恭亲王奕䜣已经赋闲10年，暮气已深。庆亲王奕劻虽然是慈禧太后的人，但是不懂军事。真正起重要作用的主要是翁、李、荣三人。翁同龢是光绪皇帝的老师，最受光绪皇帝的信任和倚重；李鸿藻是三朝的老臣，清流派的领袖，有影响舆论的力量；荣禄则是慈禧太后的亲信，当时虽只是个步军统领，但却是慈禧太后派在督办军务处的心腹代表。

战争结束后，北洋海军和湘淮军一败涂地，清帝国需要整军经武，重建国防，因此，督办军务处保留了下来，继续作为战争善后和整军经武的最高机关。

在如何用西法练兵的问题上，督办军务处王大臣之间是有争议的。

翁同龢想要洋人汉纳根为清政府练兵10万，背后有光绪皇帝的坚决支持；恭亲工奕䜣、庆亲王奕劻和李鸿藻虽然不同意这个方案，但拿不出更好的方法，又慑于光绪皇帝的威势，只好模棱两可；荣禄背后代表是慈禧太后，她不同意将新建陆军的创建权交给外人，荣禄有慈禧做后台，所以敢于反对翁同龢极力主张的汉纳根方案。而胡燏棻素有通晓洋务之名，且又及时献上了自己的练兵条陈，荣禄虽然不太满意，但作为妥协，督办军务处就暂时推荐并任用了胡燏棻。

就在这样的背景下，1895年7月，袁世凯进京，开始对督办军务处的三位重臣展开游说活动。

袁世凯一到京师，首先拜访了翁同龢。在袁世凯看来，翁同龢是两朝帝师，又深为光绪皇帝所倚重，对李鸿章不满，自己要想得到编练新军的权力，就必须获得他的同意。实际上，督办军务处王大臣因为朝鲜问题，对袁世凯并不陌生。袁世凯初次拜见翁同龢，翁对他印象并不太好，在7月21日当天日记中对他的评语是："此人开展而欠诚实。"因而，后来在督办军务处讨论是否委任袁世凯督练新建陆军时，翁同龢并不表示同意意见。但袁世凯不是畏难退怯的人。他坚持不懈，仍然不断拜访翁同龢，终于扭转了翁同龢对他的不良印象。据翁氏9月29日的日记记载："袁慰亭来辞，谈洋务事，点心去。此人不滑，可任也。"

至于李鸿藻，早在前线戎马倥偬之际，袁世凯还曾经毛遂自荐，多次向李鸿藻上书，详细报告了前线的战事情况及自己的一些想法。

1895年5月，战事刚刚结束，袁世凯马上回到天津，再次迫不及待地向李鸿藻上书，向李鸿藻仔细分析了甲午战争中国方面失败的原因并报告了他的关于整顿旧军、编练新军的一些计划。

袁世凯陈词慷慨激昂："至此次军务，非患兵少，而患在不精；非患兵弱，而患在无术，其尤足患者，在于军制冗杂，事权分歧，纪律废弛，无论如何激励亦不能当人节制之师……为今之计，宜力惩前非，汰冗兵，节糜费，退庸将，以肃军政。亟检名将帅数人，优以事权，厚以饷糈，予以专责，各裁汰归并数大枝，扼要屯扎，认真整饬。并饬募西人，分配各营，按中西营制律令参配改革，著为成宪，必须使统帅以下均解器械之用法、战阵之指挥、敌人之伎俩，冀渐能自保。仍一面广设学堂，精选生徒，延西人著名习武备者为之师，严加督课，明定官阶，数年成业，即检夙将中年力尚富者分带出洋游历学习，归来分殿最予以兵柄，庶将弁得力而军政可望起色。"①

这个报告书，实际上已经表明了袁世凯建军的核心思想。只是此时他还不通晓西式兵典，并没有急于贸然进京求见而已。既然李鸿藻是以清流派领袖自居，袁世凯自然不敢贸然用钱财送礼。那么，袁世凯既然与李鸿藻并不相识，他又是怎样接近李鸿藻并博取其赏识的呢？张国淦总结原因说：袁世凯甲午回国，中日开战，李鸿章仅令其与周馥同办转运，何以屡得特旨询问，督办军务处成立即派其创办新军呢？主要因为他投靠李鸿章后，依恃在朝鲜时之表现，与北京有力量人物多方拉拢，为进一步政治投机打下基础。其时北京所谓清流者，有南北两派。李鸿

---

① 袁世凯：《致军机大臣李鸿藻论甲午军败因禀》，光绪二十一年四月十三日。

藻为北派清流首领，张之洞、张佩纶等为其中坚；翁同龢为南派清流首领，黄体芳、陈宝琛、吴大澂、王仁堪、邓承修等为其中坚。袁得徐世昌介绍于李鸿藻，于是与其派系都有往来。①

陈夔龙在《梦蕉亭杂记》中说："甲午中日之战失败后，军务处王大臣鉴淮军不足恃，改练新军，项城袁君世凯以温处道充新建陆军督办。该军屯兵天津小站，于乙未冬成立。当奏派时，常熟（翁同龢）不甚谓然，高阳（李鸿藻）力主之"。陈夔龙指出："袁世凯经徐世昌介绍于李鸿藻后，袁就对李拜门，并和李鸿藻子焜瀛往还极密，通过种种关系使李逐渐相信袁知兵。所以他首先推荐袁督练新建陆军，这完全出自爱才之意。"②

徐世昌当时在翰林院任修撰，是主战的清流派中的一员，李鸿藻则是翰林院掌院学士，于徐世昌有师生之谊，又是清流派的领袖。徐早年落魄时，袁有恩于他，二人由此结为好友。袁有所求，徐自是义不容辞。袁世凯的叔父袁保龄是李鸿藻任河南学政时的得意门生，袁即以这层关系"拜门"，自称"小门生"，而李鸿藻按辈分也就成了"太老师"。袁世凯深谙李鸿藻这个老夫子的心理，故意再加上一顶高帽，称其为"太老夫子"，把此老抬到了和孔夫子一样的高度，而李鸿藻居然也就舒舒服服地入了圈套。这样，袁世凯不仅以谦恭博得了李鸿藻的好感，而且还可一下子撇开官场上下级之间通常的拘谨，以通家子弟的方式畅所欲言。从袁世凯打通李鸿藻门路的方式，可以看出他笼络人心的手段此时已堪称炉火纯青。

但袁世凯的手段还不仅止于此，他通过徐世昌在北京的关系了解到李鸿藻正在鼓动清流派以战争中处置不力为名而弹劾李鸿章。于是，以他对李鸿章的了解，将光绪壬午后李鸿章对日交涉如何软弱、两次调回吴长庆军队如何失算、与伊藤博文在天津所订条约如何错误，及本人在朝鲜因中国军队之撤回对日交涉及对朝鲜处置如何困难、李鸿章如何掣肘，并将最近4个月中往来文电、摘要抄录缮成小册数十份，呈送北京

① 张国淦：《北洋述闻》，上海书店1998年版，第1页。

② 陈夔龙：《梦蕉亭杂记》卷二，《近代稗海》第1辑，四川人民出版社1985年版，第373页。

要人。

对于袁世凯的投靠做法和建议，李鸿藻表示欣赏和赞许。李鸿藻认为袁世凯“家世将才，娴熟兵略”，对于军事上之新学识，深有心得，如果畀以练兵之责，必能胜任。因此，在小站练兵的问题上，李鸿藻不仅将袁推荐给荣禄，而且极力保荐。

而关于袁世凯如何结识结遇于荣禄，起码有四种说法。

一种是王伯恭《蜷庐随笔》的说法：“（袁）于是招致幕友，租住于嵩云草堂，日夕翻译撰写兵书十二卷，以效法西洋为主。书成，无术进献，念当时朝廷的权贵中，惟有相国荣禄，深结主上的知遇，言听计从。然而素昧生平，没有途径结交。探听到八旗老辈中有个叫豫师的，最为荣禄所信仰，又探听到豫师与阎敬铭相国最相得，而阎既为路闰生的入室弟子，又有姻亲关系，非路氏开口不足以说动他。因此想到路氏子弟有在淮安作官的，家也在淮安，而项城（即袁世凯）的妹夫张香谷，系汉仙中丞之子，家也在淮安，必与路氏熟悉。于是托香谷以恭敬的礼节和丰厚的赀财请路辛甫北来，在自己的幕府中作为上等客人。由辛甫以见阎文介，由文介以见豫师，有豫师以见荣文忠，层递纳交，果为荣文忠所赏识，项城于是执礼为荣相国的门生。”①

一种是《容庵弟子记》中的记载：“时军机大臣为翁相国同龢、李相国鸿藻、荣相国禄。而李相国尤其赞赏袁公，以公家世将才，娴熟兵略，如令特练一军，必能矫中国绿防各营之弊。亟言于朝，荣相亦右其议，嘱公于暇时拟练洋操各种办法上之。公手缮数千言，其大旨则步军操法，以师法德国为主。”②

第三种说法是根据袁世凯给其兄袁世敦的信中内容：“适值朝廷因绿营不足为恃，急欲编练新军，从北洋试办入手，荣中堂正在物色人物。弟适晋谒，即蒙详细询最新外国兵制，即以德国陆军制度详答之。中堂甚韪予言，旋告之李爵帅（即李鸿藻）说：袁某对于军事上之新学识深有心得，畀予练兵之责，必能胜任也。遂合词保奏，即蒙召见，奏

① 徐一士：《一士谈荟》，山西古籍出版社1997年版，第87页。

② 沈祖宪、吴闿生：《容庵弟子记》卷二。

对称旨。奉谕派为北洋练兵大臣。”[①]

第四种说法是走了李莲英的门路。

甲午战争结束后，袁世凯到北京打关节，走门路，又恰恰遇上了阮忠枢，并且是阮忠枢帮了他的大忙。因为这时候，袁世凯正在努力争取训练新军的事情。他在京办这个差事的时候，深深地知道，当时官场中的惯例，仅有朝中大员对他推荐是不够的，更重要的是走内线。恰巧他从前在旅途中结识的阮忠枢，这时正在李莲英的弟弟家里做家庭教师。这个李莲英弟弟的家，实际上也就是李莲英的家。袁世凯也就是通过阮忠枢的关系和李莲英拉上了交情。不但如此，袁世凯还通过李莲英，结交上了当时的权臣加宠臣荣禄。这样，等到醇亲王、庆亲王会同军机大臣保举他来训练新军的时候，慈禧太后很快地就批准了。这件事，李莲英是起了很大作用的。袁世凯在此期间与其兄袁世敦的书信中曾说过：“正在查傺无聊时，忽遇契友阮君斗瞻（忠枢）愿做曹邱生，劝弟投其居停李总管（莲英）门下，得其承介晋谒荣中堂。”[②]据此，袁世凯近身荣禄，是经由李莲英作媒介的。

实际上，荣禄之所以欣赏袁世凯，主要有两个原因：一是因为胡燏棻虽在小站编练了5000新军，但胡燏棻出身翰林，是个文人，并无带兵的实际经验，不是荣禄心目中最合适的人选。而袁世凯则有帮助朝鲜王室练兵的资历，其经验、见识、办事能力和对西方军事的了解都明显要高于胡燏棻一大截，又正适年富力强、上进心极强之时，是荣禄心目中的合适人选；二是荣禄在外省任职数年，重返中枢，又刚刚被授予督办军务处会办大臣的职衔，亟须罗致一批得力的人才为己所用。袁世凯既由自己信得过的老友李鸿藻推荐，又对西法练兵有相当的了解，而且又有办事干练之名，加上积极投靠自己，缘此种种因素，荣禄也就自然乐于援引举荐，把袁世凯网罗到自己的帐下。

由于遍结朝中重臣，袁世凯的仕途又变得柳暗花明了。

8月2日，光绪皇帝召见了袁世凯，并于当日下旨，让袁世凯留在督

① 张国淦：《北洋述闻》，上海书店出版社1998年版，第2页。

② 杜春和等：《北洋军阀史料选辑》（上册），中国社会科学出版社1981年版，第11页。

办军务处供王大臣差委。这个差事，使袁世凯有了接触中枢政要的宝贵机会。袁世凯办差之余，一面遵荣禄所嘱，聚集幕友翻译、研究和撰写兵书，拟订西法练兵的计划和章程；一面在京城继续奔走，继续结交权贵和各方面的人物。

1895年12月8日，在水到渠成的情况下，清廷下旨，将胡燏棻改调督造津芦铁路，由袁世凯接替他加紧编练新军。谕旨明确指出："据督办军务王大臣奏，天津新建陆军请派员督练一折。中国试练洋队，大抵采用西法，此次所练，系专仿德国章程，需款浩繁，若无实际，将成虚掷。温处道袁世凯现经王大臣等奏派，即著派令督率创办。一切饷章，著照拟支发。该道当思筹饷甚难，变法非易，其严加训练，事事核实，徜仍蹈勇营习气，惟该道是问，懔之慎之！"①

经过千辛万苦，袁世凯终于紧紧地抓住了创建新军的领导权，为他日后在仕途上的腾达奠定了基础。

小站班底

一个人要想做成点事情，就必须融入社会和一个具体的组织之中。这就好比人的躯体，单有头脑是不够的，还必须有五脏六腑及四肢的有机配合与高效运转，才能保证人正常的生命运动，这其中，任何一个部件也少不得。对于一个团体或者公司而言，也是如此。纵观历史，这类事例几乎比比皆是。秦末刘邦所以能够由弱变强，转败为胜，是因为他有一个很好的集团班底。文有张良、萧何、陈平，武有韩信、樊哙等人，聚集在刘邦的这面大旗之下，团结一致，共同对敌，才最终战胜了实力比自己强大得多的项羽集团。西汉末年，王莽乱汉，群雄四起，刘秀也是在组织成一个云台28将的有力班底后，才最终消灭了群雄，建立了东汉政权。东汉末年，因为黄巾起义，董卓乱汉，群雄又蜂拥而起。刘备虽然起身于一介布衣，但因为他深知建立团体班子的重要性，常年多方网罗，孜孜不倦，因而，在聚集了关羽、张飞、赵云、马超、黄忠

---

① 《德宗实录》卷387。

等勇冠一时的武将，又拥有了诸葛亮、庞统、法正等胸有文韬的谋士后，才最终三分天下有其一。同样的道理，在清末民初这个乱世时代，袁世凯因为拥有了一个实力与水平高于同时期其他利益集团的领导班子，才使得他能够纵横天下，傲视群雄。可以说，北洋集团的文臣武将是袁世凯在清末民初敢于翻手为云、覆手为雨的最强大有力的资本。

那么，袁世凯是怎样建立他的集团班底的？其中又有着怎样的奥秘？

1895年底，袁世凯兴冲冲来到天津小站，接替胡燏棻主持的练兵事宜，袁氏集团由此萌芽。

袁世凯建立新建陆军，虽然主张全盘西化，参照德国的陆军范式，但更重要的是继承了曾国藩、李鸿章的治军衣钵，以传统封建宗法关系勒束属下，将新建陆军训练成了一支兵为将有、绝对服从自己命令的战斗部队。

军事训练上，完全按照德军的模式；但在官兵的思想教育上，则要步曾国藩组建湘军的后路。这，就是袁世凯建军的主要思想。

因此，袁世凯一到小站，第一件事就是网罗私党，抓紧建立自己的骨干班底。

袁世凯深知，能否抓住这个练兵的机遇，开始成就一番大事，培养自己的羽翼班底在眼下比什么事情都重要。

袁世凯为筹建自己最初的集团班底，颇费了一番心思。

在袁世凯看来，这个班底组成的条件，其范围大致不外乎这样几项：

1. 袁氏自己长期阅历中所认识交结的一批志同道合者，如徐世昌、唐绍仪等。

2. 袁氏前辈与他有直接间接关系者，如姜桂题、任永清等。

3. 长期追随袁氏已表现出其忠诚与才干者，如吴长纯、吴凤岭、刘永庆等。

4. 上级或有地位影响的人推荐而来者，如王士珍、段祺瑞、冯国璋等人。

袁氏集团最初主要由三部分人构成：即追随袁世凯多年的“家兵

家将”、北洋武备学堂毕业生和淮军旧将，三者基本上还是一个军事集团。这些人大都生长在清王朝封建文化意识影响较深的北方农村，少年时代即受到以军功发迹至显风俗的熏陶，有着强烈的求取功名和升官发财的欲望。特别是北洋武备学堂的学生，他们大多出身贫寒，有着坚定的自强精神和强烈的政治追求欲；而淮军“诸将领多以行伍起家，谓功名自马上得之，于军学多嫚语姗笑……毕业诸生多淹滞佗傺，久之始任用，即用亦不称其才”；由于在淮军中不受重用，迁升甚慢，他们在心理上压抑感很重。这种追求欲和压抑感的交错发展，使他们一旦受人识拔，便会产生强烈的报恩思想。袁世凯知道这些人的追求所在，便将他们召至新建陆军，破格提拔为各级军官和教习。其后更是屡加保举提拔，结以恩遇，使他们成为自己拓展事业中的强有力助手。

在袁世凯的小站班底中，最早和袁结下深厚情谊的是徐世昌、唐绍仪、阮忠枢3人，他们在小站集团组合之前，就和袁世凯私交甚笃，过从甚密。

徐世昌，字卜五，号菊人，原籍天津，1855年生于河南汲县。幼年进私塾读书，成年后，做过沁阳、太康、淮宁各县署文书和家馆教师。

1879年，徐世昌在淮宁认识了袁世凯，两人惺惺相惜，互相倾服，很快就结拜为盟兄弟。徐比袁长4岁，经常在一起游玩，相处甚得，为总角之交。

不久，徐世昌想前往京师应试，但苦于没有路费，袁世凯助他川资，始克成行。徐世昌果然不负袁世凯所望，1882年高中举人，1886年又登第进士，当上了翰林院庶吉士，1889年，授职编修，先后担任国史馆编修、武英殿编修等闲职京官。

1895年，袁世凯获得创建新建陆军大权，在天津小站筹建班底，自然不能忘了他的这位曾使自己倾心的盟兄，而此时徐世昌也正以七品京官，囊中羞涩，生活清苦，愿意降格外放，求得经济上的实惠，且正巧因母丧在家丁忧郁闷，也正想寻些事情做做。因此，1897年，袁世凯奏准清政府，派徐世昌以翰林兼新建陆军参谋营务处总办，往来京津之间，赞襄戎幕，领取翰林院和新建陆军的双份工资。从此，徐世昌成为袁世凯的重要谋士，成为袁氏集团最主要的一名成员。

袁世凯和徐世昌在结识并加深友谊的同时，也与唐绍仪定下了金兰之交。

唐绍仪，字少川，广东香山人。其父唐巨川是一个长期从事茶叶出口的商人，其族叔唐廷枢当过英商怡和洋行的买办，后来随李鸿章办洋务，经营和创办了著名的上海轮船招商局、开平矿务局，深为李鸿章所器重。唐绍仪不仅从小受家庭的国学熏陶，而且他12岁就远涉重洋，到当时资本主义发展最快的美国留学，进入著名的耶鲁大学学习西方先进的自然科学和社会科学知识，更重要的是，他懂英文，了解西方事务，这正是袁世凯孜孜以求的人才。

1881年，唐绍仪学成回国，进入天津水师附设的洋务学堂教书。1882年，他作为帮办朝鲜海关事务前驻天津德国领事穆麟德的秘书被李鸿章派往朝鲜。在甲申政变中，他因其突出的表现为袁世凯赏识。袁世凯与唐绍仪相识后，互相仰慕，两人感情极为融洽，结为盟友，从此彼此帮助，共求上进。

甲申事变后，袁世凯被清政府任命为驻朝鲜总理交涉通商大臣，赴任之时，他首先选择了唐绍仪做自己的西文翻译兼洋务委员，实际上是作为袁世凯这一时期在朝鲜的副手。唐绍仪以袁世凯的主要助手的身份，获得了与袁世凯同步升官的机遇。袁世凯由知府、候补道而实任道员，二品顶戴；唐氏则由候补县令而任直隶州州牧，再到候补知府，三品顶戴，其升迁速度之快异乎寻常。二人的关系也在合作共事中不断得到升温和发展。

1891年，袁世凯嗣母牛氏病重，需要请假回籍，在代理人问题上，袁世凯认为唐绍仪，优智略，明机宜，确有应变才，推荐唐绍仪代理他的职务。他说，唐绍仪“忠直明敏，胆识兼优，熟悉韩情，请委令代理”。[①]

1894年中日甲午战争爆发前夕，袁世凯无法在朝鲜继续执行使命，要求内渡，并再次请唐绍仪自代。唐绍仪临危受命，毫无怨言，并积极电告国内，助袁成行，使袁世凯得以死里逃生，安全回到祖国。唐绍仪这种临危不苟的行为，无论是出于公义还是私情，毫无疑问，都使袁

① 沈祖宪、吴闿生：《容庵弟子记》卷一。

世凯非常感激。唐绍仪的忠诚与才干在袁世凯心中留下了很深的印象。袁、唐二人在朝鲜患难与共，结下了深厚情谊。

1895年末，袁世凯正式接任在小站编练新军。他没有忘记唐绍仪这个患难之交，恳请他来军，协助徐世昌负责营务处，继续发挥他外语与外交方面的特长。

在袁世凯早期生涯中，与他结交的还有另外一位重要人物，此人就是阮忠枢。他后来成为袁氏集团的一支笔，袁氏幕府的总文案。

阮忠枢，字斗瞻，安徽合肥人，出身于淮军将领家庭，1889年中举，受到李鸿章的器重，先后派他做过北洋水师学堂的汉文教习和北洋军械局总文案。

袁、阮二人由相识到相交，中间还有一段比较复杂的插曲，也带有很大程度上的偶然性。

原来，早在袁世凯由上海前往山东投奔庆军统领吴长庆的路上，无意间在旅途中遇见阮忠枢。由于他们同行同宿了几天，因此互相结识。通过交谈，袁世凯知道阮忠枢将进京会试。他也将自己的家世和现在的情况详细地告诉了阮忠枢，二人从此相识相交，颇有相见恨晚的情势。阮此时囊中有余，他帮助了袁世凯一些川资并劝袁直接投军，然后才依依作别。甲午战争结束后，袁世凯到北京打关节，走门路，又恰恰遇上了阮忠枢，并且又是阮帮了他的大忙。袁世凯也就是通过阮忠枢的关系和李莲英拉上了交情。不但如此，袁世凯还通过李莲英，结交上了当时的权臣加宠臣荣禄。

1895年底，阮忠枢由李鸿章推荐入袁幕。入幕不久，袁世凯就大倚任之。其时，袁世凯初创新军，规划闳远，多为常智所不及。阮忠枢独深思眇虑，洞烛其所以然，军制饷章文牍机务咸出其手，幕府所赖唯他一人。袁世凯保举他的考语是“才长心细，学博识优，平日留心时务，遇事义理自持”[①]。阮氏从此成为袁氏集团一名核心成员。

另外，当袁世凯到小站筹建新建陆军的时候，鉴于自己对如何编练新式军队也缺乏知识与经验，他请求李鸿章、宋庆和聂士成以及时任北洋武备学堂总办荫昌等重要淮军将领为他推荐了一些淮军“人才”。

① 《袁世凯奏议》（中），天津古籍出版社1987年版，第554页。

王士珍、段祺瑞、冯国璋等人就是通过这条道路与袁世凯走到一起的。

在当时，新建陆军的将官大多出自天津武备学堂与淮军营伍。经李鸿章提携于前，袁世凯罗致选拔于后，故一时将才称盛。如姜桂题、杨荣泰、龚友元、吴长纯、徐邦杰、任永清、王士珍、段祺瑞、冯国璋、梁华殿诸将都隶麾下。如陈光远、王占元、张怀芝、何宗莲、马龙标、雷震春、王英楷、吴凤岭、赵国贤、田中玉、孟恩远、陆建章、曹锟、张勋、段芝贵等其时仅补偏裨，后都终成大将。而其中姜桂题、王士珍、段祺瑞、冯国璋四人，尤为闻名于时，王士珍、段祺瑞、冯国璋三人，还被称为“北洋三杰”。这4人，是袁氏集团掌握军事的核心人物。

姜桂题，字翰卿，安徽亳县人。行伍出身，1862年投入军营，先后在僧格林沁、宋庆等人部下效力，在镇压太平天国、捻军过程中，因军功递保以提督补用。1894年，他新募桂军三营，与日军接战失利，被奉旨革职。1895年，袁世凯以其有长期征战实践，调他到新建陆军，分统左翼各营兼全军翼长，任以重用。1898年11月，袁世凯在给朝廷的奏折中，褒奖他“倍极勤劳”，“谋勇兼优，能识大体，朴诚忠直，畅晓戎机，无军营骄惰浮伪习气，驭下尤能得士卒心……洵为宿将中不可多得之员”。“数年以来，督率操防，深资臂助。”[①]姜遂成为袁氏集团早期发展过程中核心班子中的骨干成员之一。

王士珍，字聘卿，直隶正定人。少孤，家贫。17岁，考入正定镇标，补绿营兵缺。过了几年，移防山海关。1885年，李鸿章在天津建武备学堂，命各军选送学员，王士珍有幸进入武备学堂学习。1894年，中日战起，他随直隶提督叶志超转战牙山、平壤间。1896年，袁世凯将他招入编练新建陆军。

王士珍气度深沉，毅勇内敛，口讷言简。起初，袁世凯看不出他的为人，到议事，始大器重，即檄为督操营务处会办，右翼第三营部队帮统，兼步队学堂监督，擢工程营管带兼德文学堂监督。当时，新建陆军都用西法，其教练官、督操官及工程营管带都聘请德国人充任，故其编制也都因袭德制。中国旧章没有可以因袭的，百务草创，王士珍于本职

---

① 《袁世凯奏议》（上），天津古籍出版社1987年版，第257页。

外，统筹兼顾，袁世凯也都悉心听信。

段祺瑞，字芝泉，安徽合肥人。其祖父段珮，是淮军名将刘铭传的部下，以功累保提督衔，记名总兵，励勇巴图鲁，授荣禄大夫，振威将军。段祺瑞 8 岁那年（1872年），其祖父望孙成龙心切，就把他带至江苏宿迁，在兵营附近一家私塾就读。这对段的一生影响很大，最重要的是他初步熟悉并喜欢上了兵营生活。1879年，其祖父病逝，他扶柩归葬合肥。1881年，段祺瑞离家赴山东威海卫投奔在那里当营官的堂叔段以德，1884年，他考入天津武备水师学堂，学习炮科。1888年冬，清政府决定选派数名武备学堂学生赴德国深造，经过严格考核，段祺瑞以第一名被录取。1889年，段祺瑞到当时世界上被称为陆军最强的德国，进入柏林军校深造，1890年学成回国后，又先后担任了北洋军械局委员和威海卫某随营武备学堂的教习。

这一时期，段祺瑞等军事学堂毕业生（包括留学归国的人员），绝大多数还只能充当教习之类的闲职。其原因在于当时“只有新教育而无新编制之军队”，湘、淮旧军并不需要这些具有近代军事学识的新兵蛋子；更重要的原因还在于湘淮军将领多以行伍起家，都是通过实战取得功名，看不起这些从军事院校出身的没有阅历的青年军官。

袁世凯则不然。

袁世凯编练新建陆军，首先全面使用西式武器、西法编练、西法操练，正十分缺乏段祺瑞这样的留学生，特别是到过德国的留学人员，而段祺瑞此时也正在威海卫充任教习而感到怀才不遇，二人一拍即合，在天津武备学堂总监荫昌的推荐下，袁世凯立即商调并重用他为新建陆军炮兵营统兼炮兵学堂监督，这是袁段遇合的开始。

冯国璋，字华甫，直隶河间人。少年贫困，屡试不第，弃文习武。1884年，他到大沽口投淮军当兵，次年进入天津武备学堂攻读步兵科，学习期间“屡考优等”，并于1888年考中秀才。这使得时任北洋大臣、直隶总督的李鸿章都高兴地连声赞叹：“不得了，武校出文生矣。”

1889年，冯国璋因学习优良，踏实干练，口才亦佳而被留校任教。1893年夏，经过一番活动，急于建功立业的冯国璋转到淮军名将聂士成的帐下充当幕僚。1895年，冯国璋以军事随员身份随候补四品京堂裕庚出使日本。在日本期间，他结识军界福岛安正、青木宣纯等军人并留心考察军事，编辑成兵书数册。

1896年，冯国璋回国后，立即把其所编数册兵书献于聂士成。但行伍出身的聂士成，只知忠心报效国家和朝廷，思想却颇为守旧，不想在自己的军队中进行大胆改革的实验，所以对冯国璋所献书上介绍的日本采用的西方兵制、战术等军事理论兴趣不大。但是，聂士成也并未守旧到狭隘的地步，他认为，不妨将兵书给别人试试，也算不埋没这个得力下属的一片心血，于是就把兵书转交给了正在编练新军的袁世凯。

这时的袁世凯，不是需要一个或几个谙习西洋兵志、操法的人才，而是需要一批这样的人才来主持新军的训练。因此，当聂士成把冯国璋编的兵书转到袁世凯的手中以后，他很快浏览了一遍。冯国璋不仅对日本采用西洋兵法的来龙去脉了解甚多，而且能下功夫研习日军的典章制度，袁世凯对此非常高兴，当下将冯国璋编的兵书称为“鸿宝”，并立即传见冯国璋，称誉冯“军界之学子无逾公者”[①]。在征得冯国璋的同意后，袁世凯立即委任冯国璋为新建陆军督操营务处帮办、步兵学堂监督，让其主持编写兵法、操典、营制、饷章及各项图说。新军兵法操典多经其一手修订。

以小站练兵为纽带，袁世凯和上述骨干人物结合到了一起，这对袁氏集团的形成和袁世凯此后在政坛上进行权力的角逐具有重要的意义。

当然，袁世凯不可能料定自己的前程，更不可能确定他们将来有一天会成为自己的“臣下”。不过有一点是可以确定的，袁世凯和这些人物在小站时期以练兵为机缘建立起来的联系，已经超越了一般的人际关系。他们在以后的复杂艰险的时局变动中，在“北洋”的发达过程中同甘共苦，患难相依，相互信赖，情谊弥深。一旦时局发生动荡，有机可乘，他们就会拥袁进取，发挥集团班子的骨干作用。即使在与对手交争不利的情况下，他们也能以袁世凯为旗帜，紧紧抱成一团。正是在这个意义上，他们成了袁世凯集团班底中最核心的文臣与武将。

① 张一麐：《心太平室集》卷四。

练兵业绩

从严格意义上讲，中国最早的现代化军队应该是出自袁世凯之手。

我们可以比较一下近代史上几位以练兵起家的重要人物与军队。这主要指的是，曾国藩和他的湘军、李鸿章和他的淮军以及袁世凯和他的北洋军。

罗尔纲先生说："近世北洋军阀的起源，追溯起来，实始自湘军兵为将有的制度。"①

19世纪五六十年代，为了镇压轰轰烈烈的太平天国运动，清政府下令各地在籍大臣，连省督办团防。曾国藩采用新的方法，将湘将分散的地方团练合并，形成了独立的正规武装——湘军。在镇压太平天国的过程中，这支军队发展壮大成为一个震慑朝野的湘军集团。在湘军集团内部，曾国藩利用同乡、门生、故吏等地缘、血缘、师生的封建关系来形成军队的主干，并由这些主干自行在家乡招募士兵，这样便形成了从士兵到将领直至曾国藩为中心的层层隶属网络。军队所信仰、效忠的，便不仅是国家，更直接的是曾国藩个人了。湘军的这个特点，奠定了它在近代中国半私人军队开创性地位。

在镇压太平天国的军事进程中，湘军很快就取代了绿营而成为作战的主力。曾国藩等湘军领袖的地位，随着湘军集团的发展也不断上升，成为威慑一方的封疆大吏。他们在军事方面，用兵为将有代替了兵归国有，募兵制度代替了世兵制度；在政治方面，用督抚专权来对抗中央集权。湘军兴起以后，以曾国藩为首的汉族地主开始掌握地方实权，从此打破了满洲贵族一统天下、高度中央集权的局面。同治以后，湘军将领中就有13人做了总督，13人做了巡抚，如江忠源、李续宾、严树森、刘长佑等都官至督抚，而李鸿章、左宗棠更是权倾朝野。"内轻外重"的局面遂告形成。正如范文澜所说："曾国藩为首的湘军，挽救了满清，同时客观上也削弱了满清，满汉统治者之间，势力起着显著的变化，从此满清政权，逐渐向汉族军阀转移。"②

---

① 罗尔纲：《湘军兵志》，中华书局1984年版，第3页。

② 范文澜：《中国近代史》上，人民出版社1955年版，第432页。

在太平天国被镇压之后，为了减轻朝廷的疑忌心理，曾国藩大量裁撤湘军，湘系的军事、政治地位下降，淮军则上升为清王朝所依靠的最强大的一支政治、军事力量，淮系集团又乘时而起。

淮军是继湘军以后，汉族地主建立的另一支地方武装。淮军集团实际上是从湘军集团中分离出来的。它的领袖李鸿章本来就是曾国藩的幕府成员。1860年5月6日，太平天国攻破江南大营，长江下游尽为太平军所有。为了收回苏、常，防止上海陷入太平军之手，咸丰皇帝命令曾国藩率领湘军开赴长江下游。但是，曾国藩不愿离开自己苦心经营的长江中游地盘。为了执行朝廷的命令，他于1862年初命李鸿章回家乡合肥招募淮勇五营。同时，曾国藩又拨湘勇数营给李鸿章，并派湘军名将程学启、郭松林帮助李鸿章按湘军营制训练淮勇。同时，曾国藩又竭力举荐李鸿章署理江苏巡抚，担任江苏战场上镇压太平军的主帅。自此，李鸿章的淮军迅速发展，在镇压太平军、捻军过程中发展成一个势力强大的淮军集团。1871年，李鸿章就任直隶总督兼北洋大臣，权倾一时，在军事、经济、外交等方面经营20余年，门生故吏遍及各地，造成了一个舍他之外，清政府无其他兵力可倚、无其他能员可以担当外交的局面。时人奏参李鸿章兄弟一门："以功名显，其亲党交游，能自树立。文员自监司以上，武职自提镇以下，实不乏人……惟勋伐既高，依附者众。当时随从立功，身致富贵者，又各有其亲友。辗转依附，实繁有徒。久之倚势妄为，官司碍难处置。"[①]就是这样一个清政府赖为依靠的地方实力派集团，在1895年中日战争中却一败涂地，从此一蹶不振。

但是私军化和地方督抚专权这两个霉菌既已生成，在适宜的社会环境中，在国内腐败的政治环境和外国侵略势力结合的条件下，却是遏止不住地反复更生并迅速膨胀，最终打破原有的政治结构而居于清末民初中国政治权力的中心。中央集权制度及其现存法规，既然在很大程度上被地方分权所破坏和取代，这就必然埋伏下了日后中央与地方、满与汉之间新的一轮权力斗争的祸根。继淮系而起的北洋集团，正是承传了湘、淮集团这样的基因，并最终形成了后来军阀政治的最大资源。北洋

① 《奉旨查办事件大概情形折》，《左宗棠全集》，上海书店1986年版，第9117—9118页。

集团实际上也算是甲午战争的产物。淮军在甲午战争中覆灭，淮系失去了自己的军事后盾，从此为清政府所冷落。一个国家不能没有军队，甲午中日战争中中国军事上的失败，刺激着社会风气开始改变，到处发出整军经武的呼声。清政府失去了淮军的支撑，也极力想早日建成新的武装力量。在此背景之下，袁世凯、张之洞等洋务派开始注意以西方军队的训练方法、管理方法，来改造现有的军队，这就开始了清末新式陆军的编练。于是，北洋军崛起，北洋集团遂继淮军集团之后又迅速崛起。

但是，在外国人的眼中，湘淮军不能算做真正的军队，“曾国藩、李鸿章辈，不过同室操戈，互相残杀而已。当时所谓湘淮两军者，亦第朝成军，暮御侮，以乌合敌乌合，无所用其训练也。所谓军械者，至精惟抬枪火炮，次则刀矛戈杖。所谓枪炮者，即打牲所用之鸟铳，而且寥寥无几。其交战以血肉相搏，若不知世界尚有利器也”[①]。此论虽然不免过当，但却说明了一个事实：湘淮军的编练纯是为镇压中国的下层民众反政府的行动；无论湘军还是淮军，都是为了镇压农民暴动仓促成军的，他们只能对付编制和武器比他们更为落后的农民起义军，等到真的遇上受过训练的现代化军队，恐怕很快就会败下阵来。湘淮军在甲午战争的战场上“非望风而逃，即闻风先溃”的事实就说明了这一点。

与曾国藩湘军、李鸿章淮军相比较，袁世凯编练新军的目的是抵御外侮；“入手之初，即一洗从前军营之固习，一切军制，盖改旧观，事事创始”[②]。相形之下，优劣上下顿可见之分晓。

袁世凯对军队的训练，是针对湘淮军的弱点，采用西方先进的军事制度和编练方法进行的，并非对西方的盲目照抄。

例如：他手制《简明军律》二十条，就是针对淮军的军纪涣散而定。二十条内容是：

一、临阵进退不候号令及战后不归队伍者，斩。

二、临阵回顾退缩及交头接耳私语者，斩。

---

① 佐藤铁治郎：《一个日本记者笔下的袁世凯》，天津古籍出版社2005年版，第117页。

② 佐藤铁治郎：《一个日本记者笔下的袁世凯》，天津古籍出版社2005年版，第118页。

三、临阵探报不实，诈功冒赏者，斩。

四、遇差逃亡，临阵诈病者，斩。

五、守卡不严，敌得偷过及禀报迟误，先自惊走者，斩。

六、临阵奉命怠慢，有误戎机者，斩。

七、长官阵殁，首领、属官援护不力，无一伤亡；及头目战死本棚兵丁无伤亡者，全部斩首示众。

八、临阵失火误事者，斩。

九、行队遗失军械及临阵未经受伤，抛弃军器者，斩。

十、泄露密令，有心增减传达的指示及窃听密议者，斩。

十一、骚扰居民，抢掠财物，奸淫妇女者，斩。

十二、结盟立会，造言惑众者，斩。

十三、黑夜惊呼，疾走乱伍者，斩。

十四、持械斗殴及聚众哄闹者，斩。

十五、有意违抗军令及凌辱本管官长者，斩。

十六、深夜逃出军营浪流者，斩。

十七、官弁有意纵兵扰民者，官兵并斩。

十八、在营内吸食鸦片烟者，斩。

十九、夜深聚会谈话，私留闲人，酗酒赌博，不遵约束，及有寻常犯过者，均由该管官酌量情节轻重，分别插箭责罚。

二十、凡兵丁犯法，情节重大者，该管官及头目失察，均分别轻重参革、责罚、记过。

军纪是军队的生命线，古今中外的无敌之师都首先有铁的纪律作为保证，此不用赘言。可是，军纪公布后是否严格执行，那才真正是军纪好坏的表现。

袁世凯性格的显著特色就是说到做到，治军从严。早年在吴长庆军中，他仅是一般营务处随员，就敢于对淮军下手治理，因此开罪了淮军将领，说他“擅杀”、残忍，对他怀有深恨。小站练兵，他成为一军统帅，执行纪律，更是一丝不苟。一次，操练完毕，一名士兵离队至百余米处买瓜吃。不仅士兵受罚，连带该营官、哨官也受罚，哨官被打200军棍。一次，几名士兵假日上街游逛，所在六哨官皆被打40军棍。一名哨长让士兵携物而带不了武器，该哨长被责200军棍，降为棚目。一次，袁世凯令全军操演攻守阵法，参差不齐，阵中嘈杂声不断。所有参加的官佐一律受罚，有功者销功一次，无功者记过一次。[①]

袁世凯对军队的大小官佐无一不熟，他对军官要求严格，也关心他们的生活起居。同样，官佐们也都关心自己的士兵，对士兵也是既严格又爱护。袁世凯对官兵的饷项发放尤其注意，“为了杜绝过去军营中惯有的一些毛病，如吃空额、冒领等，在每月发饷银的时候，他一定亲自点名，按名发给，就由于他这样地认真办事，因而他所练的新军，在当时是享有盛名的”[②]。

为了使士兵养成“绝对服从”命令的习惯，袁世凯除了用极端严格的纪律约束他们外，平时还比较重视加强对部下进行精神教化。用袁世凯的话说，即是“训以固其心，练以精其技，事虽一贯，道实分途”。“兵不训罔知忠义，兵不练罔知战阵，权其轻重，训为最要。”[③]“治军之道，首重训兵，其次练兵。”[④]他定出各种“条规”、“章程”，如《训练要言》、《训哨弁要言》、《训兵要言》、《兵丁驻扎营内暂行章程》、《操场暂行章程》和《行军暂行章程》等，命令部下严格遵守，并经常亲自检查。对执行合格者，或记功赏银，或提升；对违章者，即加以惩办，如打军棍、插耳箭示众、罚扣薪水等等。他制订的《简明军律》二十条，竟然规定了十八条斩罪。[⑤]

除了严刑峻法以外，袁世凯还对士兵从精神上进行教化。袁经常教育士兵要“公忠体国，深明大义”，“亲上死长”，把这些编为四言白话，刊发各哨，令兵丁熟背，经常颁发“训词”，要各级军官向士兵

---

① 马东玉：《从晚清重臣到立宪皇帝：真实的袁世凯》，团结出版社2009年版，第5页。

② 袁静雪：《我的父亲袁世凯》，《八十三天皇帝梦》，文史资料出版社1983年版，第8页。

③ 袁世凯：《训练操法详晰图说》卷一，《训练总说》，光绪二十八年二月昌言报馆印行。

④ 《大清光绪新法令》第十四册，《新订营制饷章·训练制略》。

⑤ 袁世凯：《新建陆军兵略录存》卷三，来新夏：《北洋军阀》（一），上海人民出版社1988年版，第127—128页。

训话，而且反复强调“事事以本督办为心”，大树特树个人权威，甚至宣扬封建个人迷信，让各兵营供奉他的牌位，把他奉若神明，视为衣食父母。

袁世凯在一篇“训词”中说：“历代抽丁征戍，而本朝无之，外国编民入伍，而中国无之，国恩厚矣。尔之祖若宗，食毛践土，沐浴深仁厚泽，垂数百年，及尔之身，优游太平，自顶至踵，何莫非朝廷所赐……今且应募而来，坐食厚饷矣，不知效忠，何以对尔祖父……古人一饭之惠，终身不忘，受国厚恩，讵止一饭？且尔果有功，必有一功之赏；尔果有劳，必有一劳之酬，国不负尔，尔何负国？夫犬马之贱，尚知报主，人不如物，尔又何甘？”紧接着又进行威吓：“苟或不忠，甘自暴弃，大义一亏，神明共鉴；宪典即可幸免，天理亦断难容。”[①]

袁世凯还向士兵灌输“宿命论”，他说：“人之生死，皆由命数……尔等战阵之时，须持定见，谓命由天赋，敌何能为？弹雨枪林，视若无睹，且前进者未必即死，后退者必有严诛，与其死于法而贻笑于人，曷若死于敌而流芳于世。”[②]针对“兵丁多不识字”的特点，袁世凯组织一批文人，编写种种口诀和歌谣，如《劝兵歌》、《对兵歌》、《行军歌》等等，命令士兵背诵，“熟悉于口，牢记于心”。这些歌诀大多从劝导、诱导出发，浅显易懂，情理交融。请看《劝兵歌》：

谕尔兵，仔细听：
为子当尽孝，为臣当尽忠。
朝廷出利借国债，不惜重饷来养兵；
一兵吃穿百十两，六品官俸一般同。
如再不为国出力，天地鬼神必不容；
自古将相多行伍，休把当兵自看轻。
一要用心学操练，学了本事好立功；
军装是尔护身物，时常擦洗要干净。

---

① 袁世凯：《训练操法详细图说》卷一，光绪二十八年二月昌言报馆印行，第8—9页。

② 袁世凯：《训练操法详细图说》卷一，光绪二十八年二月昌言报馆印行，第10页。

二要打仗真奋勇，命不该死自然生；
如果退缩干军令，一刀两断落劣名。
三要好心待百姓，粮饷全靠他们耕；
只要兵民成一家，百姓相助功自成。
四莫奸淫人妇女，哪个不是父母生；
尔家也有妻与女，受人羞辱怎能行。
五莫见财生歹念，强盗终久有报应；
纵得多少金银宝，拿住杀了一场空。
六要敬重朝廷官，越分违令罪不轻；
要紧不要说谎话，老实做事必然成。
七戒赌博吃大烟，官长查出当重刑；
安分守己把钱剩，养活家口多光荣。
你若常记此等语，必然就把头目升；
如果全然不经意，轻打重杀不容情。
一篇劝尔要紧歌，务必字字记得清。[①]

从歌词可以看出，袁世凯既用忠孝、天命一类传统伦理来教训士兵，也用严格的纪律来控制士兵。袁世凯就是这样“一手拿钱，一手拿枪，他就是要这类手段，逼着人非跟他走不可”[②]。

经过袁世凯的选拔和培养，以他为中心的北洋军事集团初步形成，他们的势力随着袁世凯权力的膨胀而扩展，其集团的利益完全同袁个人的命运连在了一起。

除上述之外，新建陆军的招兵条件也与湘淮军大不一样。

湘军组建原则是“选士人，领山农”，即将佐是要有功名的知识分子，士兵是要不识字的质朴农民。淮军组建原则则是不重视门第身世，而重视才能韬略。“广收杂揽”，因此“兵将冗杂”、“志在利禄”，使淮军“自始至终，俱在贪图利禄，以骚扰民间为能事”。李鸿章就明

① 袁世凯：《新建陆军兵略录存》卷四，来新夏编：《北洋军阀》（一），上海人民出版社988年版，第150页。

② 王成圣：《风云际会袁世凯》，《袁世凯传记资料》（一），（台）天一出版社版，第77页。

确说过："天下熙熙攘攘，皆为利耳，我无利于人，谁肯助我。董子正其义不谋其利语，立论太高。"[①]

而袁世凯新军招募条件，除具体素质，如年轻、体壮、无恶习等检验合格之外，还格外要求"应募兵丁，如其秉性忠贞，矢志报国，考验才技，果属优长，必将不次擢用"，而"有能粗通文意者，口粮昭头目之例"。

显然，湘军就是要求士兵无文化，完全成为所属将帅的作战工具；而淮军一反湘军要求，用利益吸引士兵。袁世凯的新建陆军，要求士兵基本素质条件全面合格，有报国的觉悟，有一定文化。这些条件，已同现在的"兵役制"招兵条件基本一致了。

袁世凯认为，世界各国的将弁，都是军校的毕业生，根据考试成绩选拔任职的。有的还要通外语，出国学习。这样的军官对军事的各项要求，能精益求精。而中国的旧军队，仅以一勇拼杀取得职位，对新式兵学毫无所知，对古代兵法也一窍不通。"以他们捍御外侮，恐怕必无制胜之道。"所以，他向清政府申请设立军事学校，培养军官，教育士兵。

中国近代军事学堂的开山鼻祖是李鸿章。1885年他在天津创设的北洋武备学堂是中国第一所比较正规的陆军军事学堂。随后，能够将这种事业发扬光大者，唯有袁世凯。

早在1895年冬，袁世凯到小站练兵后，通过"查看情形，尤觉设立学堂为练兵第一要义"[②]。1896年，他在上清廷的"请设学堂原禀"获准后，从此开始了他创办近代军事学堂、培养军事人才的事业。

为了培养大批军事干部，提高官兵文化素质，袁世凯在练兵伊始，就在军中开办随营学堂，既教授官兵文化，又在文化中渗进军事要领、军事技术、军纪军律。在这些随营军事学堂中，既有专门培养负责指挥方面高级将领的，也有专门培养技术军官的；既有担负军官养成教育的，又有专司在职军官培训提高的，还有速成军官教育的。通过比较全面的培养与训练，袁世凯将培训军官的大权牢牢抓在了自己的手中。

---

① 苑书义：《李鸿章传》，人民出版社1994年版，第49、50页。

② 袁世凯：《新建陆军兵略录存》卷一。

袁世凯最早开办的军事学堂是新建陆军随营武备学堂。它于1896年四月开办，从新建陆军中招收具有一定文化水平的士兵230余人为学员，分德文、炮队、步队、马队、工程队数班。校址设在保定。

德文班，学员50人。以新建陆军工程营中德人魏贝尔为总教习，慕兴礼为教习，景启为监督，主要学习德文，次习武备，兼习汉文。其目的是培养精通德文者，以更好地领略德人兵法之妙。

炮队班，学员80人。由炮兵营统带段祺瑞任监督兼总教习，德人祁开芬为教习，所学课程有测算、舆图、垒台、炮法、汉文等。

步队班，学员80人。由北洋武备学堂优等毕业生梁华殿任监督兼代理总教习，梁死后刘浩春继任为监督，学习行军、兵法、测算、绘图、枪队、攻守各法。

马队班，学员24人。以德人曼德为教习，教以测绘、武备各学。

工程队班，以王士珍为监督，德人魏贝尔为教习，教以桥梁、电雷、土工、测量等课程。

到光绪二十五年（1899年），袁世凯调任山东巡抚，新建陆军随营各学堂，也随之移到济南城外之新城。

以上五班，除德文班学制较长外，炮、步、马队均为2年，毕业生除学德文者准备赴德国留学外，其余均选充官弁，在新军中担任下级军官。学堂每季大考一次，由袁世凯亲自指派监考官、阅卷官和巡考官，考试成绩优秀者加薪受奖。为了鼓励学生学习，袁世凯还从自己的俸禄中每月拿出1/3（200两）作为奖学金。该学堂自1896年开办后，于1898年三月底有了第一批毕业生。这些学员对所学武学、德语均能“洞悉其要，日臻精熟”。为此，荣禄专门上奏请奖，而以“炮队学堂段祺瑞为最”①。

到1902年，新建陆军随营武备学堂已有三届毕业生，培养出了不少军事人才。罗尔纲先生即认为：“初袁世凯创练新建陆军，曾设立随营学堂，颇有成才之士。”②1902年7月3日，袁世凯在为该学堂出力人员的请奖奏折中说：“臣督饬该总办率同监督教习各员认真训迪，不惮辛

① 袁世凯：《新建陆军兵略录存》卷一。

② 袁世凯：《新建陆军兵略录存》卷一。

勤。各学生南北随营，循序程功，寒暑不辍，经臣迭次考试，类多勇猛精进，实觉月异而岁不同。其毕业诸生，材艺有成者，或拨任官员，或经湖北、山西、陕西各省纷纷咨调，派充教习、营弁。其志期远到者，并经臣遴选五十余名派赴日本游学以资深造。近时直隶募练新军，所派将校官弁，亦多取材于此。是该学堂之著有成效，足资实用，已可概见。而随时续送诸生、锐意向学者，尚复实繁有徒，风气之开，成材之众，有不难拭目俟之者。”[①]从中可以窥到随营学堂取得成绩之一斑。随营学堂培养军事人才的成功，为其后来大规模创办军事学堂奠定了基础。

可以说，新建陆军的待遇优厚，也是近代我国军队最高的。袁世凯认为“饷厚则人无纷念，悉力从公”。八旗兵的饷银每月只有1.5两到3两；绿营兵是1两到2两；湘淮军月银平均4.2两到7两多；新建陆军骑兵是9两、步兵5两多、哨长15两到20两。《劝军歌》有“六品官俸一般同”，确实是事实。就是说，一个士兵的俸银比当时一个县令的待遇还要高。

袁世凯还上奏朝廷批准，免除了士兵家庭的赋役，这对于改善和提高军人的社会地位，改变过去“好男不当兵，好铁不打钉”的旧俗，具有重要的开风气的作用。

在小站这块基地上，袁世凯与其说为清政府练出一支精锐之师，毋宁说为他自己练出了一支赖以成就事业的武力支柱。这个有力的支柱，是靠清政府给他十分充足的经费练出来的。当年曾国藩编练湘军时，清政府没给一文钱，他东凑西拼，为湘军的经费来源，几乎走入绝境。李鸿章编练淮军时，清政府也没给经费，是他被上海绅商求去保护上海，一下子进入被称为“财汇之区”的上海，靠对商人的横征暴敛，才勉强支撑淮军的生存。比起湘、淮军，袁世凯可幸运多了，他从未因军饷发过愁。

有了充足的经费，便不愁精良的武器装备，从而也就有高素质的兵员，从而也就有了一支劲旅。自从缔造了新建陆军，袁世凯政治地位便

① 《武卫右军随营学堂两届期满各学生择尤请奖折》，《袁世凯奏议》（中），第552页。

不断蹿升，无论中外，谁也不敢再小觑他了。

1897年，督办军务处大臣荣禄到小站检阅新建陆军，看到新建陆军军容整齐，战斗素质一流，大加赞扬，回京后在给光绪皇帝的上书中说，他认为“近年所见各军，尚无出其右者”。1898年10月27日，英国海军司令贝思福到小站参观袁世凯新建陆军后，对袁世凯的练兵成绩给予了极高的评价，对袁世凯本人也大加赞赏。贝思福盛赞新建陆军“操法灵熟，步伐整齐，以及旗帜之鲜明，号衣之整洁，莫不楚楚可观”。他评价袁世凯：“以儒生而为名将，多学多能，亦廉亦勤，聪明胆识，兼而有之。”①

政绩就是实力。经过荣禄与贝思福等人的赞扬，袁世凯身价倍增。1897年7月，他因练兵有功，被朝廷晋升为直隶按察使，仍让他专管小站练兵。是年，袁世凯才39岁，以小站为起点，他的事业开始一步步走向辉煌！

---

① 李宗一：《袁世凯传》中华书局1980年版，第64—65页。

第五章　袁世凯第五次人生抉择

——戊戌年的是是非非：以被动求主动

事变迭乘，人不我待，痛切于剥肤，厄甚于倒悬，何可不幡然振厉，以图挽回补救于万一。易曰：穷则变。此其时矣。第于积重之秋，骤行变法之政，兹事体大，碎难毕举，而究其所最要者，如用人、理财、练兵三大端，实属瞬刻不容稍缓。

——袁世凯

“儒以文乱法”

韩非子在《韩非子·五蠹》中说过：“儒以文乱法，侠以武犯禁。”

在韩非的眼中，文人们总是靠笔杆子扰乱法制，侠客们总是用暴力触犯律例。

韩非认为，儒生就是一种社会蛀虫。他们没有治国理政的经验与能力，却偏偏用掉书袋的本领去骗取君王的信任与重用。

韩非认为，儒生利用文章扰乱法纪，用口舌狡辩颠倒是非，扰乱稳定的社会秩序，而君主因为受蒙蔽对他们却都加以礼待与重用，这是国家动乱的根源。

历史前进到公元1898年，急于出人头地的康有为就做了一把韩非所认为的那种社会的“蠹虫”。

光绪二十四年（1898年）六月，年轻的光绪皇帝被两部书深深地吸引。

康有为

这两部书，一本是《俄彼得变政记》，另一部叫作《日本变政考》。

这两部书，是康有为第七次上书献给光绪皇帝的宝贵礼物，也是康有为根据自己的见闻与经验对这位年轻而又稚嫩的皇上号脉的结果。

在这两部书中，康有为向光绪皇帝推荐了两位老师：一位是俄国历史上连斯大林都顶礼膜拜、一生奉之为榜样的大名鼎鼎的彼得大帝；另一位则是中国的东邻日本的年轻有作为的明治天皇。

康有为为什么单单要向光绪皇帝推荐这两位洋老师呢？

在《俄彼得变政记》中，康有为说出了这么一段提纲挈领的话：

> 窃臣考之地球富乐莫如美，而民主之制，与中国不同；强盛莫如英、德，而君民共主之制，仍与中国少异。惟俄国，其君权最尊，体制崇严，与中国同。其始为瑞典削弱，为泰西摈鄙，亦与中国同，然其以君权变法，转弱为强，化衰为盛之速者，莫如俄前主大彼得。故中国变法莫如法俄，以君权变法，莫如采法彼得。

康有为显然在这里是为光绪皇帝分析：从政治体制上看，“君权最尊”的情况，中国与当时的俄国最为接近；从国际地位上看，受外国鄙视欺辱的情况，中国与当时的俄国也最相似。彼得大帝是君权变法成功的榜样，故值得光绪皇帝做一效仿。

康有为从当时中国面临瓜分危机的国情着眼，把俄国彼得大帝的变法经验作为一个偏方呈现给光绪皇帝。他希望借此能够打动光绪皇帝，让光绪皇帝消除疑虑，早下决心，实行维新改革。

有趣的是，在《俄彼得变政记》一书中，康有为特别强调光绪皇帝应当以“俄国大彼得之心为心法”。他要光绪皇帝学习彼得大帝变法的决心、毅力和见识。他在《俄彼得变政记》中这样有意地称道彼得大帝：“彼得知时从变，应天而作，奋起武勇，破弃千年自尊自愚之习，排却群臣阻挠大计之说，微服作隶，学工于英，遍历诸国，不耻师学，雷动霆震，历法并头。”言外之意，他实际上在鼓动光绪皇帝：看呵！彼得大帝多么神勇，他敢破俄千年之成法，能够排除保守势力的阻碍与绊脚，把事情做成，把国家变富。你光绪皇帝为什么就不能奋发有为，斩杀在自己身边且高高在上的“索菲娅”，除旧布新，也像彼得那样做出一番轰轰烈烈、惊天动地的大事业呢？

是呵！那个彼得大帝的确是一个令人叹绝的传奇式人物，他也因政变与改革而在人类的历史上留下了一段千古的佳话。

作为俄国罗曼诺夫王朝的第四代沙皇，彼得继位时年仅10岁。

当时，由于皇室及各派贵族之间争夺最高统治权的斗争太为激烈，彼得是和长他10岁的同父异母之兄伊万被同时拥立为沙皇的。但是，因为彼得年幼，而伊万痴钝，皇权真正地落在了他的聪明能干、同父异母的姐姐索菲娅的手中。随着彼得一世年龄的增长，索菲娅害怕自己的权力失落旁手。于是，以摄政王身份掌权的索菲娅开始极力阻止彼得拥有实际政权，甚至还要预谋杀害彼得。但倔强的彼得像他同时代的大清少年天子康熙皇帝一样，用智擒鳌拜的手法，两次挫败了索菲娅的废立阴谋，将皇权牢牢抓到了自己的手里。

为了巩固自己的皇位，富强自己的国家，彼得决心向发达的西欧国家学习。他派遣使团赴西欧各国学习与考察，甚至自己也乔装打扮，化名前往。在西欧诸国，彼得深入工厂，进入宫廷，潜心学习强国的科技、政治。回国后，他大力推行欧化政策，从经济、军事、文化、政治诸方面进行改革，收到了显著的成效。

为了推行变政，彼得一世不仅处死了摄政的索菲娅，甚至不顾众大臣反对，坚决处死了阻挠自己改革的亲儿子。这是彼得大帝成功的秘诀，康有为要将之全部告诉光绪皇帝。

性急要吃热豆腐的康有为，甚至这样期望光绪皇帝：

> 几暇垂鉴此书，日置左右，彼得举动，日存圣意，摩积激

光绪皇帝

动，震越于中，必有赫然发愤，不能自已者。非必全摹彼得，而神武举动，绝出寻常，雷霆震声，皎日照耀，一鸣惊人，万物昭苏，必能令天下回首面内，强邻改视易听，其治效之速，奏功之奇，有非臣下所能窥测者。①

自认为自己是天命之才的康有为，对自己难睹天颜、难迈进天庭的门槛十分在意。他向光绪皇帝发牢骚，说大清国的政治体制上下相隔，是“浮屠十级，级级难通”。他甚至指责光绪皇帝：“九重深邃，廉远堂高，自外之枢臣，内之奄寺，此外无得亲近，况能议论？小臣引见，仅望清光；大僚召见，乃问数语。天威俨穆于上，匍匐拳跪于下，屏气战栗，心颜震播，何能得人才而尽下情哉！”②

康有为希望光绪皇帝：纡尊降贵，力矫其弊，通下情，破壅塞，上下相亲，打造一个以他为首的士人集团，并能够重用他，从而使之施展“治国平天下”的政治抱负。

如果换上别的皇帝，以这样狂傲语气出言不逊的康有为，可能早已经人头落地，最起码充军出塞为奴了。但光绪皇帝不一样，他面对自己亲政以来的种种苦衷，对康有为的书生狂语，不仅没有生气，甚至处处显露出了赞许的神情。

或许，康有为的上书已经深深地得到了光绪皇帝的共鸣，激发了他奋力一战的热情；或许，康有为上的《俄彼得变政记》，深深地刺痛了光绪皇帝本已脆弱但却敏感的心灵神经。

到目前为止，尚没有材料明确证明康有为上的《俄彼得变政记》是

① 《杰士上书汇录》卷一。
② 《杰士上书汇录》卷一。

有意挑拨慈禧太后与光绪皇帝二者本就脆弱而又敏感的母子关系。但从另一方面来看，也没有史实证明康有为当时确实没有这种想法。可以肯定的是，在彼得一世幼年继位，权落妇人之手，而且冲突最终不可避免这一点上，康有为确实让光绪皇帝看到了他与彼得大帝所处的相似的境遇，从而激发了他要挣脱慈禧太后控制的愿望。

康有为向光绪皇帝推荐的另一位“洋老师”是近邻日本的明治天皇。

如果说，康有为旨在要光绪皇帝师彼得之心法、行不测之威力、除守旧之势力的话，那么，他向光绪皇帝推荐这位东洋老师，则是要光绪皇帝去师法人家的“治谱”。所谓愿“皇上以俄国大彼得之心为心法，以日本明治之政为治谱”，是连在一起说的。

在康有为看来，师法彼得，重在得到一种人格精神，霹雳手段；师法明治，则重在利用日本维新的具体内容。

今日看来，康有为产生这种思想自然有其道理。俄虽与中国北邻，但历史上所受的相互影响并不太多。而日本则不同，它与中国的渊源更加紧密。远的有徐福东渡，近的有“同文同种”，甚至所受的西方列强侵略的情形也大致相同，特别是1894—1895年的甲午战争已经标志着日本进入了世界列强的行列，而中国则继续沦为被列强任意宰割与瓜分的对象。中日对比，更能引起上至朝廷、下至国人的共鸣与响应。

日本在近代的强盛是从明治维新开始的。在慈禧太后与奕䜣联合发动政变、建立垂帘听政制度的前后，日本不堪西方列强的欺凌发起了倒幕运动。因为，在此之前，日本皇室的实际权力，长期为德川幕府所霸占。德川家族的腐败统治，引起了日本各阶层的极大不满。为了改变现状，19世纪60年代，日本终于发生了倒幕运动，除掉了变法图强行动上的障碍，确立了明治天皇的绝对权威。此后，日本派人到英美等国学习考察，大力发展资本主义，富国强兵，短短30余年间，就摆脱了贫弱受欺凌的地位，迅速跨进了世界列强的行列，并且逐渐走上向外扩张的帝国主义侵略之路。

昨日任人宰割的羔羊，今日一跃成为侵吞别人的恶狼。这种变化之迅速，让康有为为之痴迷与神往。他希望光绪皇帝能像明治天皇那样把权力完全收归已有，完全主宰变法，从而收“我皇上一反掌之间，而措天下于泰山之安”的效果。

康有为在《日本变政考·跋》中说：“我朝变法，但采鉴日本，一切已足。”从中可见，他是把《日本变政考》作为推荐给光绪皇帝实行维新变法的一个万全样板资料提供的。

读着康有为开出的两服济世药方，这位从4岁起就空有皇帝名号24年的青年天子不禁热血沸腾，情绪几乎不能自控。康有为向他推荐的两位“洋老师”，他也打心眼里认可。就说那位彼得大帝吧，他通过战败索菲娅从而独掌国柄的事情，不能不使光绪皇帝联想到，自己与彼得的遭遇甚为相似，他自己身边就有一个比索菲娅还索菲娅的人物。在此情况下，一向怯弱的他，也难免在心中升腾起一股要与现状抗争、做个名至实归的皇帝的念头。

终于，光绪皇帝忍不住了。他拍案而起，发出了“我不能为亡国之君，如不与我权，我宁逊位”的呼声。他豁出去了。

一个被遗弃的务实方案

康有为在京师之地闹得沸沸扬扬之时，袁世凯还在辽东战场上前后奔走。返回天津后，袁世凯回顾辽东战场上日军的气焰，曾想率一军与之交战，以雪自己的朝鲜之辱，但他深知淮军暮气，战无不败，已经无可救药。战争结束后，他入京请缨练兵，经李鸿藻、翁同龢、荣禄等人推荐，光绪皇帝于1895年8月2日召见了他，当日下旨让他在督办军务处办差，受王大臣差遣，实是让他准备编练新军事宜。

当时的光绪皇帝已受康有为等人公车上书的感染，在接见袁世凯时，曾垂询变法的意见。召见后，袁世凯写了一份万言书，于同年8月20日，即召见之后的18天上递光绪皇帝，题目是“遵奉面谕，谨拟条陈事件呈”。这篇呈文长达1.3万余字，涉及政治、经济、军事、文化多方面改革内容，共分储才9条、理财9条、练兵12条、变涉4条。

呈文开篇即入主题：“变局以来，惟变法以应。”中国甲午虽败，但若能“破除积习，因时变通，不过数十年间，而富可期”。随后，袁世凯驳击顽固守旧派以为变法之人是不恪礼义、不守廉耻之谬说，他以秦汉以至今日，旧制皆已淹灭为据，客观论言：“以汉宋大儒各臣，亦不能强违时势，追复三代成规。”

接着，袁世凯提出了自己的变法主张。当时甲午新败，列强虎视东方，清政府从中央到地方的权臣以及康、梁维新派的对付办法皆是老一套的“以夷制夷”，皆想结强国而自保，或俄或日，或英或美。唯袁世凯别树一帜，主张中国通过自己的努力自强自立于世界。他认为当今之世界，无论公法、条约、奥援，全都靠不住。“万国公法，指势力相均者言之；两国条约，为承平无事者言之；强邻奥援，又为彼图自利者言之。”而“处今日之势，欲弥衅端杜外侮，舍亟求富强之道，讵有他策？”

接下来，袁世凯极为现实地指出：日本小中国十数倍，但却战胜了中国，原因最要者，是由于日本大力学习西方国家，全面推行西法，而中国却拘守旧法的结果。然而，只要中国急起变法，不久“必将雄视海内，强邻悚息”。

光绪皇帝接见袁世凯是因为督办军务处大臣们推荐他编练新军，而光绪皇帝却为什么向他垂询变法事宜?

想来也毫不奇怪。远在10年前，袁世凯平息朝鲜政变，日本等各国皆厚诋袁世凯，国内也多起问罪。清廷派钦差大臣前往调查，虽然是害怕得罪日本而表面上嘘声袁的“罪过”，实际上，袁世凯能干的声名由此已在清廷上下鹊起。这些，光绪皇帝都是明了的。以后的10年，袁世凯为李鸿章、为总理衙门，提供信息、出谋划策，重要者都要经慈禧太后和被光绪皇帝批准，光绪皇帝自然就更了解袁世凯在朝鲜十几年的作为。如今，要练出强兵，对付日本等列强，偏偏又是袁世凯获得练兵的职差，可以推断，光绪皇帝是认为袁世凯能提出变法的好主意的。

其实，光绪皇帝向袁世凯询问变法之事，也正说明袁世凯确有改革的思想和具体改革的办法。他在朝鲜12年，代表清政府搞外交，当时的朝鲜，是世界各国外交的复杂战场。袁世凯在极其复杂的外交关系中，能准确地判断形势，为清政府提出正确的办法。他自己在列国外交关系中，头脑清醒、行为果断，处理日、俄、朝鲜等国外交事件，皆游刃有余。军事方面更不用说，他从戎近20年，早在登州就显露军事天才，在朝鲜两次平乱，近20年未离军伍，又曾经有为朝鲜王室练新军的经验。光绪皇帝咨询这样一位具有新思想又有着长期实际从政经验的青年人有关变法的事宜，只不过是一件很自然的事情。

1897年胶州湾事件发生1个多月，消息传到小站，袁世凯立刻于12月30日，按捺不住地向翁同龢呈递了一份说帖，陈述了自己对时局的看法。袁世凯指出：借此中国面临蚕食鲸吞、瓜分肚剖、万分危难之际，唯有在"用人、理财、练兵三大端"，极力讲求，或可"二三年间可望自立；纵不能抗拒群雄，保我全局，而划疆自守，政自我出，犹可多存数千里土地人民，以为异时徐图恢复之计"。[①]

当时，负责曹州教案善后和对德谈判胶州问题的是翁同龢，他既是袁世凯的顶头上司，又得光绪皇帝信任。而袁世凯时为直隶按察使，虽贵为二品，仍无专折奏事资格，便思通过翁同龢上递光绪皇帝。袁世凯在复杂的外交场合摸爬滚打12年之久，对英、俄、日、德等列强本质，有极为真切深刻的认识。对列强从未有过任何幻想，知道它们都是"择肉而食，长蛇封豕，肆其贪残"之辈。如把希望寄托在列强的庇护上，那将被这些恶鹰猛虎噬食。因此，他的认识完全建立在自己10多年在外交第一线上的经验总结而出，这比当朝不知世界大势的一班重臣和书生激进者康有为等辈的看法更务实、正确。

袁世凯极不同意朝中大臣和康有为结援对付德国的观点，也不同意康有为《上清帝第五书》的那种自上而下、尽罢老臣的激烈变法主张。针对康有为的激烈主张和危言耸听观点，他于半个月后，即1898年1月15日又写了第二封说帖，仍让翁同龢代递。说帖除了陈述第一封说帖中的"用人、理财、练兵三大端"外，进一步指出了变法改革的紧迫性。袁世凯指出："中国目今情势，舍自强不足以图存，舍变法不足以自强，一国变可保一国，一省变可保一省。纵不能合朝野上下，一一合其旧而新是图，而切要应行之端，要当及时而力求振作，似宜先遴饬二三忠诚

---

① 孔祥吉：《袁世凯上翁同龢说帖论述》，《历史研究》1995年第3期，第104—105页。

明练督抚，姑参仿西法，试行变革，于用人、理财、练兵三大端，责其所为。不以文例相绳，不为浮言所动，期以年限，专其责成，俟有成规，再迅饬各省循法推广。”

观袁世凯上述两文，其目标与康有为的维新变法要求一样，皆在大清国垂危之际、列强迫急之时，共同认为不思变法，独蹈旧习，不克自振，“揆时度势，终难自存”，一致要求清政府及时改弦更张，参用西法，弃其旧制，急起直追，以达富强之境地。

然而，袁世凯与康有为在列强问题上的认识和主张有所不同，变法的主张也有差异。

康有为在国际外交问题上，与朝中大臣一样，都是想以某个列强力量而制另一列强，不脱“以夷制夷”老套。康有为主张结英、日而制俄、德。但当时的实际情况是清廷已与沙俄订有密约，德国强占胶州，自不能反过头制俄。而俄、英、日都如“长蛇封豕”，择中国之美肉而食，都是中国的敌人，哪个也不能依靠。另外，康有为还提出“把沿边口岸全部开放给诸国通商，既可以借诸国之力保守住边境，又可以开启民智”。此种主张，实与英、美“门户开放”、“利益均沾”之恶意如出一辙。实际上不久已为英、美提出，也已实现，中国瓜分之祸，亦自此始。

比较康有为之说，其书生之见，异想天开，纸上谈兵，不知结英日与结俄皆一般见识，皆引狼入室，自吞毒果。列强正虎视中国之时，康有为却要开放中国之全境，“借诸国之力保守住边境”，此说实可笑可悲之至。而袁世凯以其12年的外交经验，深知列强吞食弱国的野心完全一样，豺狼之心，昭昭在目，中国只有发愤图强．自立自强，别无他途。康、袁之见，孰是孰非，一目了然。

至于用人之道，袁世凯乃三军统帅，他的旗下将佐，各色人物皆有罗列，袁世凯皆得而用之。在实行变法对待老臣问题上，康有为的办法是“统统罢斥”。袁世凯的观点则是“即或勋旧疆臣，未便摈弃，固可厚禄而养之，崇秩以荣之”。其方法较康有为不知正确多少倍。

以袁世凯在朝鲜办理外交以及在小站练兵的多年经验，他显然不同意康有为彻底罢斥老臣、不顾实际地激化矛盾的主张。

事实上，康有为变法开始，就一直让光绪皇帝重用新人，撤换旧人，这让庙堂之上的矛盾与斗争从一开始就变得十分尖锐，维新变法变成了利益集团之间的争斗，最后结果自然可想而知。

在五大臣西花厅召见康有为时，李鸿章问的一句话是“把六部全撤，规制都废吗”，显然李鸿章最为关心的也是康有为尽罢老臣问题。而荣禄对他毫不客气，斥他“祖宗之法不能变”。康有为主张对守旧之臣，主张“杀几个一品大员，变法就成功了”的想法也简单得实在可笑。

其实，康有为也的确是阳为变法，暗地却在阴谋组织政变，实行“围园捕后”之诡谋。他让光绪皇帝密召袁世凯进京，企图借袁世凯之手，实现他们的杀荣禄，围颐和园捕杀慈禧太后的阴谋。袁世凯开始就不同意康有为罢斥老臣的激烈作法，他又如何能去积极执行他们的杀荣禄、捕杀慈禧太后的计划呢？

袁世凯小站练兵的用人原则是唯才是用，如果他也如康有为那样，老将一个不要，尽要年轻人，哪会很快就打开小站的局面？如姜桂题之老、张勋之莽，然而袁世凯皆重之，才让大家都围绕袁世凯，爱戴他，支持他，共同做事业，形成了以袁世凯为领袖的北洋集团势力。显然，康有为是不会同意袁世凯的用人主张的，他的变法主张是“尽涤旧制，尽除旧俗，不留毫厘”，是“非大变、全变、骤变，不能立国”的一揽子工程。结果是仅康有为等几个少数激进分子，拥着年轻的光绪皇帝，乘上发疯的马车，直翻到悬崖之下才算完事。

袁世凯说帖中提出的变法方案与康有为也不相同。康有为等人都想通过光绪皇帝的“乾纲独断”，实行自上而下的改革，以期收到高屋建瓴、功成一役的效果。而袁世凯却是要自下而上，主张“先遴选二三忠诚明练督抚，姑参照西法，试行改革”。即主张先选数省改革作为改革的实验基地，“俟有成规，再迅饬各省循法推广”。这是先搞试点，功成后循法推广的循序渐进的试验方法。同康有为全面铺开，成了则一下子完成，失败了全部完蛋的做法大不相同。袁世凯的变法是抓住用人、理财、练兵三大端改革，这三大端的确也是国家实现富强甚为关键的部位。如果用人问题解决得好，改革阻力就会减少；而理财搞好了，国家经济实力就会增强；练兵搞好了，国防力量就会大大增强，这即是清政府亟需的富国强兵的根本要节。康有为的“大变、全变、骤变”，“尽除旧制，尽除旧俗，不留毫厘”的主张，说起来容易，实现起来可就难了。袁世凯在登州、朝鲜、小站等地长期宦海实践中，已经摸爬滚打了那么多年，绝非康、梁等书生人物所可比肩。实际、稳健、可操作性，是袁世凯维新变法方案的最突出特点。

通览袁世凯给翁同龢的两个说帖，明显是不同意康有为对外交、用人和变法的认识，因而提出自己的维新变法的主张。但是，由于康有为当时知名度之高，似乎确已取得了变法的专利权，袁世凯的维新变法方案可惜就被忽视、遗弃了。

从翁同龢来看，他当时正被胶州问题弄得焦头烂额，他对外交事务也根本不通，听说康有为懂得西学，就想把他推荐给光绪皇帝“加九卿的职衔出洋”游说列强，希望借康有为之手解决外交问题，哪里还想得起袁世凯曾经在朝鲜一线办了十多年的外交之事呢？因此，对袁世凯的说帖，他根本就未予重视，自然就更谈不到将之推荐给光绪皇帝了。

戊戌年的真相

百年来，因为对梁启超等维新派的大肆宣传，袁世凯被认定为是出卖维新同志、背叛光绪皇帝、造成戊戌变法失败的罪魁祸首。在这一思维定式的影响下，历史事实的真相被人们的道德观念所湮没，袁世凯也长期被人们划进了破坏戊戌变法的守旧顽固派的行列。但是，近年来，随着历史研究的不断深入，史学界在对旧史料的辨伪、新史料的发现的基础上，对袁世凯的认识有了新的突破。真实的历史事实是：袁世凯不仅不反对维新变法，甚至十分支持维新变法。他与康有为的分歧仅在于急进与缓进的不同。就戊戌政变而论，原来是康有为背着光绪皇帝阴谋发动“包围颐和园，捕杀西太后”的政变，使变法的性质发展成了武装政变。维新派企图让袁世凯执行政变的军事任务，借袁世凯之手杀掉荣禄、慈禧太后，于是，就把袁世凯拖进了政变的是非漩涡，让他处于两难的选择之中。对于像康有为这般冒险和不忠不孝的行为，作为一个国家大臣，袁世凯去揭发他们并不为过，是符合当时统治集团内部的政治原则的，但是，袁世凯并没有以此向当时的最高统治者慈禧太后邀功受赏，而是慈禧太后首先发现了康有为等人的“诡谋”，先发制敌，使政变提前发生。袁世凯回至天津后，在荣禄处已见到慈禧“训政”的文件后才将维新派“围园捕后”的密谋告诉了荣禄。可见，不能说袁世凯是政变发动的罪魁祸首。相反，袁世凯当时最主要的想法除了保全自己外，就是尽量设法保全光绪皇帝。这就是戊戌政变过程中，袁世凯所作所为的大概真相。[①]

实际上，对于康有为、梁启超等人的维新主张，袁世凯在内心深处是赞成的。他在朝鲜十余年，在与列强的角逐过程中，对于西方的事务是有一定程度了解的，对于康有为的变法主张，袁世凯心有同感。

1895年6月，康有为任工部主事之后第二次上书，都察院和工部衙门都拒绝代转，袁世凯知道后，不顾忌讳地挺身而出，主动帮康有为设法从督办政务处转呈这份上疏。这是袁世凯和维新派人士接触的开始。虽然最后由于督办政务处大臣荣禄的反对，袁世凯最后没有能够帮上康有为这个忙，但这足以表明袁世凯还是很早就和维新派人士有了交往。可见，袁世凯是积极参与维新变法运动的，他的这种参与是出于投机还是真正赞同维新，这很难说，不过从他在山东巡抚和直隶总督任上积极推行新政的举动来看，袁世凯的这些行为应是出于真心赞同的。

两个月之后，维新派由文廷式出面组织强学会，实际组织者是维新派的重要人物康有为和梁启超，主要目的是通过讲学，把欧美的新思想引进中国，以此解放思想，激励民气。

1895年8月，在强学会的开幕式上，维新派人士杨锐、文廷式等人发起募捐活动，募捐官员中赫然就有袁世凯。文廷式当场认捐白银1000两，袁世凯也认捐白银500两，由于两人的倡议，参加者纷纷慷慨解囊，太原总兵聂士成认捐1000两，两江总督刘坤一、湖广总督张之洞、直隶总督王文韶各认捐500两，就连李鸿章也打算认捐2000两，加入强学会，只是康、梁等人考虑到当时李鸿章主持签订了《马关条约》，为时议所

---

① 参见刘路生：《戊戌政变袁世凯初四告密说不能成立——兼与郭卫东先生商榷》，《清史研究》，2005年第1期；袁世凯：《戊戌日记》，《清廷戊戌朝变记（外三种）》，广西师范大学出版社2008年版，第65—72页。

诟病，维新派才没有接受他的捐献。

帝党领袖翁同龢在日记中记述了袁世凯在1895年2月对他的一次拜访。那天，袁世凯慷慨激昂陈说，“极言非大变法不足以保全，非维新不足以济时艰”。同时，他还送给翁同龢一份西洋人绘制的瓜分中国的画报。袁世凯的积极参与，使维新党人对他信任有加。

其时，维新运动在上海、长沙等地也开展得如火如荼。天津的维新人士严复、夏曾佑、王修植等人创办《国闻报》，为维新变法制造舆论。在小站编练新军的袁世凯和严复等人来往密切。据严复说，戊戌政变之前，他和王修植、夏曾佑、王慎修等人创办《国闻报》的时候，几人常在王慎修家谈论，袁世凯每星期六会从小站赶来参加，袁世凯“值来复之先一日必至津，至必诣菀生（王修植）处为长夜谈；斗室纵横，放言狂论，靡所羁约”。这几个人中间，严复是天津水师学堂的总办，《国闻报》的主编夏曾佑还在育才馆任教，而王修植则是北洋大学的总办，袁世凯和这几位维新人士、饱学之士整夜纵谈时事，可见他是维新变法的积极支持者。这一段时间，袁世凯无论是在天津还是在北京，和别人交谈的话题往往离不开维新变法和练兵事宜。

但问题是，维新运动表面上是一次救国自强运动，但它的背后实际上反映出的却是帝党与后党两个利益集团的权力角逐。在翁同龢的努力下，帝党与维新派合流，共同进行变法，并企图借此从慈禧太后及后党的手中收回政权。

事实上，最初慈禧太后对光绪皇帝所主张的变法维新并不反对。

据费行简《慈禧传信录》中记载，早在变法之初，慈禧太后即对光绪皇帝说：“变法乃素志。”“苟可致富强者，儿自为之，吾不内制也。”面对内忧外患，慈禧太后也在想办法改变现状。作为大清国的实际掌权人，30多年来，她一直在尝试着变通的办法，办工厂、设电报、建海军、修铁路、造轮船、派人出国留学，哪一件离开了她的同意能够办成？但是，偌大的中国还是败于东邻小国日本的手中。对于大清国的危机，她与光绪皇帝同样着急。变革是必要的，但她担心的是，这帮主张变法的新进士人与一心想夺权的光绪皇帝一旦合伙变起“法”来，恐怕难以节制，担心到时局面会不可收拾。

因此，当光绪皇帝要求变法时，慈禧太后点了头。当变法大步前行时，她也没有反对。只是由于朝中及地方督抚大员对推行新法多持冷淡观望态度，造成局面被动，最终导致血气方刚的光绪皇帝失去冷静，走入了禁区，使他的行动带有明显的权力之争时，慈禧太后才无法容忍，开始进行干涉。

在此期间，光绪皇帝在维新派的支持下，大刀阔斧，连续采取了几步激烈的措施：

第一步，8月30日，光绪皇帝发下一道重要谕旨，裁撤詹事府六衙门及三省巡抚。主要内容：一是裁撤詹事府、通政司、光禄寺、太仆寺、鸿胪寺、大理寺等六个闲散衙门，分别归并内阁及礼部、刑部办理。二是裁撤督抚同城之湖北、广东、云南三省巡抚，及东河总督。三是裁撤各省不办运务之粮道及向无盐场之盐道等。此谕旨显示了光绪皇帝对清王朝官制存在的问题所进行的改革。这项举措，触动了清政府中的利益集团，造成了极大的政坛震动与朝局的动荡不安。

第二步，9月4日，光绪帝下诏罢免礼部堂官。礼部堂官属于二品大员，而变法伊始慈禧太后已将二品以上官员的任免权收归己有。光绪皇帝此举分明是向后党挑战，慈禧太后自然不会甘心。

第三步，9月5日，光绪皇帝又下谕旨，任命维新党人物谭嗣同、刘光第、林旭、杨锐4人在军机章京上行走。军机章京有“小军机”之称，地位十分重要。光绪帝此举在阴夺清廷中枢大权，撇开军机大臣，将中央行政大权操于己手。

第四步，9月7日，光绪帝下谕罢免李鸿章、敬信二人的总理衙门大臣职务，再一次向慈禧太后发起了挑战。

第五步，9月上旬，变法正进入最紧要关头，光绪皇帝又决定开设议院，但为康有为谏阻。于是他又决定开懋勤殿以议制度，并决定延聘外国人与康有为、梁启超二人作政治顾问，指导变法事宜。懋勤殿位于清皇宫内的乾清宫西，它原来是供清朝历代皇帝燕居念典的一处宫殿，但到同治后便被废弃不用。自从开设制度局、开议院等维新举措遭破产以来，经过康有为等维新士人一段时间的筹议与酝酿，又经谭嗣同、林旭等人的极力推动，光绪皇帝到此时决意开懋勤殿。按光绪皇帝的设想，他通过设懋勤殿顾问官的方式把康有为等维新派人士中的中坚力量组织在一起，成立一个最高级别的筹划、指导维新变法的核心，这将是一个新的权力中心。这次开懋勤殿可以说是光绪皇帝绕过了清廷当前的中枢机构与程序，与自己亲近的维新士人单独议定的，从筹划到最后决定，根本没有通过原来的王公大臣，而且顾问官中也鲜有王公大臣在内。开懋勤殿的决定一旦实施，它必定将极大地加强维新变法的最高指挥力量和光绪皇帝手中的权力，这将会推进变法维新的进一步展开。而且，开懋勤殿以议制度将在很大程度上改变大清王朝的施政体制，因为它将成为一个新的权力中心，可以说是光绪皇帝撇开军机处另立的一个新的"中央"政府。

第六步，根据康有为的建议，召手握新建陆军兵权的袁世凯进京，封官许愿，冀以臂助。

康有为的门人张伯桢在《南海康先生传》里有这样一段话：

> 先师（康有为）默审将帅中，惟袁世凯素机警，又夙驻高丽，颇知外国事，曾与同办强学会，欲引为助，知其与荣禄厚，未必就范，惟舍此又无他路可行，于六月时，暗使徐仁录入其军幕，借观志向。袁世凯称倾向先师甚。先师遽信，亲荐于德宗，又为徐致靖草折荐之。又交谭嗣同递密奏，请结袁以备不测。上即降旨召见袁世凯。袁世凯于二十九日入京。是日，召见于颐和园。初一日，降旨嘉奖，以侍郎候补。

这段史料足可证实康有为企图借封官许愿的办法将袁世凯拉进这场政治斗争的浑水中，让袁充任刽子手的计划与安排。

面对帝党与维新派的步步逼宫行动，慈禧太后也不动声色地采取了一系列针锋相对的措施：

首先，将翁同龢革职。翁同龢是光绪帝的师傅，是光绪帝的主心骨、最信任的大臣、最得力的谋士，是帝党与维新派联系的桥梁，是帝党中最重要的人物。正因为翁同龢是这样重要的人物，所以，在戊戌变法开始后第四天，慈禧太后就强迫光绪皇帝罢免了翁同龢并把他赶回原籍，不准在京逗留。翁同龢的革职，对光绪皇帝形成了巨大的打击。从此，他的依靠力量只有一批年轻的毫无根基的维新党人了。

其次，任命后党的重要人物荣禄为直隶总督兼北洋大臣，统率驻扎在直隶境内的董福祥的甘军、聂士成的武毅军、袁世凯的新建陆军。这样，后党就把首都京师附近的军权牢牢地控制在了自己手中。随后，慈禧太后又任命刑部尚书崇礼署步军统领，任命怀塔布管理圆明园附近之八旗、包衣、三旗及乌炮营事务，又任命刚毅管理健锐营事务。此外，还更换了一批八旗都统。这样，后党就把京畿地区的军事控制空前地加强了。

第三，戊戌变法开始后，慈禧太后下令以后凡任命二品以上的大臣必须得到她的认可，新任官员必须亲自到她面前谢恩。这样，慈禧太后就把督抚、将军、提督、总兵、尚书、侍郎这些高级官员的任命大权牢牢地控制在了自己的手中。

第四，具体策划了废除光绪皇帝的具体方案，即“请”光绪帝到荣禄的大本营天津阅兵，然后武力强迫光绪皇帝让位，另立新君。

面对这一险恶的形势，帝党与维新派一筹莫展。最初想了一些办法，但都不可行，后来，康有为建议争取袁世凯。袁世凯掌握着新建陆军，而且，袁世凯曾参加强学会，很得康有为信任。绝望中的光绪皇帝也认为只有这一条路可以试试了。于是新党便派人去做袁世凯的工作。袁世凯身不由己地卷入了这场最高领导层争斗的漩涡之中，无意中成了一帮激进者与野心家们玩弄政治博弈的筹码。对于袁世凯来说，一旦选择错误，前途与身家性命都得搭上。

最初，袁世凯虽然不赞成急进，但在政见上与康梁等人并没有根本的分歧。甚至荣禄出掌直隶和北洋，成了他的顶头上司之后，袁世凯仍与维新派保持着热络的联系。8月中旬，他到天津谒见荣禄，请示有关9月天津阅兵的准备事宜。值得注意的是，这次他在天津一住10天，与荣禄谈了些什么，不得而知。但从后来他的表现来看，荣禄即使没有向他交底，也很可能向他打了招呼。此后，袁世凯才与康梁等人拉开了距离，在新、旧两派之间保持了中立的立场。也许，袁世凯认为，只有这样做，才有回旋的余地，他才可以进退自如。

但是，现在已经到了帝后两党彻底摊牌的时候，在光绪皇帝和慈禧太后二者之间，袁世凯必须做出取舍。出于成败得失与利益风险的考虑，他最终坚定地站在了慈禧太后、荣禄的一边。

其实，从袁世凯被召见期间的活动来看，其倾向性就已十分明显了。袁世凯往常进京，公事之外，终日奔走于权要贵门，酬酢往来无虚日，而此次进京，则一反常态，先是闭门不出，新、旧两派的人物他谁也不访不拜，召见后想要立即请训回津，离开京师是非之地。得知被突然提升，不情愿地卷入到新旧两派政争的旋涡之后，他则连日走访高层政要，表白心迹以避嫌疑；对助成这次提升的维新人士，他也只是去信感谢，派幕僚徐世昌前往联络，孰轻孰重，一目了然。在谭嗣同夜访、洞悉兵谏密谋之后，袁世凯知道自己已经没有可能置身事外，何去何从，需要时间来思考决断，故虚与委蛇，借故推托。作为经验丰富、头脑敏锐的务实官僚，袁世凯清楚地知道帝、后双方的力量相差悬殊。帝党与维新派冒险蛮干，成事的机会几乎是零，所以他绝不会将自己好不容易得来的事业前程，甚至身家性命押在这种冒险活动上。但是他既然知道了维新派的核心机密，就再难以置身事外，更不能坐等阴谋败露牵连自己，所以牺牲维新人士、向荣禄告密以自保几乎可以说是他没有办法下的一种选择。

纵观晚清历史，袁世凯宦海成功的一个重要秘诀，就是他很善于把握机会，不断进行正确的抉择。在他的眼中，最重要的原则就是如何最大限度地保存自己，打败敌手，至于世人心目中的什么道德标准、行为准则、真理追求等等，是不会影响到他的做事与处世原则的。

但是，向谁告密，怎样告密，却大有讲究，袁世凯为何不就近在北京向庆亲王奕劻、大臣刚毅或王文韶告密，而是要等到回天津后向荣禄告密?

这件事，突出地显现出了袁世凯的智慧与缜密的心思。

前面我们已经看到，袁世凯得到小站练兵的差事，离不开荣禄的支持，特别是遭到参奏时，又是荣禄保护了他。袁世凯在实践中深深地认识到，荣禄背后有着慈禧太后这个更大的背景，是他仕途上的福星，将这一秘密告诉荣禄，不仅可以继续得到荣禄的信任，而且还可以借荣禄之力躲避过这次风险。况且，袁世凯不在北京告变而是回到天津后第二天才向荣禄讲出事实真相，也是有他自己缜密思考的。他很可能想尽量将时间往后拖，看能否再想出一个更加妥当的两不相害的办法。

据多种资料反映，在初四（19日）晚上酉刻（下午5–7时），慈禧太后已经突然起驾回宫，“直抵皇上寝宫，将那里的奏章全数搜走，招来皇帝愤怒责问：‘我抚养你二十多年．你却听小人之言来算计我吗？’皇上战栗不发一言，很久才嗫嚅着说：‘我没有这个意思。’太后唾他说：‘傻子，今天没有了我，明天还能有你吗？’”说明那时慈禧已发动了政变，所以未向外宣布，就是朝中已知的接见伊藤博文尚未进行，等到光绪皇帝接见完毕，就立即被押下。这时，袁世凯尚住在法华寺，说袁世凯告密触发政变之说，是不能成立的。

初五（20日）袁世凯陛见后，乘11时40分的火车返回天津，下午3时到达。因数次被皇帝召见，又被提升，同城文武官照例在车站迎接祝贺。由于在车站应酬，等到了荣禄那里，天已黑了下来。当晚荣禄极为忙碌，可能忙的就是政变善后事宜，袁世凯未及与荣禄谈上话。

第二天，荣禄主动去回访袁世凯，袁世凯才把发生了的事情向荣禄详述，这就是史家们说的天津告密。实则，政变在两天前就已发生了，荣禄自然全都知道，袁世凯在宫廷答对时的关键表现，荣禄也应该知道。因此，哪还有什么密可告呢？

9月25日，诏命荣禄即刻来京，诏命袁世凯署理直隶总督和北洋大臣的事务，相当于临时总督，这没有荣禄的首肯是不可能的，这表明荣禄已非常信任他了。荣禄进京的第二天，就奏请奖叙协助袁世凯创设同文、炮兵、步兵、骑兵四个武备学堂的监督段祺瑞，其真实意图是为袁世凯做铺垫。在荣禄担任军机大臣的当天，“一再有人问荣相说：‘袁世凯曾奉有密诏吗？’回答说：‘有。’‘诏中可曾有杀公的话吗？’回答说：‘有的。’（于是）说：‘那么袁世凯先前是个同谋者了，既同谋又检举，首鼠两端，此人也无足可取嘛。’荣相说：‘袁乃我的人，无所谓首鼠两端。’”“我的人”，是官场上至今沿用不衰的经典用语，荣禄对袁世凯下这种评语，说明他已将袁世凯划入了自己的政治圈子。作为促成训政的核心人物，荣禄备受慈禧太后倚重，进京大用，政治上正在走红。与荣禄结成的这种更为紧密的关系，将成为今后袁世凯仕途上顺利发展的有力保障。

第六章　袁世凯第六次人生抉择

——对义和团及列强问题的处理：1901年前后的两难抉择

所谓治本者何？在于调和民教而已。所谓治标者何？在于绥靖地方而已。臣谨就此治本、治标二法，兼用并施。

——袁世凯

离开是非之地，一个明智的选择

1899年夏，多年积累的中外矛盾、内部矛盾不可调解，义和团运动终于在山东爆发。由于山东巡抚毓贤没能处理好，结果，义和团运动在山东境内迅速燃成了燎原之势，几乎每个村庄都建起了拳场。

面对山东动荡的局势，袁世凯敏锐地意识到，此事非同寻常，可能会引发一场巨大的政治震荡。天津为洋人聚集的地方，又是京师的东大门，时局又是如此的复杂，如果发生战争，天津必将成为用兵之地，弄不好就会危及自己的前途。识时务者为俊杰，应当赶快想出办法，早早离开这个是非之地。

于是，袁世凯屡次向清廷与荣禄陈述自己对于时局的看法和解决山东问题的意见，希望荣禄能帮助他将小站新军开往山东，以离开天津这个是非之地。

1899年五月二十七日，袁世凯以德国在山东挑衅侵权、亟宜妥为防范为由，上折指出："东省民教积不相能，推原其故，固由教民之强横，亦多由地方官未能持平办理。”[①]

袁世凯认为：山东民众与教会之间关系紧张的根本原因，不在教民之强横，也不在于百姓之闹事，而在于地方官自身办理不当。因此，他建议朝廷“慎选牧令，须求谙练约章、明达时务者”办理，“遴员驻胶”，实际上是在暗示朝廷，他自己有能力处理好这种棘手的事情，隐含自荐之意。

在袁世凯的请求下，荣禄认为袁世凯在朝鲜处理外交事务多年，又兼有练兵军事的才能，是一个有魄力、能够解决棘手问题的能手，加上当时德人正在胶州半岛闹事，也正需要派兵前往震慑，因此，1899年5月1日，荣禄命令袁世凯与聂士成，各帅所部，开往山东与直鲁交界地面，进行军事演习。5月13日，袁世凯率军到达山东德州。[②]此时的袁世凯血气方刚，甚至跃跃欲试，想与德军决一雌雄。但他经过在德州一段时间观察后，便改变了主意，他认为“整军察吏、防海治河，与夫清内匪以安民生，慎外交以敦睦谊”[③]，才是保全发展自己的上策。况且，和德国打仗，敌强我弱，慈禧太后是绝不会干的。她之所以同意荣禄派遣袁世凯率部到山东德州演习，无非是向臣民表明她在振刷军备，有意抗敌而已。

在山东，袁世凯将山东巡抚毓贤的种种不是，包括德国驻青岛官员“请治其罪”等要求上告荣禄。面对山东的爆炸形势，荣禄竭力保荐袁世凯代替毓贤出任山东巡抚。同时，山东成了反帝风暴的中心，也引起列强的极大恐慌。一时，形势紧张起来。德国以出兵相恐吓，美国驻北京公使康格公然要求清政府撤换毓贤，“派一个能干的人代替他的职位”，并说“假如没有足够武力的话，可把天津操练得很好的军队调去协助”[④]，从而成为列强推荐袁世凯抚东的第一人。英国驻华公使窦纳乐在给英国外交大臣索尔兹伯理侯爵的信中说：“关于今后山东北部的局势，我认为，最有希望的前景是挑选袁世凯充任巡抚。这位官员曾担任

---

① 《义和团档案史料》上册，中华书局1959年版，第29页。

② 《袁世凯奏议》（上），天津古籍出版社1987年版，第33页。

③ 《袁世凯奏议》（上），天津古籍出版社1987年版，第39页。

④ 李宗一：《袁世凯传》，中华书局1980年版，第80页。

多年的中国驻朝鲜大臣的职务，并且最近统帅驻天津附近受外国人训练的军队约八千人。他已经宣布，必须将全军随他调往该省。同时，他性格果断，而且在必要的时候立即使用武力，这是他一生中在各种危机形势下进行活动的特点，所以使人们有可能期望，在他所管辖的省份中，他将顺利地平定叛乱。”①

在列强的怂恿与荣禄的保荐下，就有了1899年12月6日清廷发布派袁世凯接替毓贤，署理山东巡抚的上谕。12月26日，袁世凯蹿升“署理山东巡抚”，并于26日率领新建陆军到达济南，及时巧妙地躲过了一场即将到来的灭顶之灾，开始进行用军事控制山东政治局势的尝试。为此，12月7日康格在给美国国务卿海约翰的报告中说：“我高兴地报告您，昨天武卫军袁世凯将军受命代理山东巡抚；他是一个能干勇敢的人，和外人交游甚广，相信皇上给予适当的谕旨以后，则扰乱即可停止，秩序即可恢复，我们希望如此。”②

对于袁世凯和他的团体来说，1899年12月，是一个值得纪念的月份。这是因为：

1. 在此之前，袁世凯仅仅是一个军人，袁氏集团也仅仅是一个刚刚初具雏形的军事团体。这之后，袁世凯成为一个封疆大吏，握有一省的生杀大权，袁氏集团也因此由一个军事团体开始发展成为一个全方位的军事政治团体。在此之前，袁氏集团仅仅局限于小站一隅，之后成为山东一省的主人，有了一块不小的根据地和势力范围，所有这些，对于这个集团的发展来说显然是非常重要的。

2. 袁世凯及所部武卫右军开赴山东，直接使袁氏集团在不久后发生的庚子事变中躲过了一场危及本集团生存与命运的严重危机。因为，此时袁世凯及所部如果还在天津小站，那么庚子年八国联军向中国开战，首当其冲之地便是天津。袁世凯如果不与洋人开战，就是奉旨不遵，官运不但没了，就是脑袋能不能保得住还是个问题；如果奉慈禧太后之命与联军开战，则不但胜利没有把握，就是好不容易积攒下来的一点政治本钱也会在这场战争中损耗殆尽。况且即使自己没有战死，辛丑议和后

① 廉立之、王守中：《山东教案史料》，齐鲁书社1980年版，第364—365页。

② 李宗一：《袁世凯传》，中华书局1980年版，第81页。

自己还不是要充当清廷的一个替罪羊而被押上断头台吗？由此看来，袁世凯能于1899年督抚山东，就不仅是袁氏集团开始发展的一步，更使这一集团躲过了一场即将到来的灭顶灾祸。从这一点上说，袁世凯及其北洋集团是多么幸运。

李剑农在评价这一事件对袁世凯及北洋集团的发展影响时说："庚子五月二十一日，袁曾奉旨调新建陆军入都，这是袁与北洋军阀存亡的一个大关头。慈禧太后的意思，是要他入京帮助义民的；荣禄的意思，或者是要他去解散义民，或者是要他去保驾，不甚明察；东南各督抚，也有主张'袁慰帅即由山东提兵由保定进京，以清君侧、护两宫为要义'的；但是袁将所部军队一部分开到直、鲁接境各处，却不前进了。假使袁果提兵北上，一定是那些义民的大敌；联军到了，恐怕也不认得他罢！他还是打义民呢？还是打联军呢？所以他带兵出抚山东，与此次顿兵不进，又是幸运照临他的一点。"①由此可见，袁世凯确实具有常人不具备的捕捉信息的能力，他本能地认识到天津不久就会成为一个是非之地，而想尽办法尽快带领所部离开，从这一点上，足可以看出他在关键时刻的抉择能力。

正因为袁世凯及其团体及时离开了当时政局的是非之地天津，才使他能够在复杂局势面前有条件从容考虑与应变，做到慈禧太后与列强两边都不得罪，从而为日后他的官星高升奠定了基础，并为本集团在万难境地中争取到了一片生存的空间。单就这一点来说，袁世凯及其团体的发展实际上也不是如常人认为的那样来之容易。及时设法离开天津小站这一事件，说明袁世凯确实具有异于常人的预见力和行动力。

剿拳，还是抚拳，这是一个关键路口

1899年，北方数省发生旱灾，粮食歉收，疾病流行，而洋人在内地传教，教民欺压当地百姓，导致老百姓对洋人的仇恨情绪越积越深。原来在山东秘密活动的义和拳趁时而起，他们喊出"扶清灭洋"的口号。

① 李剑农：《戊戌以后三十年中国政治史》，中华书局1965年版，第36页。

义和拳的举动，得到了执掌大清最高政权的慈禧太后的默许。

清政府对待义和团的政策，是近代史上一个颇值得深思的问题。它是由义和团本身性质以及清政府对内对外矛盾政策相激相荡而成的，且中间经过许多波折和转变。

按理说，义和拳是一个民间秘密团体，与嘉庆年间的白莲教有着相当的渊源传承关系，一开始清政府就应该将之取缔才是。但是，山东巡抚李秉衡在长期处理民教纠纷的过程中，对教会横行不法、欺压群众的行为有所了解，并表示同情百姓，因此，他曾多次奏请清政府把对付义和团的重点放在认真防范和晓谕开导上，他主张但能“悔罪出会”，应“准其自新”。继李秉衡之后为山东巡抚的张汝梅也认识到洋教势力“凌轹乡党，欺侮平民”，害怕“民气遏抑太久”，“其患有不可胜言者”，乃主张持平办理民教纠纷，遇事“亟宜设法维持，不可徒恃兵力”。这样，根据地方的奏报，清政府同意张汝梅剿抚兼施，以抚为主，亦即“改拳勇为民团”的建议，并命令张汝梅等对于起义者“预为之防，毋任煽动”。

对于声势日趋壮大的义和团运动，清政府之所以不剿而抚，是有原因的。

第一，地方官员在义和团早期采取的以抚为主的方针，行之有效。

第二，义和团高举“扶清灭洋”旗帜，这个口号部分地解除了清政府对义和团的恐惧，不再过分担心“祸起肘腋”。

第三，当时，由慈禧太后控制的清政府，看到各国公使或明或暗地支持光绪皇帝，反对慈禧太后的废帝立储行为，心中的不满情绪日益滋长。他们认为列强“势焰不可长”，乃群“思驱洋人而复旧制”。[①]

戊戌政变之后，慈禧太后对光绪皇帝想发动兵变囚禁自己之事耿耿于怀，再加上守旧派大臣成天在慈禧太后面前攻击光绪皇帝，慈禧于是谋划废掉光绪，另立皇帝。但是，废立一事一开始就遭到了朝中大臣和地方实力总督刘坤一等人的坚决反对，由于光绪皇帝思想趋向西方思想，列强也很喜欢这个年轻皇帝，慈禧太后只好宣布光绪皇帝病危。驻北京的各国公使联合推举了一位法国医生入宫为光绪皇帝诊治。法国医

① 《周慎悫公全集》，《周学熙年谱》，第37页。

义和团团民

生为光绪皇帝做了全身检查，认定“光绪皇帝健康，无病”。这让慈禧太后大为震怒，加上她最痛恨的“逆党”康有为、梁启超等人分别受到英国和日本的保护，慈禧太后恼羞成怒，觉得洋人处处和自己作对，干预清朝内政。恰巧谣传英国人要派兵到北京，逼迫慈禧太后还政于光绪皇帝。慈禧太后听到这个消息时正在喝茶，一气之下便把绿玉茶壶掷碎在地上，狠狠地说：“洋鬼子实在太可恨，太欺我，此仇非报不可。”多年被洋人欺辱的恶气终于变成一团怒火。怒气冲冲的慈禧太后决定利用仇视洋人的义和团这张牌。于是，清廷对义和团就从原来的严办政策改为安抚政策。

毓贤上任山东巡抚之初曾严禁义和团活动，他接连8次发布禁令禁止义和团活动，屠杀拳民。但是毓贤渐渐地也变得同情义和团，认为民心可用。这除了他忌恨教会外，主要还是揣摩清政府最高统治者心理的结果。自然，他的主张得到朝中顽固派集团的支持。义和团于是以“扶清灭洋”为口号，就像一粒火星落在冬天大风中的草原，很快就发展成为燎原之势。

列强对山东义和团的活动非常关注，他们强迫清廷撤换毓贤，推荐袁世凯到山东继任。

对于义和团可能造成的社会动乱，袁世凯并不陌生，6年前朝鲜闹东学党的时候，他就是镇压那场起义的幕后总指挥。所以，尽管毓贤留下来的是个遍地狼藉的烂摊子，袁世凯对局势早已成竹在胸，他认为，解决民教冲突的手段不外是宽猛相济，恩威并施。

袁世凯从天津前往济南的途中，路经沧州时，接见了直隶吴桥县知县劳乃宣。劳乃宣以撰写《义和拳教门源流考》和主张镇压义和团而出名。袁世凯对劳乃宣已经禀恳直隶总督裕禄奏请明降谕旨、惩办拳民之事十分赞许，认为劳乃宣“所述颇中肯要”。12月21日，袁世凯特意密电裕禄，询问其是否已经按劳乃宣的主张上奏朝廷。然而，裕禄却因为与朝中顽固派载漪集团密切的关系，不同意劳乃宣的意见。他回复袁世凯说：“拳民并无多大伎俩，但能捕获首要，胁从自易解散”；劳乃宣所云是“张大其事，该令条陈，似未可照禀上奏”。对于坚决主张镇压义和团的袁世凯来说，一开头就碰了一个软钉子。

据史料记载，袁世凯在接任之前，对于山东义和团问题就已经成案在胸，决定实行镇压或施以先剿后抚的方针。这就引起鲁籍京官和一些同情义和团的官僚极大的不安，于是，他们纷纷奏劾，对袁世凯严加指责。

袁世凯上任半个月之内，先后有5名京官进行6次弹劾，指责他着意用重兵剿杀义和团民，其中，有3道奏章请求罢免他的刚刚到手的山东巡抚的官职。与此相关的是朝廷先后颁发对袁世凯警告性的谕令。事实上，袁世凯刚刚上任，还没有开始镇压义和团，就受到众人如此严厉的指责，确实也有点冤枉。但是，袁世凯毕竟宦海沉浮多年，他以沉着的态度，稳健的措施，一系列恰到好处的行动，很快就把这些吹毛求疵的指责挡了回去。

第一道奏劾，出自侍讲学士朱祖谋。他说，山东民教不和，亟宜持平办理，如果袁世凯任意用事，轻率剿杀，其危险甚大。一、大兵所至，必然使民众铤而走险，不可收拾；二、洋人会以此要求助剿助守，为祸益烈；三、会使教会气焰益张，使无辜之民，不敢入拳会，势必投入教会。因此，朱祖谋请朝廷饬令袁世凯“慎重兵端，整顿吏治，勿以意气用事，无以操切图功，遇有教案，持平办理”。御批肯定朱祖谋所议，“语多中肯，是扼要之论”，谕令袁世凯“不可徒恃兵力，转致民

任山东巡抚时期，袁世凯与母亲刘氏夫人

心惶惑”[①]。

值得注意的是，朱祖谋的奏章与军机处发给袁世凯的上谕，竟然出自袁世凯就任山东巡抚的同一天，即1899年12月26日。对此，袁世凯十分恼火，他很感叹地对心腹徐世昌说：“此奏即在二十四日接印之期，似未免太早！东省事从何办起。”[②]

如果说，朱祖谋的奏折和发下的上谕，还只是提醒袁世凯不可徒恃兵力、操切图功的话，那么，接踵而来的就更是山雨欲来风满楼的严词谴责和请求罢黜他的官职了。

朱祖谋的奏章刚刚递上，第二天即12月27日，御史黄桂鋆就接着对袁世凯进行了第二次弹劾。黄桂鋆认为：义和团并非造反者，而袁却要剿杀，这样的话，则变端立起，全局必震，到那时，对袁世凯纵使治以殃民之罪，也无补于事了。黄桂鋆上呈后的第二天，即12月29日，清廷即把原折抄给袁世凯阅看，并谕令他说：“拳民聚众滋事，自无宽纵酿祸之理。惟目前办法，总以弹压解散为第一要义。如果寻击官兵，不得已而示以兵威，亦应详察案情，分别办理，切不可一意剿击，致令铤而走险，激成大祸。著袁世凯相机设法，慎之又慎……倘办理不善，以致腹地骚动，惟袁世凯是问。”[③]这种来自清廷的严厉警告，对袁世凯的压力，无疑是十分巨大的。

不仅如此，京官对袁世凯的弹劾还在逐步升级，要求罢黜袁世凯的

① 《义和团档案史料》上册，中华书局1959年版，第42—43页。

② 《袁世凯致徐世昌函》，《近代史资料》1978年第2期。

③ 《义和团档案史料》上册，中华书局1959年版，第46页。

呼声一浪高过一浪。

1900年1月3日，御史熙麟上奏朝廷，干脆直接请求罢掉袁世凯的山东巡抚之职，从马玉昆、董福祥或聂士成3人中任命1人以接替袁世凯。为此，清廷又一次告诫袁世凯，“唯有凛遵前旨，相机设法，慎之又慎。仍随时就案了案，以期弥患无形，是为至要”[①]。

袁世凯毕竟精明过人，处危难境地，能够临阵不慌，最终从容、镇定、机智地应付了下来。

1900年1月5日，袁世凯电奏慈禧太后，表示谨遵上谕，“总先以晓喻解散为主，勿轻用兵”，并且报告说，为了防止武将孟浪行事，他特派稳健持重的文官督同办理；对民教瓜葛，务期两得其平，不为偏袒；做到“民无蓄怨，教知守法”。他同时向慈禧太后剖白心迹：“世凯受恩深重，自当悉心设法，断不致操切激变，以负高厚。”[②]袁世凯这个奏折，表明他全部接受了上谕的要求，意在消除慈禧太后的疑虑。

尽管袁世凯不断表明态度，然而，反对者的态度并未因此停止下来。

1月5日，御史高熙喆又参奏袁世凯：“风闻袁世凯到东之后，立议先剿后抚，以为上策。殊不知会民虽不相安，犹是朝廷赤子。若教民者，寄其身家妻子于教堂者久矣，一旦有事，将为我御敌乎？抑为敌图我乎？不待智者而后知之……日者戕毙良民，袁世敦已激变于前矣。今都下汹汹，皆谓袁世凯先行痛剿，然后奏报……万一百姓互传谣言，互相煽动，以至祸起燎原，不可收拾，该抚自问，能当此重咎否耶！”[③]

1月6日，御史许祐也直截了当地上奏，“在山东人民观之，则袁世凯系袁世敦之弟，不免妄生揣测。况闻袁世凯长于治军，而性情太刚，杀戮过重，似于办理教案，不甚相宜”，建议由李鸿章前往接办。

1月9日，给事中王培佑上奏，指责袁世凯的上奏，情词闪烁，请求另简大员接替袁世凯的山东巡抚之职，并把1899年12月30日发生的山东肥城教案，归结为袁世凯“激之”的结果。

---

① 《义和团档案史料》上册，中华书局1959年版，第46—47页。

② 《义和团档案史料》上册，中华书局1959年版，第49页。

③ 《义和团档案史料》上册，中华书局1959年版，第49—50页。

事实上，把肥城教案说是刚刚上任才4天的袁世凯因为剿灭义和团而激荡起来的，未免过分。刚刚上任才4天，各方面接受工作尚未完成，遑论即开始剿杀会民，从而激起教案呢？

同一天，御史熙麟第二次奏劾袁世凯，斥责袁世凯不听君命，请求另派大员以代。奏折中说："袁世凯早离一日山东，即山东平民之疑案可早释一日，亦匪众之势可早解一日。窃谓此实目前之急务。"[①]

袁世凯上任短短半个月之间，京官御史就大加弹劾，并且备受朝廷严词谴责，这是他意想不到的，也是超越一般官场常规常情的。这种横加指责，使他极度愤懑。不过，他也只能发发牢骚，"如此下去，未知闹到何时始能了事"。从他于1月6日和16日写给徐世昌的信中，就一直流露出这种情绪。他望徐世昌"转告东省京友，弟无他长，惟不贪赃、不枉法、不害民、不欺上四句尚可自信"。"到任不过十数日，何至有许多劣迹被人一再参劾也。自必有居心倾排者在内。如能将弟援出苦海或放归田里，讵为大幸事。"[②]这是当时袁世凯内心痛苦的真情实意。其中"自必有居心倾排者在内"，确属实情。当时鲁籍京官，因同情义和团反对洋教，在京四处散布对袁世凯不利的言论，加上毓贤在京陛见，向王公大臣中到处宣扬拳民乃是义民，袁世凯竟欲杀尽斩绝，是违背天理良心，如此等等，不一而足，从而使朝野上下出现了一股要求撤换袁世凯的声浪。袁世凯请徐世昌代他向鲁籍京官疏通，可谓是忍气吞声了。

袁世凯陷于困境，还不单单是来自朝廷与京官的压力，下属的阻力也是一支不可忽视的力量。山东各级地方官员中有不少人对义和团抱有同情和支持的态度，主张对他们采取招抚与容忍的方针，这就给袁世凯到山东后开展工作带来不可忽视的阻力。他直接体会到地方官员"懔遵京官之奏，均不敢派兵剿除（团民），胥役又不能捕"；"匪民自谓奉官所允，又为法所不禁，兵吏均不敢逼前"；高密等处群众反对德国修建胶济铁路的斗争，"又未便用兵，将奈之何"？[③]

---

① 《义和团档案史料》上册，中华书局1959年版，第55—56页。

② 《袁世凯致徐世昌函》，《近代史资料》1978年第2期。

③ 《袁世凯致徐世昌函》，《近代史资料》1978年第2期。

袁世凯上任伊始，就发布了《查禁义和拳匪告示》，也布置了军队进行弹压，但地方官员所表现出的却是不理解的态度或采取消极怠工的对策。

鉴于上述情况，在现实面前，袁世凯不得不重新考虑他的决策了，他决定对义和团采取剿抚兼施、以抚为主的方针。1月6日，即他上任的第十天在给徐世昌的信中他说，虽然他接印视事，“即办理匪案”，但是他的方针是：“总先以解散晓谕为主，次则缉其匪首，以清祸根；如再抗拒不散，再派兵弹压；倘来格斗，再相机击歼，已谓格外慎重。”① 这个方针就是他在1月5日电奏朝廷所说的“总先以晓谕解散为主，毋轻用兵”；“格外慎重，详察妥办”和“持平办案”的方针，二者内容是一致的，这与一味剿杀或先剿后抚，显然不同。

当袁世凯迫于压力决定采取剿抚兼施以抚为主的方针之后，于1月13日上呈了一份题为《复陈东省民教情形折》，作为复陈朝廷上谕兼答京官弹劾的一个长篇报告。

在奏折中，袁世凯首先指出，教案的产生，民教之纠纷，“推究本原，实由于地方官不能持平处理所致”。他说：地方官员平时为传教士挟制，一遇民教纠纷，“但凭教民一诉，或教士一言”，即签票传人，纵役勒索，到案后，“不分曲直，往往抑制良民”，“而教民转而藉官吏之势力，肆其欺凌，良民上诉亦难伸理”，这就使得民众“积怨成仇”。“郁极思逞，乃起而与教士教民为难，官正苦于无如教何也，亦思藉民以图报复”，如此教案就出现了。

应该说，袁世凯的看法是公允的，山东各地以及其他地区教案的发生，基本上都是地方官处置不当或者不力的结果。

接着，袁世凯也不示弱。他在这个奏折提到义和团时说：拳会“虽托名仇教，而观其举动，实只在于纠众劫财……乃犹立帜大书，侈口于洋人可灭，借以行其耸动号召之私”。

基于上述论点，对于解决拳民仇教的问题，在奏章中，袁世凯提出了从“治本”与“治标”两种方案。

所谓“治本”，在于调和民教纠纷。而“调和民教纠纷，又在于颁

① 《袁世凯致徐世昌函》，《近代史资料》1978年第2期。

示约章，整顿吏治”。

所谓“治标”，即当前急务，消除义和团反教起事，绥靖地方，“清除匪类，化导愚氓”，“谆切劝谕，设法解散”，“严拿案犯首要”。

袁世凯这个“治标”的方针，亦即袁世凯采取剿抚兼拖、以抚为主的方针，是符合慈禧太后谕令他“总以弹压解散为第一要义”的要求的。因此，这个奏折得到了慈禧太后的赞扬，批示“颇中綮要”，命令他按照所奏“认真办理，以戢人心，而消隐患”，“勿作纸上空谈也”[①]。事实表明，1900年6月以前，袁世凯顶住了压力，基本上是贯彻了他的平息拳民活动的政策的。

袁世凯上任的第四天，即1899年12月30日，大刀会在肥城杀死了英国传教士卜克斯。这是袁世凯从1899年到1901年担任鲁抚期间，唯一被杀的外国人。是时，义和拳会与大刀会都在不断发展与相互结合，主要活动于鲁西北地区，他们聚众游动，杀害教徒；攻打教堂，抗交漕粮。袁世凯审时度势，认识到局势并非要大动干戈不可，只有认真执行剿抚兼施、以抚为主的方针，推行“治本”与“治标”双管齐下的方法，才能稳定局势。

袁世凯上任伊始，陆续签发了多项关于“治本”和“治标”的指令，刊刻中外约章，令地方官讲习遵守，使之成为中外交涉的依据；严令缉匪为地方官员专责；鼓励州县自筹资金，自行招募勇丁，加强民团组织的领导，激励他们查拿本地拳党刀会；整顿保甲，清查户籍，填写各村门牌号码，号令各庄遵照保甲章程，随时相互稽查；挨户晓谕劝说，不准子弟学习神拳、刀会。与此同时，严申纪律，不准清军和团练勇丁挟嫌累及无辜，更不得以一面之词，妄拿无辜；不准胥役勒索民家，以杜扰累，而弭争端。凡前任有误拿被捕者，立于释放。由于天灾所造成的困难户，政府予以赈济，同时，公布《查禁义和拳匪告示》、《解散拳匪告示》，采取具体措施“查禁拳厂以清祸源，解散胁从以减其势，严缉首要以挫其锋”，等等。袁世凯雷厉风行，在发布这些指令时，他强调办案不积压，不逾夜。有令必行，有禁必止，一反毓贤疲沓

① 《袁世凯奏议》上，天津古籍出版社1987年版，第43—45页。

拖拉作风；对属吏恩威并用，奖惩齐下，促使僚属认真执行公务。在查禁劝谕解散拳会的同时，袁世凯雷厉风行地推行“严缉首要以靖乱萌”的方针。他命令各州县及邻近之直隶州县不分畛域，把驻剿清军分为在固定地区和流动追击两种形式。地方官和清军相结合，固定与流动结合，往来巡逻，发现线索，穷追猛捕，并鼓励拳首自首。从1899年12月26日袁世凯接印视事起至1900年3月2日止，共捕获拳会、刀会首领81人，其中3人押交直隶吴桥县审讯，错捕者数人旋被释放，其他关押在狱。从1899年12月底至1900年6月间，袁军与拳民队伍武力对抗4次，击毙拳民80余人。

袁世凯这些行动和措施，很快就起到了效果。在袁世凯的“治本”与“治标”双管齐下的措施下，到1900年2月间，山东各地拳厂均已被解散，停止了活动。流动的队伍亦大都解散。据《筹笔偶存》记载，从3月12日到4月5日之间，外国男女传教士、商人、学生在山东各地自由游历达34人，均未遇到干扰。4月15日，朝廷发布允许民间设团自卫的上谕，在直隶激起了义和团的迅速发展。但在山东，经过上一阶段的治理，袁世凯虽然公开张贴了这份上谕，却并没有如直隶一样起到推动义和团发展的作用。

1900年5月19日，上谕根据义和团“因其私团而官练之，派官绅为之统率，庶可化无用为有用，并可化有事为无事”的主张，令袁世凯等通筹妥议，据实复奏。袁世凯回奏说，这一招实不可行。理由是：一、义和拳与白莲教同出一源，是“邪教”；二、义和拳“止有拳会之名，而无乡团之目，与乡团迥不相同”；三、拳民抗拒官军，与军吏不相融；四、“自古断无左道邪教而可资以御侮者”。因此，他认定：“是宜严禁预防，未可权宜迁就。”此时，山东拳会已经敛迹，“抚拳”的上谕当不为袁世凯所重视了。

客观地说，袁世凯在义和团问题上所以敢于持与朝廷不一样的态度，是由于他与荣禄有着特殊的私人关系。袁世凯不断收到荣禄的密信，使袁世凯及时地了解朝廷权势人物之间的矛盾与动向，为他正确判断形势与采取行动提供了可靠的信息。他于5月19日所上《遵旨筹议据实复陈折》，认为把义和团进行官练，实不可行，因为义和团是“邪教”，断不可信。这种主张，得到了荣禄的支持。荣禄说：“大疏于拳匪之源流罪状，畅所欲言，如皇象作书，沉著痛快，诵之浮一大白，陈琳之檄，可愈头风，阁下此疏，亦消我宿疾矣。”重要的是，荣禄告诉袁世凯，对于义和团，“唯有镇压，盖我能自剿，则洋兵不致妄动”。荣禄在信中还告诉袁世凯一些政治动态，如说“拳以姑息而致蔓延，洋以情急而图自卫，遂致杆路全毁，夷兵纷来而不可止矣”。最使袁世凯兴奋的是，荣禄告诉他，慈禧太后亦深知此意，只是格于顽固派众口一词，盛夸义和团之忠勇，两官左右半皆习“拳术”，这就使得慈禧太后为难，“特难为衮衮诸公道耳”。[①]

在清廷“宣战”与“招抚”谕令下达后，袁世凯一时犹豫不决。这时，幕僚徐抚辰对袁的决策起到了重大作用。徐抚辰，字绍伍，湖北江夏县人，时在袁幕任洋务方面的文案。1900年6月，慈禧太后对外下了“宣战令”，袁世凯为表示“忠心”，立即通告山东全省各州县遵旨“招团御侮”。在这动一发而牵袁世凯宦海生涯全局的关键时刻，徐抚辰力谏道：“此乱命，万不可从，否则国破家亡，我公何以自了？”袁不听徐劝，而徐则恪守幕职规则，“不合则去”，留书一封告别。书云：“世界列强，英、俄、法、德、美、奥、意、日本八国也，今以中国战败之后，无兵，无饷，徒恃奸民邪教，手执大刀，杀洋人，焚教堂，围使馆，口念邪咒，不用枪弹，大刀一挥，洋人全倒地，有此理乎……我公若不遵行乱命，逐团匪与山东境界之外，将来外兵涌至，北京沦陷，皇太后、皇上出走，或有不幸，我公以反对义和团之故，犹可尽旋乾转坤之忠心。如随波逐流，我公一身功名消失，且恐未能保其身家也。”袁氏阅后顿悟，急遣人追回徐氏，面向谢过。但檄文已发，“仍用六百里、八百里牌单，飞骑分道追回。遂毅然一变宗旨，护洋人，而剿拳匪”。徐抚辰的建议使袁世凯在当时复杂的形势下，分清了利害形势而没有与列强发生“冲突”，并保存与扩大了自己的实力。这样，在庚子之变后，武卫各军（除武卫右军外）几乎全部崩溃，防卫京城的任务自然地落到了袁世凯身上，他一跃而身兼八大臣。“和议告成，袁乃得盛名。后由北洋总督，而宫保，而军机大臣，实皆由徐抚辰

① 《荣禄致袁世凯函》，《近代史资料》，1983年第4期，第38页。

一人玉成之。”[①]此言虽有夸张之意，但也由此可见幕僚在袁世凯集团发展中的地位与所起的作用。

勤王，还是和洋，这又是一个重大问题

就慈禧太后个人而言，她既是晚清时代一个手段老辣的政治家，同时也是个睚眦必报的小心眼女人。一方面，清政府惹不起洋人，洋人上告的教案，清政府一律责成查办；另一方面，她又不甘心，暗中纵容与洋人为难的拳会，作为对洋人的一种压力和报复。你洋人既然能保护“乱党”，让我不舒服；我政府自然要庇护“义民”，叫你也过不了安生日子。如果没有洋人干政，威胁到自己的权力的成见在脑子里，慈禧太后对义和团这类的帮会，是绝不可能容忍和手软的。从朝廷当时对各地官员的指示中也可以看出，听从官府招抚、安排的是为“义民”，纵容之；不听从官府甚至与官府作对的则为“匪徒”，剿灭之。慈禧太后的如意算盘是：洋鬼子，军事牌我打不过你，但我可以打“民意”牌，老百姓的仇洋心理我可以利用并且操纵自如，用得着就“抚”，用不着就“剿”。这实际上推行的是一条危险的边缘政策。借助于非理性的民族情绪来实现自己的政治目的，是巨奸大憝的惯用手法，历史上不乏其例，但玩火者几乎没有不失控的，其结果就是给国家、民族带来深重灾难。

1900年6月，局势急剧发生变化。清朝中央以载漪、刚毅为首的顽固排外集团左右了朝政。6月10日左右，义和团在他们“道引”下，大批涌进北京。16日，慈禧太后命令刚毅、董福祥招募义和团民成军。八国联军于10日从天津向北京进犯。17日，攻占大沽炮台。16日至19日，慈禧太后接连召开4次御前会议，光绪皇帝、荣禄与许景澄等“剿团和洋”的主张，未被顽固派和慈禧太后接受。21日，发布宣战与招抚团民上谕，开始围攻北京公使馆。23日，慈禧太后任命载勋与刚毅为统率义和团大臣，把义和团纳入官家轨道。

① 刘禺生：《世载堂杂忆》，中华书局1960年版，第130、131页。

在中央两派斗争的同时，各省督抚也迅速分化为两大不同主张的派别。两广总督李鸿章、两江总督刘坤一、湖广总督张之洞和袁世凯等结成一团，坚持对内镇压、对外议和。直隶总督裕禄、山西巡抚毓贤等则紧跟朝廷旨意，抚拳抗洋。总的说来，在中央，抚拳抗洋的主张占了上风，地方上除了直隶等地外，则与之相反，和洋剿拳占了上风。

地方督抚中由刘坤一、张之洞为盟主与列强驻上海领事议和，于1900年6月26日订立《东南互保章程》和《保护上海城厢内外章程》，规定上海租界归各国共同保护，长江及苏杭内地归各省督抚保护。山东、广东、广西、浙江、福建等督抚也先后参加了这一“互保”。袁世凯向上海英国领事表示：他决心仿照东南各省，与“李鸿章、刘坤一、张之洞采取一致坚定立场”。

袁世凯之所以敢于反对朝廷的主战主张，与荣禄的支持有着很大的关系。关键时刻，荣禄告知袁世凯：“以一国而敌数强国，危亡立见。”[①]李鸿章、刘坤一、张之洞诸人，也深知庙堂之上，荣禄、王文韶、奕劻等和他们的观点是相同的。李、刘、张等人亦预料载漪辈不能长期主事，变局必然到来。

当然，在清政府宣战前后，政局还不大明朗之际，袁世凯是比较慎重的。当他收到6月15日让他派兵勤王的上谕和6月21日颁布的“宣战”与“招抚”上谕时，他一时也拿不定主意，不知如何是好，乃急电李鸿章、刘坤一、张之洞等说：“时局是已大裂，从何收拾？贵处有无此项义民？如何办法，乞示。”6月25日，李鸿章率先声明“宣战”、“招抚”上谕，概系“矫旨，粤断不奉”[②]。至此，袁世凯乃下定决心，对外宣布，本地并无可招之义民，只有可剿之匪徒。对朝廷谕令，阳奉阴违，乃至公开抗拒。

最高当权者慈禧太后因为多年受洋人的欺压，挟私泄愤，想用义和拳对抗洋人，最终因为无法控制局面，为八国联军的入侵提供了借口。在这场战争中，袁世凯再一次洞观全局，避害趋利，选择了可以预测到的胜利的一方。

---

① 《荣禄致袁世凯函》，《近代史资料》，1983年第4期，第39页。

② 《李文忠公全集·电稿》，第22卷，第23、29页。

清廷和八国开战，无异于以卵击石，只要是头脑清醒的人都会看到清政府失败的结局，袁世凯看得更是清楚。清廷想利用义和团来对抗洋人必将遭到失败，当时国家积弱已久，甲午战争对付一个东亚“蕞尔小国”日本尚且遭到惨败，公然开衅各国的作法更是一次低级幼稚的政治错误，败局在战前即已清楚。袁世凯既然看准了这一点，就绝不会拿自己刚刚积攒起来的资本——新建陆军去做清廷错误政策的牺牲品。

作为既隶属于朝廷又拥有实力的地方官员，是无条件地执行朝廷的旨意，作朝廷错误政策的陪葬品，还是违抗上级命令保存实力，成了摆在每一个地方实力派督抚面前的两难选择。作为一个权谋家，袁世凯当然选择了保存实力，但是日后还要直接受到朝廷的管辖，因此既要保存自身实力，不听从朝廷的调遣，又不能给朝廷留下不奉行旨意的恶劣印象，如何处理好这个问题，是袁世凯面临的一个难题。

6月10日，八国联军以英国海军将领西摩尔为统帅，向北京进发。慈禧太后见势不妙，慌忙命令袁世凯带兵勤王。15日，朝廷谕令袁世凯酌带队伍，迅速来京；如胶澳地方紧要，该抚不克分身，著拣派得力将领统率来京。17日，再次谕令说，京城内外，扰乱已极，命各省迅速派兵，星夜赶来京师。17日，北京的门户、天津的军事要塞大沽炮台失守。怎么应付错综复杂的局势，变成袁世凯必须解决的棘手问题。现在，慈禧太后直接和洋人开战了，而且还命令袁世凯和列强交战，两方面他都不敢得罪，他知道拿自己手里的军队和洋人打，结果实在很难预料，但是不派兵勤王，慈禧太后怪罪下来，丢了官职不说，自己以后也别想在政坛上有所作为。

袁世凯经过权衡，最后决定两边都不得罪，他要用欺上瞒下的手腕来渡过当前的难关。

打定主意，袁世凯回电朝廷，先喊了一通“京师是天下根本，袁某愿肝脑涂地，誓死保卫北京城”的大话。接着谎报军情，假说山东也很吃紧，英、德屯数千重兵于胶州湾，随时都可能进攻济南。他手里的部队全都开到沿海驻防，如果一下子抽调回来，只怕洋人会乘虚而入，山东是南北要冲，京师左辅，一旦落入洋人手里，中国就将被列强瓜分了，所以，他不能轻易撤防。但是京师危急，他还是将手里能调动的部队开赴北京勤王保驾。他确实派出了一支3000人的部队赶往京城，但是这并不是他那支精锐的新建陆军，而是临时从当地招募来的散兵。朝廷接到袁世凯的报告，不辨真伪，真的以为洋人陈重兵山东之境，复令袁世凯严加防范，也就没有催他派兵勤王。

实际上，山东的局势非常平静，原来英德驻胶州的部队不足1000人，现在又抽出几百人参加八国联军赴北京了。

当天津即将被攻陷的时候，慈禧太后急命袁世凯派孙金彪部增援。袁世凯虚与委蛇，他谎称孙金彪部刚从沿海撤回来，伤亡惨重，军中又发生疫情，需要休整一二日再赶过去。次日，他又称潍县出现教堂被焚毁的事件，乱党杀死教士多人，德、奥军队已开赴该地，所以，现在已经急调孙金彪部到该处平定，等到战事稍缓，即刻开赴天津。

清廷此刻已经火烧眉毛了，十万火急地急电催促袁世凯，说天津即将被攻陷，必须立刻出兵，不得延误，否则军法从事。

袁世凯眼看无法推诿，立刻做了个顺水人情，他复告朝廷，派夏辛酉带领六营人马，已经开拔，正日夜兼程赶往天津救援。但是，袁世凯又向朝廷玩了一个花招，他对夏辛酉耳提面命，指示他路上要小心从事，不能盲目开战，要懂得保存体力，保存实力，如果天津已经陷落，即刻回防。夏辛酉心领神会，带着手下的人马一路走走停停，他们刚刚进了直隶境内，天津城就已陷落，他们便撤回山东。

7月7日，天津失陷。清军失去斗志，溃不成军，八国联军增兵至4万人，由德国将领瓦德西率领向北京进攻。

7月17日，北京危在旦夕，八国联军兵临城下，清廷急令各省派兵勤王护驾。

首都在八国联军的兵锋之下岌岌可危之时，大清朝的几位实力总督却按兵不动，图谋自保。

当袁世凯接到清廷调兵护卫京城的急电时，他回复道：自己在山东处境艰难，救援的部队在路上就被洋人围困了。这当然是弥天大谎，实际上，这时袁世凯的新军已在济南城外休整得十分精壮。

袁世凯用欺上瞒下的办法对付来自上下两面的压力，新军将官有主动请缨杀敌的，他也用欺骗的方式糊弄。

袁世凯的手下也有忠于朝廷的将官，8月初，正在鲁直边界征剿义和团的张勋得到京城危急的消息，请求袁世凯让他率军前往增援，勤王护驾。袁世凯阻止他："要按原来的部署，先把当地的乱匪平息下去，然后再听调遣。"11月下旬，张勋见北京失守，非常焦急，"吁请大帅率队勤王"。而且说如果袁世凯无法分身前去，他要会同各营即刻出发，"愿独树一帜，作马革裹尸之想，以报君父之仇"。

袁世凯看到张勋呈上的请战书，暗自好笑，他觉得张勋憨直愚笨，既可爱又可笑。一个张勋去勤王简直是飞蛾扑火，但是袁世凯又不能直接打击张勋的忠心。他在回复张勋的请战书的时候先大大夸奖了一通他的爱国之心，接着话锋一转说"服从指挥是军人的天职，我们奉旨在这里守护疆土，不能任意妄为。目前的职责是肃清拳匪，确保地方的安宁"。

这个时候，袁世凯真正全力保护的却是正在攻打北京的洋人的势力，他派兵保护山东的所有教堂和教会，同时全力保护山东各处的洋教士。自清朝对列强宣战之后，由于袁世凯的保护，山东省没有一个洋人被害。

英国传教士海大理说："对于那位著名的山东巡抚袁世凯和他的幕僚，我几乎不知道该从哪里写起。娄森（J. Robinson）会将我们与袁会谈的一切要点向你们报告，并会告诉你们袁对我们所提出的赔款要求是怎样的坦率、爽快地接受。在目前中国政界中或许没有一个人受到毁誉，像袁世凯那样。我听人形容他是个'绝对没有原则的人'，'骑墙派'，'1898年出卖皇帝的人'，并听到对他一大串诬蔑性的说法。假如我们要按我们所看见的来论断一个人，那么我必须立刻说，我们很难相信他不是一位正直、诚实和能干的政治家。去年在上帝的引领下，我们的生命是借着他得以保全，并且今年又是从他那里使我们和受逼害的中国教徒得到最慷慨和仁慈的待遇。他接待我们的态度是自然又随便，毫无拜会中国官员时所见到的那种愚蠢的奉承。坐在他的圆桌旁，两分钟之内，我们便谈得像老朋友一样。他很快地就答应赔偿我们的一切损失，不管数目是怎样庞大。再过几分钟，他将专门办理洋务的道台唐先生（指唐绍仪）介绍给我们，这位唐先生给我们的印象是一位具有中国上等绅士风度的人。以后袁又请裕先生（指山东督粮道裕廉）进来，介

1902年，袁世凯的武卫右军护送两宫回銮

绍他是巡抚所派的代表，伴随我们旅行，并处理中国教徒和西教士的一切要求。我们实在感激袁世凯使我们受到一切官员的接待，因为他曾给有关知县发出指示，要尽量以礼貌和尊敬来接待我们。回到济南府时，我们又有特别的机会和他交际一番，我发现他依然是那样的开朗和亲切。他允许我给他和他的儿子以及道台一起照相。从我寄给你们的照片可以看出是否照得不错。当我用照相机给那些与我们工作有关的人拍一张团体照时，他也和我们坐在一起。最末后的，但不是最不重要的一件事，就是他将自己的照片送给娄森和我作为礼物，这张照片现在在我家中，占着一个很尊贵的地位。总之，对于袁世凯这个人和他的行动，如不加以武断或推测，他所给我的印象是和蔼可亲，为人正直，具有政治家的魄力和行政的能力。他是一个天生的领袖，有吸引人的性格，但愿今后他致力于在本国实现‘公义使邦国高举’。”①

驻扎在胶州湾的德英军队见袁世凯这么“配合”，就把驻扎在山东

① 廉立之、王守中：《山东教案史料》，齐鲁书社1980年版，第402—403页。

的军队抽调到直隶。

10月间，八国联军攻打直隶南部，眼看就要打到山东境内了，各地的告急文电堆满了袁世凯的案头，说洋人很快就要打过来了。但是袁世凯却不作任何部署，他显得胸有成竹，只是下达了一道让人捉摸不透的命令，要求邻近直隶的州县，紧急赶制一批写有山东省界的牌子，除了中文之外，而且要有英、法等八国文字，然后遍插山东、直隶交界各处。做完这样的安排，袁世凯就没有任何动静了。

几天之后，八国联军出现在直鲁边界，但是让山东官民感到奇怪的是，洋鬼子一见界牌就掉转方向退回去了。因此，不知内情的山东士绅群众觉得袁世凯高深莫测，哪知道他和洋人之间早有默契。

事情发展到这种地步，袁世凯的设想完全实现了，他在辛丑之役中成功地保存了实力。

至于落难西逃的慈禧太后，袁世凯也早已想好了雪中送炭的计策。

当八国联军攻打北京，慈禧太后、光绪皇帝仓皇出逃，一路上尝尽了人间的世态冷暖时，袁世凯抓住主上落难这个机会，表现得更加尽心尽力。在慈禧一行还在西行的路途中时，袁世凯就派兵急行千里，送去了白银10万两解燃眉之急。慈禧到了西安，费用匮乏，令各省解款接济经费，各省督抚也正因战争财尽民困，又对慈禧今后的前途估摸不透，因此拖延观望，唯独袁世凯照单全收，尽力照办。袁世凯上奏折说："伏念山西素号瘠薄之区，资用匮乏。……无论东省库款如何支绌，必须设法筹解，以备饷糈。现于藩、运各库中，先行凑集银10万两……星夜趱程前往。"并把截存安徽运解北京的饷银11.6万两、江苏的5.05万两一起送去。最后，他还表示要随时赶筹巨款，源源接济。不仅如此，袁世凯还通电各省，要求迅速汇解京饷接济銮驾。当慈禧太后命各省赶送一批军火到西安以资护卫时，袁世凯立即送去一大批军火。

另外，袁世凯还和张之洞、刘坤一合起来拿出2.5万两银子，接济留守北京官员和随两宫"西狩"的随从官员，博取了他们的好感。

议和成功以后，在两宫回銮之际，袁世凯又派所部姜桂题率马步炮队到京畿一带平定地方，在保定花费巨资修建行宫，轰轰烈烈地迎接老佛爷回京。

袁世凯的努力，获得了慈禧太后对他的信任。老太后曾经对身边的大臣说，此次西行，她发现了两位忠臣——一是千里护卫的岑春煊，一是千里送银的袁世凯。两宫回銮之日，袁世凯一举登上直隶总督、北洋大臣这个大清国第一疆吏的宝座，成为继李鸿章之后首屈一指的疆臣领袖。

第七章　袁世凯第七次人生抉择

——在1901—1907年间的选择与作为：清末新政第一人

慎号令；教官吏；崇实学；增实科；开民智；重游历；定使例；辨名实；裕度支；修武备。

——袁世凯

建立北洋六镇

1900年八国联军侵华事件发生后，清王朝在政治、经济、军事等各方面的衰败已无可掩饰地暴露了出来。清政府为了巩固自己的统治地位，就不得不实行国策的转移。1901年4月，慈禧太后成立督办政务处，确定逐步推行全面改革，以此来维护其摇摇欲坠的统治，努力从事王朝的自救。

对于这次新政，朝野大臣鉴于戊戌变法的教训，一开始大都表现得不太积极。然而，袁世凯敏锐地察觉到，王朝衰微，人民民主运动日益高涨，如不谋求新的对策，很难再继续维持其固有的统治了，只有抓住时机，努力推进各方面的革新，才是开拓政坛、攫取更大权力的最佳办法。正因为这样，袁世凯不仅在山东时期就积极联络当时负有声望的地方督抚刘坤一、张之洞等人努力促成清政府举办新政，而且在整个新政期间，他还以“急进改革者”的面孔出现，不仅为推行新政出谋划策，并且身体力行，卓有成效。实践证明，袁世凯的这一抉择，使他从此上升为督抚领袖，也使他进入了一生事业最为辉煌的时期。

编练新军、创建北洋六镇，是清末新政的重要内容，也是袁世凯最热衷的事情。1901年底，袁世凯被任命为直隶总督兼北洋大臣。他抓住新政这一机会，竭尽全力训练和扩充军队。1902年，袁世凯兼任了参预新政大臣、练兵大臣，负责办理新政，这就为他扩军提供了有利的条件。

1902年2月，袁世凯向清政府上奏说："直隶幅员辽阔，又值兵燹以后，伏莽未靖，门户洞开，亟须简练师徒，方足以销萌固圉。""惟入手之初，必须先募精壮，赶速操练，分布填扎，然后依次汰去冗弱，始可兼顾，而免空虚。现拟在顺直善后赈捐结存项下，拨款一百万两，作为募练新军之需。"[①]清政府批准了他的要求。于是，袁世凯立即派王英楷、王士珍等人分别到直隶的正定、大名、广平、顺德、赵州、深州、冀州等地，精选壮丁6000人，集中在保定进行训练。这支军队被称为"新练军"。不久，袁世凯在这支军队的基础上又增募了两个营，同时又续添充马队、炮队各一标，工程队、辎重队各一营，这样新编成了北洋常备军左镇。此镇后改称为北洋常备军第一镇，驻永平府迁安县。

1904年，日本与俄国为宰割中国东北地区发生了尖锐冲突，日俄在中国东北地区进行战争已经不可避免。袁世凯认为，这是他继续扩充军队的又一次大好机会，于是他又上奏说，日俄"两大构兵，逼处堂奥，变幻叵测，亦不得不预筹地步。畿辅为根本重地，防范尤须稳固"。又说："如欲慎固封守计，非十数万人不克周密。"[②]同年，袁世凯以原北洋新军为基础，进行裁改归并，又派人到河南、山东、安徽等地招募新兵，练成有步队、马队、炮队的北洋常备军右镇。此镇后改称为北洋常备军第二镇，驻马厂。

不久，袁世凯又从北方几省招募新兵，编成北洋常备军第三镇，开始驻保定，后来驻扎在山海关至奉天一带。

1905年，袁世凯经练兵处奏准，将驻北京的武卫右军和自强军编成北洋常备军第四镇，驻扎南苑、海淀一带。

5月，他又以山东武卫右军先锋队为基础，另招募了一些新兵合编为

---

① 《袁世凯奏议》（上），天津古籍出版社1987年版，第428页。

② 《袁世凯奏议》（中），天津古籍出版社1987年版，第876页。

北洋常备军第五镇，驻扎山东济南府及潍县一带。

6月，袁世凯又将1902年编练的京旗常备军扩编为独立的一个镇，先驻保定，后移驻京北仰山洼。

从1901—1905年，袁世凯完成了北洋新军六镇的编练。不久，清政府下令全国新军改称陆军，并统一番号。根据1904年9月练兵处奏准的陆军制饷章的规定，每镇步兵2协，每协2标，马队、炮队各1标；步、炮每标3营，工程、辎重各1营。各省已经编练成军的新军，由练兵处会同奏请简派大员前往考验，择其章制、操法一律合格者，奏请钦定军镇协标号数，其编次之先后视练成之迟速为定。步队协数、步马炮标数均各依次编号，工程、辎重营数则随本镇号数编定。据此，北洋各镇重新编了番号。京旗常备军因是旗兵，地位最高，编为陆军第一镇，驻迁安之原北洋常备军第一镇编为第二镇，驻马厂之原北洋第二镇编为陆军第四镇，驻保定之原北洋第三镇仍为陆军第三镇，原北洋常备军第四镇编为陆军第六镇，驻山东的一镇改为陆军第五镇。至此，北洋六镇全部编成，袁世凯的军事实力和北洋军阀的基础完全形成。

北洋新军在全国各省新军中人数最多，官兵达7万之众，而且它的武器装备最先进，训练也相当正规，可以说是当时中国最强大的一支现代化武装力量。更重要的是，在扩编六镇的过程中，已经形成了以袁世凯为中心的比较完整的北洋派系。

袁世凯能在短短几年中迅速地完成编练北洋六镇，这与他善于抓练兵权有着极大的关系。

袁世凯在编练新军中逐渐懂得：要使自己军事实力迅速扩大，一定要取得中央练兵领导权力。为了达到这一目的，1903年3月，袁世凯上奏了他拟定的《陆军训练简易章程》，并建议在朝廷设立练兵处。而当时清政府也想通过成立练兵处集中全国新军的军政和军令于朝廷，牢牢地把新军兵权掌握在清皇室的手中，因此，对袁世凯的建议极表赞同。

1903年12月，练兵处在北京正式成立。清廷任命皇族奕劻为总理练兵事务大臣，袁世凯为练兵会办大臣，满人铁良为练兵襄办大臣。从表面上看，练兵处的大权是由清皇族所掌握，但实际上大权却在袁世凯的手里。因为练兵处成立不久，奕劻就以自己年老多病，奏请慈禧太后将练兵一事责成袁、铁“悉心经营”，即主持练兵具体事务。铁良尚年轻，同时又缺乏练兵经验，而袁世凯却多年练兵有方，所以实际上掌握了练兵处的最高领导权。另外，练兵处下设的各机构要人都是袁世凯的亲信。袁世凯曾向慈禧太后推荐其心腹徐世昌、刘永庆、段祺瑞、王士珍等人，说他们随同当差有年，知之最悉，均属切实可靠。在他的推荐下，徐世昌为练兵处提调，刘永庆为军政司正使，段祺瑞为军令司正使，王士珍为军学司正使，练兵处的重要职位几乎被北洋集团的成员所包揽。袁世凯还通过练兵处，制定了各种章则法令，包括新军的编制、官制、训练、装备、薪饷等。通过这些措施，袁世凯控制了全国练兵的用人权、经费权、军械制造权和练兵考查权。

掌握全国的练兵权为袁世凯迅速编练北洋六镇提供了有利的条件。

1903年12月练兵处成立后，袁世凯即通过练兵处奏请朝廷向各省摊派练兵经费1000万两。1905年，各省实际交练兵处的白银911万两，而其中600多万两用于扩编北洋六镇。袁世凯通过练兵处，“征天下之饷，练兵一省”[①]，使北洋六镇迅速成军，也从而真正奠定了他在清末民初军界强人的地位。

有资料表明，北洋军费的78.3%都是由各省提供的，仅这个数字在很大程度上即可以说明袁世凯在辛亥革命中为什么能一手倾覆清室、一手迫使南方的中华民国临时政府屈服了。[②]晚清时期，经济拮据、财政匮乏，清政府不得不集全国财力，练北洋一省之兵，使北洋六镇迅速成军，形成了在清王朝中继湘淮集团之后具有举足轻重地位的袁世凯北洋集团，其政治后果的严重性远远出乎慈禧太后的意料。从此，在风雨飘摇中艰难度日的清政府已经不得不依赖这个异己的军事政治集团来维护自己的统治。

袁世凯扩军为的是扩大自己的军事势力，形成以他为核心的北洋派系。因此，各镇重要将领都是由他亲自选定，又几乎都是小站出身。

第一镇统制先后为凤山、何宗莲；

第二镇统制先为王英楷，后换张怀芝；

---

① 《清朝续文献统考》卷二一九，考九六五八。

② 周育民：《晚清财政与社会变迁》，上海人民出版社2000年版，第394页。

第三镇统制段祺瑞，后改为曹锟；

第四镇统制吴凤岭；

第五镇统制为吴长纯，后改为张永成；

第六镇统制为王士珍，后改为赵国贤。

统制以下的统领（旅长）、统带（团长）以及一部分管带（营长）也均出自小站时的旧班底。除第一镇因是旗兵，袁世凯不能完全控制外，其余五镇都是袁世凯的嫡系部队。

除了六镇正规军以外，袁世凯又把驻直隶的淮军各营整顿改编为39营，名“北洋巡防淮军”，又称“北洋巡防营”，分为前后中左右五路，以夏辛酉、张勋、李天保、徐邦杰、邱开浩分别统带，驻扎直隶各州县，专用于“弹压地方，缉捕盗贼，以及保护陵寝，巡查铁路、电路”[①]，作为北洋常备军的别动队。宋庆的武卫左军（又称毅军）共20余营，其中各将弁多系袁世凯旧部。1902年宋庆死后，由马玉昆接统，其中8营拨归姜桂题统率，倪嗣冲被任命为营务处长官。至1908年马玉昆死，毅军全部由姜桂题接收，纳入袁世凯的北洋军系统。这样，袁世凯以北洋大臣的身份统领着近10万全副现代化武装的北洋新军，形成了以他为中心的一个庞大的北洋军事团体，为他日后以军事力量操纵政坛、乘辛亥革命之机夺取国家政权奠定了基础。

开办军事学堂

1901年，袁世凯升任直隶总督、移驻保定后，立刻成立北洋军政司，自兼督办。下设兵备、教练、参谋三个处，由刘永庆、段祺瑞、冯国璋分别担任总办。为培养北洋军的各级军官，培植自己的势力，袁世凯在编练北洋新军的同时，于保定又开办了一批军事学堂。主要有：

1．北洋行营将弁学堂。1902年6月开办于保定。督办冯国璋，总办雷震春，总教习为日本步兵少佐多贺宗之，副总教习为日本工兵大尉井上一雄。内设学额120名，其中将领20名，哨官长40名，弁目60名，教以

① 《袁世凯奏议》（下），天津古籍出版社1987年版，第1274页。

新军仪仗队

军制、战法及通信、测绘、数、理、化等课程。这所学堂主要是招募旧军的将官和侍卫等入堂肄业。开办的缘由为：（1）袁世凯认为，“武备学术，途迳纷繁，须学习四年，始可毕业。既毕业后，又须入营历练二年，再入大学堂肄业三年，综计须八九年乃能成材”，实属缓不济急。而设立将弁学堂，“遴选曾经带兵员弁，粗识文字，有志上进者作为学员。酌订章程，选择各种切要学术，督饬肄习，以八个月为卒业之期，业成考选优等，即可酌委军事，虽不若由武备学堂出身者，学博诣精，根柢深厚，然曾经阅历戎行，而所学又皆切要适用，亦堪备目下将弁之选”。[①]（2）开办北洋行营将弁学堂还兼有安置淮军宿将的用意。“其时淮军宿将多若积薪，弃之则无以恤前劳，任之则与新者又格不相入。袁公又建议设将弁学堂，仍一委之公。淮军宿将于于而来，年之高者，且逾六十，武职则至提镇，文职则至道员，且有侍卫一班，以宫禁之虎臣，厕于诸生之列，资望既峻，约束良难。公独刚柔得中，四方材俊，一听公部勒举。”学堂主要抽调直隶淮练各军哨官为学员。同时山东、山西、河南等省也选送官弁来堂学习，故又称“各省将弁学堂”。学堂以8个月为1期，共办4期，毕业学员545人。

① 《袁世凯奏议》（中），天津古籍出版社1987年版，第542—543页。

2．练官营。设于保定，于1902年开办，主要是训练在职军官，分步、马、炮、工四个队。总办冯国璋，帮办张士钰，步队队官李泽霖，马队队官王廷桢，炮队队官张绍曾，工程队队官贾宾卿。冯国璋“遴派教员修明操法，于是北洋旧有之军与新成之军，教练渐归一律”[①]。该学堂开办时间不长，便停办了。

3．参谋学堂。1902年开办于保定，旨在培养幕僚官员。段祺瑞以参谋处总办兼参谋学堂总办。

4．测绘学堂。1902年开办于保定，亦以段祺瑞为总办。吴佩孚即由此学堂毕业。测绘学堂与参谋学堂设在一个院内，同属于参谋处，因此也有测绘学堂为参谋学堂测绘班的说法。

5．北洋陆军师范学堂。1904年底开办，校址设在保定北洋速成武备学堂内，学生是从北洋武备学堂考选100名，改为陆军师范生，学习师范课程，培养各省陆军小学的师资，由军令司副使冯国璋督饬办理。

6．宪兵学堂。于1905年建军于天津塘沽原水师营房，监督为张文元。学员分学员班和学兵班。学员班招北洋陆军速成学堂毕业生及北洋初级军官50名。学兵班招士兵之优秀者百名。聘日本宪兵军官4名为教员，教以宪兵诸学科。1908年12月，该校改隶陆军部，改名为“陆军警察学堂”。

7．马医学堂。创建于1904年12月，校址在保定。首班招生100名，由北洋新军第一、第二、第三镇中保送士兵40名编入速成班学习，另招40名正课生，20名自费生。1907年续招第二班正课生80名。1909年招第三班学生50名，该校正课班学制4年。1908年十二月，第一期正课生毕业，从中选派16名赴日本考察及实习。民国以后该校改名为陆军兽医学校，并继续招生。

8．军医学堂。创建于1902年9月。当时，北洋新军已渐具规模，为培养军医人才，袁世凯即筹建行营军医学堂于天津，并将水师营地拨为该校地基。由于基建颇需时日，就先暂借浙江海运局房舍，1906年新校舍建成，方迁入。1907年增设药剂科。1908年定名为陆军医学堂，未几

① 张一麐：《冯国璋事状》，张伯锋、荣孟源：《近代稗海》（五），四川人民出版社1985年版，第599页。

易名为陆军军医学堂。学堂设医科、药剂两科，分预备、正科两级。医学4年期满，加预备科1年，共5年毕业；药科3年期满，加预备1年，共4年毕业。该校是我国较早设立的医学院校，培养出了不少现代医务人员。它不仅在军队医疗方面而且在社会上也都有着广泛的影响。

9. 军械学堂及经理学堂。1903年开学，由罗开榜任总办，于北洋速成武备学堂内开办，各挑选速成学生40名加以培训，后两学堂与师范学堂一道均属于速成武备学堂，成为其军械班和经理班。

10. 北洋陆军武备学堂。1903年3月20日，袁世凯提出创办新军正规学堂的计划。他上奏清政府，拟建立北洋陆军武备学堂。学堂分为小学堂、中学堂、大学堂三个不同的等级，“合计通筹以十二年为卒业程度”。但他又认为，中国“风气初开，根柢尚浅”，中学和大学，只可从缓建立。“为今之计，惟有赶紧兴办小学，以为造端之基”。同时，另设“速成学堂一区，以为救时之用”[①]。根据这一设想，他于1903年创办北洋速成武备学堂于保定，隶属于北洋军政司教练处。冯国璋以教练处总办兼学堂督办，学制2年，共3期。第一期学员全为北洋六镇中优秀在职军官，第二期学员除继续从部队中招生外，还招选了一些弃文从武的秀才举人和文职军官。该学堂设步、马、炮、工、辎重各科，授以实用军事学术及必要的普通课程。另外还附设有师范班、经理班、军械班等。1905年十二月，第一期学员136人毕业，1906年年底第二期学员342人毕业。该校毕业生特别是第一期生，多受到袁世凯、冯国璋、段祺瑞的重用，成为北洋军的骨干力量，形成了“北洋武备派”的军事团体。

11. 陆军速成学堂。1906年，清廷改兵部为陆军部，将北洋陆军武备学堂收归陆军部管辖，更名为陆军速成学堂，又称陆军协和速成学堂，段祺瑞任学堂督办，郑汝成、赵理泰先后任学堂总办，曲同丰、吴纫礼、何绍贤先后任学堂监督。招生范围也由北方各省扩大到全国。自1907年起，陆军部派留学生都要在此学习，经考察合格后，再派出国。蒋介石、张群等民国年间的重要人物便是从这里上预备班后选送日本士官学校的。

① 《袁世凯奏议》（中），天津古籍出版社1987年版，第750页。

12．陆军军官学堂。袁世凯为便于北洋六镇中级军官深造，又于保定创办陆军随营军官班（又称陆军随营军官学堂），讲授日本陆军大学之课程。1906年，他为把陆军大学堂置于自己的直接控制之下，又以陆军随营军官班为基础，仿日本陆军大学生制度，奏请开办陆军军官学堂，即保定军官学堂，校址设在原将弁学堂。1910年，该校改名为陆军预备大学堂，专门培养高级军事指挥人才和参谋人员。创办时，督办为段祺瑞，监督张鸿逵。1910年，督办改为总办，由张鸿逵继任。该校创办时曾延聘日本大学教官寺西上校、樱井雄图中校任总教官，主持教育计划及重要课程的讲授。其教学内容基本是参照日本陆军大学课程，以战术、参谋业务、后方勤务及国防动员等课为主，分速成和深造两科。速成科1年半毕业，深造科3年毕业。速成科后并于陆军速成学堂。1906年招训的第一期，其学员全为北洋六镇现职军官，毕业71人，其中较著名的学生有陈调元、吴光新、师景云、张敬尧、靳云鹏等人。第二期招训的学员除北洋六镇现职军官外，还有江苏、湖北等地的新军现职军官，毕业72人，较著名的学生有胡龙骧、孙岳、何遂、方本仁等。第三期从全国各省新军中招选百余人。该期学员因辛亥革命武昌起义爆发，而未能毕业。陆军军官学堂是当时中国规模最大、设备最为完善的高等军事学堂。民国后该校改名为陆军大学，北洋军阀政府追认其第一、第二期毕业生为陆军大学的第一、第二期学生。该学堂是我国有史以来建立的第一所高等军事学校。

13．北洋陆军讲武堂。为轮训在职军官，于1906年创办于天津，总办为蒋雁行。袁世凯规定“带队各官，均须分班轮流到堂讲习武备”。额限学员180名，先后举办学员班六班，毕业学员740名。该堂还附设学兵营，由北洋各镇正副兵内录取400名为学兵，“授以浅近兵学暨训练新兵各法”。1年毕业，仍回本镇，为各军队“专备拨充头目之选”[①]。该堂管带先后为卢金山、田中玉，先后毕业三班，共1124名。

此外，袁世凯还创办了电信、信号学堂等。

袁世凯创办的军事学堂，从“为救时之用”而逐步走向完善，从培养带兵勇将而逐步走向培养高层次军事人才，其中北洋军官学堂便是以

① 《袁世凯奏议》（下），天津古籍出版社1987年版，第1328页。

培养“他日将帅之材”[①]为目的，北洋军事学堂在向各地输送人才的同时，又培养了一批才学俱优的留学人员。北洋军事学堂毕业的学生后来有不少在北洋集团内部和民初政坛上取得了极高的地位和权势。虽然这些人获取地位和权势的手段不尽相同，但有一点却是共同的，即在北洋军事学堂所受的早期教育，对他们日后事业的发展有着很大的影响。因此，这些人对他们的主子袁世凯和教习、监督（如段祺瑞、冯国璋）等特别感激，心甘情愿地任其驱使。同时，这些人分布到各军镇后，又几近一致地极力维护着袁世凯，成为北洋班底的重要支柱。

据记载，袁世凯创办的军事学堂，培养出来的出名人物有：

保定参谋学堂：张联棻、师景云、熊秉琦、吴新田、杨文恺、陈调元等人。

保定测绘学堂：吴佩孚、曹瑛等人。

保定速成武备学堂：杨文恺、卢香亭、齐燮元、齐振林、李景林、何恩溥等人。

保定军官学堂：师景云、熊秉琦、吴兴新、马毓宝、张学颜、张荣魁、方本仁、孙岳、唐国谟、胡龙骧、王都庆、李济臣、张敬尧、何遂等人。

北洋行营将弁学堂：李廷玉、刘槐森、刘汝贤等人。

北洋陆军速成学堂：张国溶、刘玉珂、杨文恺、陈嘉谟、刘询、孙传芳、周荫人、唐之道、王金钰、宋邦翰、蒋介石、张群等人。

北洋陆军讲武堂：卢金山、田中玉等人。

陆军大学：李济深、徐永昌、秦德纯、刘光、魏宗翰、崔承炽、熊斌、刘骥、郭松龄、阮肇昌、陈文运、陶云鹤等人。[②]

到了民国初年，这些学员大都脱颖而出，高升为旅长、镇守使、师长、将军、督军的，比比皆是，有的甚至成为当时的北京政府总长、总理，甚至对以后国民党新军阀的形成和混战的历史，都打下了一定的基础。

---

① 《袁世凯奏议》（下），天津古籍出版社1987年版，第1322页。

② 参考张国淦：《北洋军阀的起源》、《清末新军编练沿革》；姜克夫：《民国军事史略稿》（第一卷）；《袁世凯奏议》；来新夏：《北洋军阀》（五）；王吉尧：《中国近代军事教育史》；甘厚慈：《北洋公牍类纂》等资料综合而成。

创建直隶巡警

1900年以前，除了驻华列强盘踞的租界外，中国各地还没有近代意义上的警察。庚子之役后，京城地区的治安相当混乱。出于维护统治秩序的需要，清政府决定兴办警政。1901年9月12日清廷发布上谕，令各省将军、督抚裁撤制兵、防勇，“精选若干营，分成常备、续备、巡警等军”①，推行警政。

对此，袁世凯的反应最为迅速，他抓住这个机会，在各省中率先创办警察。

对于创办警察的原因，袁世凯认为主要有三：第一，国内，“中国自保甲流弊，防盗不足，扰民有余，不得不改弦更张，转而从事与巡警”。第二，国外，“查各国警察，为内政之要图，每设大臣领其事。盖必奸宄不兴，而后民安其业，国本即固而后外患潜销。且国家政令所颁，与民志之从违，可以验治理之得失，而官府所资为耳目，藉已考察舆情者，亦唯巡警是赖”。第三，直隶内部，“直隶自庚子以来，民气凋伤，伏莽未靖，非遵旨速行巡警，不足以禁暴诘奸，周知民隐”②。海口一带，“地处海滨，民俗强悍，大兵之后，人心浮动，伏莽尤多。其海口一带，商旅骈集，海盗出没靡常。联军驻境时，地方官法令不行，亦复披猖无忌，举境骚然”。而天津“尤虑华洋交替之际，非徒乘间思逞，情形较内地尤为紧要，是非举办巡警无以靖地面而清盗源”③。因此，为了扩大发展本集团的力量，镇压人民的反抗，以袁世凯为首的北洋集团决心创设近代意义上的巡警，以达到其所谓的“清内匪”、“治内”的目的。

在上述历史背景和动机之下，袁世凯通过日本驻华公使聘请日本警视厅警官三浦喜传为警务顾问，委派候补道赵秉钧和三浦一起，参照东、西成法，拟定警务章程。经过一番组织筹划之后，袁世凯于1902年，在直隶省城保定首创巡警局，委赵秉钧为总办。该局下辖五个分

① 《袁世凯奏议》（中），天津古籍出版社1987年版，第604页。

② 《袁世凯奏议》（中），天津古籍出版社1987年版，第604—605页。

③ 《袁世凯奏议》（下），天津古籍出版社1987年版，第1055页。

局，东、南、西、北和四关按地段划分，计官警500人。随之，袁世凯又委托赵秉钧建立保定警务学堂，以此作为全省警务的扩张基础。该学堂聘请日本警官充当教习，培训官警，作为“将来可逐渐推广，由省会而遍及外府、州、县”之用。“直隶警务，先自省城试办，以期逐渐推广。学堂实为全省警务基础，先以保属所募巡兵充作学兵，分班练习。”是年8月12日，清廷批准袁世凯创办的警政，令其“认真举办，逐渐推行”[①]。

巡警虽然最先出现于保定，但发展却在天津，事实上筹办保定巡警与筹办天津巡警是同时进行的。由于《辛丑条约》规定，天津20华里之内，不准中国军队驻扎，袁世凯乃“迭径电请外务部，向各国公使磋商”说：“兵力既不能到，惟赖巡警以镇慑而绥靖之。”遂明确巡警不在限制之内。

本来，袁世凯预筹天津巡警非四五千人不可，只是由于“饷源支绌，罗掘为难，不得不立以始基，徐图开拓”[②]。于此乃先行“密挑所部营队三千人，授以巡警管理各法”[③]，编成10个巡警局，于1902年七月以前，先后编练成军，暂驻保定待命。袁世凯在1905年1月4日给朝廷的奏折说：“臣前驻保定即经陆续招募警兵，勤加训练，限以速成……因先招募三千名，编列十局，于二十八年五六月间先后成队，暂住省垣，拟俟地面收回，即分驻要区以资捍卫。”[④]1902年，根据《辛丑条约》，袁世凯以直隶总督身份，从八国联军手中收回天津。暂驻保定的天津巡警2000人也随同到达天津，同时袁世凯委派曾任上海租界巡捕长的王庆年，把都统衙门的“华巡捕”850人收留，组成了天津及沿东海岸的巡警网。袁世凯从保定调来赵秉钧，委为天津巡警总监，并聘请日本警官伊藤次郎为帮办，原田俊三为顾问。赵秉钧在原田和伊藤的指导下，划分区域，清查户口，迅速组成了天津巡警机关。他在天津县城设立南段巡警总局，下设5个分局，每分局各设4区，每局295人。总局直接管辖马巡

① 《袁世凯奏议》（中），天津古籍出版社1987年版，第605页。

② 《袁世凯奏议》（下），天津古籍出版社1987年版，第1056页。

③ 沈祖宪、吴闿生：《容庵弟子记》卷四。

④ 《袁世凯奏议》（下），天津古籍出版社1987年版，第1055—1056页。

队、河巡队、拘留所、备差队、消防队、军乐队和探访队（侦缉队）。探访队队长为杨以德。

杨以德（1873—1944），字敬林，天津人，祖籍山东，落魄盐商的后裔。因在侦探处任侦探员时捕获著名大盗张立三而为袁世凯所闻知与赏识。经袁保荐，杨以德即以知府任用。1906年，杨被袁札派为天津探访局总办，从此，杨即成为袁的心腹，在袁世凯创办直隶警政过程中他出力甚大，日益为袁所重用。

天津设立巡警以后，各方齐声叫好，说自巡警建立以后，“奸宄不行，闾阎安堵，成效昭著，中外翕然”[①]。中西商民“地方渐臻静谧，宵小不至横行”[②]。这些话是出于袁世凯的先知“预筹”，有言过其实之处，然而在社会动荡紊乱之际，巡警对于维持直隶地区的社会治安所起的一定作用，却是可以肯定的。

随着保定、天津巡警的建立与发展，直隶省捕盗营陆续改行巡警制。1904年，清廷又“通饬各省兴办巡警”，北京亦简派肃亲王善耆办理是项新政。直隶各州县亦陆续兴办。直隶总督袁世凯“督饬天津总局道员赵秉钧先从天津四乡办起，以为各属模范”。到1905年全省已设立90余处，其中虽然“大半有名无实”，然而也不乏成效较著者，如南宫县在1907年年初以前，城乡巡警已多达700余人。袁世凯赞许该知县主持警政，“条理秩然”，“地方赖以安宁”，遂奏请奖励。从此，密密麻麻的巡警网遍及直隶全省。

直隶警政由于开办早，推广快，效果佳，规制详，为各省树立了榜样，为各地警政的发展指出了一条可行的道路。清政府由此决定按照直隶的办法加以推广。1902年十月清廷以“袁世凯奏定警务章程，于保卫地方一切甚属妥善”，严谕“各省督抚仿照直隶章程奏明办理，不准视为缓图，因循不办”[③]。这以后，警政才在全国迅速展开。

① 《袁世凯奏议》（下），天津古籍出版社1987年版，第1170页。

② 《袁世凯奏议》（中），天津古籍出版社1987年版，第605页。

③ 朱寿朋：《光绪朝东华录》（五），中华书局1958年版，总4935页。

兴办北洋实业

庚子辛丑以后，清政府推行新政，积极鼓励民间举办实业。作为直隶总督，袁世凯自然不甘心落后他人。他在直隶总督任上有一句著名的名言："官可以不做，实业不能不办。"作为封疆大吏之首，新政期间，袁世凯举办的实业颇有政绩。

1903年10月，袁世凯创办北洋工艺局，作为北洋官营实业之总机关。其宗旨是："通商惠工，扩张实业，挽自有之利源，开小民之生计。"[①]此后，在他的关注下，实习工厂、劝业铁工厂及图算学堂、考工厂、教育品制造所、广仁堂与女工厂、直隶高等工业学堂等官办实业相继成立。在举办北洋官办实业的同时，袁世凯又致力建设民营企业。在他任直隶总督期间，开办的民营企业就有启新洋灰公司、滦州煤矿、滦州矿地公司。当时，北洋实业的规模居全国之冠。

清朝末年，由于京师工商业的发展和户籍人口的不断增加，市民和工业用水也随之增加。加之火灾迭起，因缺乏水源扑救，每年火灾损失浩巨。1907年9月，袁世凯调军机大臣兼外务部尚书，慈禧太后见火灾迭起，问袁"防火有何善政？"袁"以自来水对"，并举荐周学熙"任之"。1908年4月，在袁世凯的指示下，农工商部大臣杨士琦等联名向朝廷推荐周学熙，说他"在直隶历办工艺局厂，成绩昭著"，"谙熟商情，声望素孚"，让他来"总理京师自来水"事宜，必"措置裕如，不负委任"。[②]农工商部在接到慈禧太后同意兴办自来水公司的"谕允"后，决定该公司为官督商办，并让袁世凯"统筹兼顾"。[③]5月，周学熙、孙多森进京，周任自来水公司经理，孙任协理。周学熙等人自1908年5月进京筹建，经过近22个月的精心擘画兴工，至1910年3月正式向北京城厢供应自来水。所建水厂及铺设的管线构成了北京市供水网的初步格局。其产水和供水设施在此后近50年的时间内发挥了重要作用。这是清末北洋集团兴办的近代民用企业中最直接惠民的一个。

---

① 《北洋公牍类纂》卷十六，工艺一，第1页。

② 《北京自来水公司档案史料》，北京燕山出版社1986年版，第1页。

③ 《北京自来水公司档案史料》，北京燕山出版社1986年版，第2页。

以袁世凯为首的北洋集团的这些努力，直接促进了直隶实业风气的形成，使直隶近代工业的发展进入了一个“黄金时代”。有人说，自此以后，学术界人人有工业救国之想，商业界人人有工艺创造之思。此说并非夸张。在1906年直隶举办的为期5天的实业博览会上，参观者达数万人，在当时引起了很大反响。一些富商巨贾，入览之余，不胜感慨，受到鼓舞，当即拟出开办工厂的计划。在1903年至1907年的5年之间，直隶140多个府厅州县中开办的工艺局和工厂即有67处之多，资本总额达库平银42万余两。天津的一些公司成了全国规模最大、影响最远的企业，仅启新洋灰公司就有资本100多万两，年产水泥20多万桶，成了全国最大的建材企业。

袁世凯任直隶总督时期，天津形成了华北商贸集散中心的繁荣局面。当时，“西方之观新政者，冠盖咸集于津”[①]，即使一些当初对于新政曾经责难的人，至此也不能不叹服袁氏首创之功了。从此之后，国家各项有关新政的政策先由直隶创设，再经中央及各省转相仿效，在全国范围内次第推广。朝中的重大决策也一般先通过军机处向袁世凯征询意见。直隶一时成为“新政权舆之地”[②]，时人称袁“作事谋始，奋然兴举，大僚之牵掣，群吏之非笑，一概无所于恤，而一意独行其所是，逮行之有绪，始帖然无异词，而四方之观新政者，冠盖咸集于津，亦皆啧啧于始事之不易”[③]。

中国近代历史上第一个戴有状元头衔的实业家张謇，曾和袁世凯有过半世龃龉，但在1910年的南洋劝业会上参观了直隶馆后，在当天的日记中写道：“颇觉袁为直督之能任事，此人毕竟与人不同，工艺殊有擅胜处，江苏不及也。”后来在他的《自订年谱》中，再次提到了这件事：“观劝业会直隶馆，颇感袁世凯才调在诸督上。”[④]张謇是很有成

① 甘厚慈：《北洋公牍类纂》序，京城益森印刷有限公司铸版，光绪丁未九月初版。

② 甘厚慈：《北洋公牍类纂续编》序，北洋官报兼印刷代绛雪斋书局印，宣统二年夏初版。

③ 甘厚慈：《北洋公牍类纂》序，京城益森印刷有限公司铸版，光绪丁未九月初版。

④ 章开沅：《开拓者的足迹——张謇传稿》，中华书局1986年版，第217页。

就、声望甚高的实业巨子，他的话是能说明问题的。自督直以后，袁世凯在仕途上青云直上，频频升迁；辛亥武昌起义以后，乘机东山再起，重执政坛牛耳，固然得力于他的手腕，但和这一时期他的实业成就在全国造成的影响是不无关系的。

推广新式教育

清末最后10年，袁世凯在直隶地区积极举办教育，主要表现在废科举、办学堂、广游学等方面。这些措施，不仅引起了直隶地区传统教育体制的变革，而且对近代直隶地区的政治、经济、思想文化等领域都产生了比较深刻的影响，袁世凯在清末近代教育发展史上的地位不应抹杀。

袁世凯的教育主张始于甲午中日战争时期的军事教育。这是与他的长期实践阅历及北洋集团的利益紧密地联系在一起的。袁世凯早年接受八股教育，曾几次参加科举考试，除考中秀才外其他均名落孙山。从此，他另辟蹊径，投身行伍，不再注重读书，更谈不上主张教育。甲午中日战争时期，一向被天朝上国瞧不起的蕞尔小国日本，竟将号称强大的北洋海军和湘淮军打得一败涂地。这使袁世凯看到了中国的短处，认识了教育的重要性，他认为为今之计，宜力惩前非，“必须使统将以下均习解器械之用法”[①]。“惟五洲之强弱，视其教育之重轻，经国要图，莫此为巨。”[②]而要提高将士的素质，就要发展新式的军事教育。正是在这样的思想支配下，1896年夏，袁世凯主持的陆军行营武备学堂正式开学。陆军行营武备学堂的开办，是袁世凯早期军事教育思想形成的一个重要标志。

新政时期，袁世凯基本上形成了比较系统的普通教育主张。1901年4月25日，袁世凯在《遵旨敬抒管见上备甄择折》中比较系统地提出了他的关于新政的10项建议。这10项新政建议是：慎号令；教官吏；崇

---

① 中国近代史资料丛刊《中日战争》第五册，上海人民出版社1957年版，第218页。

② 《袁世凯奏议》（下），天津古籍出版社1987年版，第1337页。

1903年，袁世凯(中)视察京师大学堂译学馆，与该馆监督和学官大臣合影

实学；增实科；开民智；重游历；定使例；辨名实；裕度支；修武备。其中6项即与教育有关。“教官吏”即开官智。六部九卿翰詹科道各衙门应精选品学敦实、才识明能者入“课官院”学习“本国史学、掌故、政治、律例以及各国约章公法。一切西政、西史”。“崇实学”即“兴学储才”。整顿扩充京师大学堂，并饬下各行省厚筹经费，仿外国学校章程，多设学堂，“务使僻壤穷乡皆有庠序”。“增实科”即在不废除旧科、“取中定额先行核减二成的情况下，另增实学一科”，使士人学习有用之学，成为有用之才。“开民智”即各省办报馆，于“报端恭录谕旨，中间记载京外各省政要，后附各国新政近事以及农工商矿各种学术”。“重游历”，即派遣官吏出国考察，了解“各国政治学术风土人情，既资以广见闻，亦藉以觇敌势，濡染既久，智慧日生”。“修武备”，即“多设武备学堂，广储将材。凡中外兵法、战法、天算、舆地、测绘、器械以及技艺、工程各学，均须切实讲习”[1]。这篇《遵旨敬

① 《袁世凯奏议》（上），天津古籍出版社1987年版，第268—278页。

岑春煊

抒管见上备甄择折》，是体现袁世凯变法思想的一个重要文献，也是他形成较为系统的教育思想的一个重要标志。同年10月，袁世凯又上《改设学堂酌拟试办章程折》，对创立学校的办法、条规、课程、经费，提出具体意见。

袁世凯在担任直隶总督兼北洋大臣前后，措意于科举制度的废除，进一步完善了他的教育主张。1903年二月，袁世凯以直隶总督的身份联合署理两江总督张之洞，奏请清廷递减科举以图渐次废除。袁世凯提出有计划、分步骤地递减科举，直到最后废除的办法。在形势的推动下，不久，学部大臣张百熙根据袁、张的奏折，提出了具体的措施，计划用10年时间彻底废除科举制度。改革初开，清廷遂颁布《奏定学堂章程》，新的教育制度——癸卯学制应运而生，奠定了中国近代新式教育的基础。

1905年，日俄无视中国主权，在东三省进行战争，这使袁世凯深感忧虑。于是，他会同两江总督张之洞、盛京将军赵尔巽、两江总督周馥、两广总督岑春煊和湖南巡抚端方联衔上奏清廷，向清廷施加压力，要求立停科举，推广学堂。奏中指出："纵使科举立停，学堂遍设，亦必须十数年后，人才始盛。如再迟之十年，甫停科举，学堂有迁延之势，人才非急切可成，又必须二十余年后，始得多士之用。"然而"列强环伺，讵能我待"？必须"毅然决然，舍其旧而新是谋"[①]。清廷最高统治者，在督抚大员们的强烈要求下，不得不改弦更张，发布上谕，废除了在中国社会实行长达1200多年的科举制度。科举制度的废除，打破了以科举选拔官僚体制的格局，有力地冲击了顽固的封建制度，为新式的近代学校教育在中国扎根从制度上扫除了障碍。从此，中国得以在教育方面走出千百年的传统藩篱，开始面向世界，逐步与世界潮流合拍。

① 《袁世凯奏议》（下），天津古籍出版社1987年版，第1187页。

新政时期，在袁世凯的高度重视下，直隶地区的新式教育办得轰轰烈烈，兴学热潮几为全国之冠。

1．普通教育方面。包括初等教育、中等教育、高等教育三部分。1906年袁世凯向清廷奏报已兴办的学堂："北洋大学堂一所，高等学堂一所，北洋医学堂一所，高等工业学堂一所，高等农业学堂一所，初等工业学堂暨工艺局附设艺徒学堂二十一所，优级师范学堂一所，初级师范学堂及传习所八十九所，中学堂二十七所，高等小学堂一百八十二所，初等小学堂四千一百六十二所，女师范学堂一所，女学堂四十所，吏胥学堂十八所，此外尚有客籍学堂，图算学堂，电报学堂各一所。凡已见册报者，入学人数共八万六千六百五十二人，而半日、半夜等学堂不计焉。合诸武备、巡警等学堂以及册报未齐者，总数不下十万人。"① 据学部1907年统计，直隶办有：专门学堂12所，实业学堂20所，优级师范学堂3所，初级师范学堂90所，师范传习所5处，中学堂30所，小学堂7391所，女子学堂121所，蒙养院2所，总计8723所，学生16.4万余人，位居全国第二；而直隶学务资产480万两，则名列各省之冠。又据1909年学部统计：直隶小学堂数目居全国第一位，小学生数目居第二位，中学堂数目和学生数目均居第三位，高等学堂数目及学生数目均居第一位；小学教员毕业于师范学堂和外籍教师均居第一位，中学教员毕业于师范学堂和外籍教员均居第二位，高等学堂教员在本国和国外高等学堂毕业者，均居第一位；劝学所、劝学所总量均居全国第一位。直到民国三四年，直隶的教育还较全国其他各省保持着优势，这与袁世凯督直期间打下的基础是分不开的。

2．官吏教育方面。派遣官员出国学习考察、了解国外近代化事物是袁世凯就任直隶总督后整顿吏治的一项重要内容。同时，又在直隶设立了一系列培训官吏的机构，对官员进行短期和长期的训练，以提高其从政水平。这些培训机构主要有：（1）课吏馆。课吏馆开设有政治、财赋、洋务、河工四类课程。（2）直隶法政学堂。学堂开设有地理学、历史学、教育学、政治学、理财学、交涉学、宪法学、法律学、中国律例学等课程。（3）幕僚学堂。与法政学堂设在一处，情况与法政学堂基

① 《袁世凯奏议》（下），天津古籍出版社1987年版，第1338页。

本相同。（4）仵作学堂。附设于法政学堂。（5）吏胥学堂。（6）北洋法政专门学堂。课程开有：伦理学、中国文学、日德英法语、历史、地理、算学、理化博物、辩学、法学通论、经济原理以及政治、法律诸多专业课程。（7）看守学堂。袁世凯倡设的这些学堂和机构，都在不同程度上提高了官吏的从政水准，开通了社会风气，提高了官员的认识水平，这对于开办直隶新政，促进清末直隶社会全面近代化方面皆起到了不可估量的作用。

3. 师范教育方面。直隶省的师范教育开始于1902年，这与袁世凯的努力兴办有着很大的关系。1902年，袁世凯奏请在保定创办师范学堂，招收各州县举贡生员为学生。分设完全、专修、简易3科。因各地亟需教师，便分设半年、1、2、3年毕业四斋。[①]次年扩大学额达600人。1905年后保定师范学堂又分为优级、初级两科，学制分别为5年和3年。1906年，袁世凯又在天津设立北洋师范学堂，同时设立的还有北洋女子师范学堂等。为了尽快培养出大批初等教育师资力量，1905年，直隶学务处饬令各府及直隶州、厅设立初级师范学堂，培养高小和初小教员。各县设立师范传习所，专为培养初小教员，是一种短期训练班。至1907年，直隶全省各府州县设立的师范学堂以及传习所已经达到89所，学生4335人。[②]这种成果初步缓解了直隶师资严重缺乏的问题，这是清末直隶新式教育能够得到迅速发展的一个重要因素。除上述学校外，以袁世凯为首的北洋集团还先后在天津、保定、滦县、邢台开办了省立第一、第二、第三、第四师范学堂。到1911年，直隶省立师范学堂已经共有6所，1912年学生已达1432人。这些师范学堂的开办，为直隶、鲁、豫、晋、奉天诸省培养了大批师资，这对于推动清末直隶及其他地区的新政事业，无疑起了极大的作用。

4. 留学教育方面。从1902—1908年袁世凯取得清廷“恩准”向日本派遣军事留学生达1000多人，这些留学生后来成为北洋团体的骨干力量。1902年，袁世凯又选派学习师范的学生20名赴日本学习师范教育。1904年选派直隶官绅50人赴日本法政大学速成科肄业，1906年“均经毕

---

① 《袁世凯奏议》（中），天津古籍出版社1987年版，第581页。

② 《东方杂志》，第4年，第11期。

业先后回国”[1]。“直隶游学官绅士人，经臣（袁世凯）先后派遣官费、自学各学生计一百数十人。”[2]这些留学生回国后，一方面在一定程度上缓解了清末直隶地区新式人才不足的问题，另一方面也对袁世凯所举行的北洋新政起到了非常重要的作用。

5. 实业教育方面。在清末直隶新政中，实业教育也占有一定的地位。袁世凯在直隶开办的全省初等工业学堂及工艺局所、农业小学堂、商务半夜学堂即达24所，培养学生达616人次。另外，新政期间开办的实业学堂比较突出的还有1905年恢复开办的山海关内外路矿学堂，1906年天津商会创办的天津中等商业学堂，同年开办的保定商业学堂以及前面提到的直隶高等工业学堂、直隶高等农业学堂等等。

6. 其他教育方面。新政期间，直隶地区的简易教育也有了很大的发展。到1907年，直隶的简易学堂已经达到了22所，学生共1389人。[3]另外，1905年严修创办的保姆讲习所和蒙养院，也成为直隶省幼儿教育之始的典范。

袁世凯受新潮流的影响，在清末新政时期大力发展新式教育，致力于在各方面培养所需要的人才。这些教育主张及其实施的结果，不仅为袁世凯造就了大批法政、教育、实业等方面的人才，而且使其政绩在新政时期又如中天之日，为天下所观瞻，从而为袁世凯积聚了雄厚的政治资本与声望，为他在辛亥革命时期夺取全国政权，带领北洋集团从地方走向中央，打下了坚实的基础。

① 《袁世凯奏议》（下），天津古籍出版社1987年版，第1469页。

② 《袁世凯奏议》（下），天津古籍出版社1987年版，第1161—1162页。

③ 《东方杂志》，1907年，第11期。

第八章　袁世凯第八次人生抉择

——丙午年袁世凯的抉择：问鼎中央的尝试

官可不做，法不可不改

——袁世凯

五大臣奏请立宪

清末新政是在庚子事变的危机条件下出现的，出发点是为了挽救清王朝的统治危机，达到国家富强自救的目的。在新政浪潮中，丙午、丁未、戊申三年成了官制及法制大调整时期。此时此刻的袁世凯及其北洋集团，在很多场合和时候，能窥测时潮的趋向，切合时宜地注重兵农工商方面的实务。袁世凯身为军人，却甚懂政治，有较为丰富的行政经验和实干作风，僚属中也不乏受过西式教育的秘书、顾问及具体办事的人员。尽管袁世凯本质上是地道的旧派人物，但和顽固派相比，他有时又似乎相当新派。正因为如此，他与集团部属才会不失时机地借势壮大，并赢得了国内立宪派人士、朝野旧式官僚及其西方列强的好感，积累了雄厚的政治资本。在新政这一过程中，袁世凯利用担任直隶总督并兼八大臣①这些重要职务之便，以直隶为基地，积累了丰富的政治、经济、军事与外交经验，发展和壮大了自己的势力。

① 八大臣是：参预政务大臣、会办练兵事务大臣、办理京旅练兵大臣、督办电政大臣、督办山海关内外铁路大臣、督办津镇铁路大臣、督办京汉铁路大臣、会议商约大臣。见袁世凯：《恳准开去各项兼差折》，《袁世凯奏议》（下），天津古籍出版社1987年版，第1418页。

1906年7月，出使各国考察政治大臣载泽、端方、戴鸿慈等人先后回国，向清廷汇报考察情形，奏请改订全国官制，以为立宪预备。而改订官制的第一条就是“宜略仿责任内阁之制，以求中央行政之统一”。折中写道：“查东西各国无不有责任内阁。责任内阁者，合首相及各部之国务大臣组织一合议制之政府，代君主而负责任者也。盖中央政府实一国行政之总枢，一切政策从兹出焉……中国内阁昔为枢要，今如闲曹，比之各国固不同矣。军机处虽有类各国之内阁，然对于上则仅备顾问，对于下则未受责成，考其职权，只略如各国之枢密顾问院耳。”①

从历史上看，皇权与相权的矛盾是中国封建中央集权专制体制中最主要的一对矛盾。从法理上讲，专制之意就是将权力授予一人的一种治国方式，即国家的一切大事由君主一人裁决。但是国家之大、事情之多不是凭专制君主一人的精力来日理万机就能够解决的，于是便有了“助理万机”的宰相的设置。但皇帝和宰相在分权的概念上是模糊的，虽也有权相将皇帝置于傀儡地位的事实，但从总的发展趋势上看，皇权是朝着扩大并膨胀的方向发展，相权则一步步缩小，到明清时，被公然视作君权的对立物而从制度上加以消灭。皇权的不断强化虽然维护了皇帝对行政权的独揽和国家的统一，但却妨碍了大臣积极性与主动性的发挥，造成国家机器运转的迟缓和行政效力的低下，整个行政系统的活力因而大为下降。

中国历史上的君相权力之争，到明代时终以君权的绝对胜利而告终，其标志就是内阁制度的设立。清沿明制，仍设内阁，而其职权仅票拟诏旨，而不是如汉唐秉钧执政之宰相。雍正朝后军机处逐渐代替了内阁的枢要地位，然而军机处只供传述缮撰，军国大事丝毫不得赞画于其间，除承旨办事外，并无任何独立职权，君主专制至此达到了极点。

君权的膨胀必然导致相权的萎缩，并直接破坏国家政治体制的正常运行。梁启超曾说：“始也，欲以一人而夺众人之权，然众权之繁之大，非一人之智与力所能任也，既不能任，则其权将靡散堕落，而终不能以自有。虽然，向者众人所失之权，其不能复得如故也，于是乎不知

① 《出使各国考察政治大臣戴鸿慈等奏请改定全国官制以为立宪预备折》，《清末筹备立宪档案史料》（上），中华书局1979年版，第368页。

权之所在。”[①]在专制政体下，集权与无权总是相伴而生。出使德国大臣杨晟在总结“无权”之害时写道：“天下之大，万机之繁，上达下逮，岂能无喉舌之司，莞摄关键之地。于是内阁之制起，而未尝有统摄指挥之能力，狡悍则百官趋附其私，暗弱则小人盗窃其后。即有英才奇俊，优荷宠任，而发一策，建一议，犹虑牵制百出，不得达其目的，竟其事功。而六部之对抗分立，各不相谋，但能自治其本部亦已幸矣，何暇谋及全体，统筹全局，政治之弊，于斯为极。”[②]弊极求治，而求治之途，就在于改变君权过于膨胀导致的大臣尸位保禄、阉然伴食的僵化政治体制，使内阁有“统摄指挥之能力”，真正担负起行政中枢的责任。在20世纪初年，中国已不可能向秦汉时的丞相制复归，也不可能回到明朝权力尚大的内阁制去，而只能是效仿西方建立近代意义上的责任内阁制度。这即是五大臣回国后向清廷建议改制的用意所在。

五大臣归国后，以建立责任内阁制度为核心的官制改革要求迅速高涨起来。

袁世凯看到了机会

1906年8月，上谕派员编纂官制，袁世凯、徐世昌等人被列为编制大臣，庆亲王奕劻则是“总司核定”的三人之一。

庆亲王奕劻身为王室宗亲，又位在朝臣之首，掌核定之权自然名正言顺。值得注意的是，编制大臣中只有袁世凯一人为地方督抚，而同是封疆大吏的张之洞、端方、岑春煊等却只能是选派司道大员来京，随同参议，从中不难看出袁氏在两宫眼中的特殊地位。陶湘（袁的政敌盛宣怀的得力亲信）在《齐东野语》中谈到袁世凯入京背景时说：“本初（袁世凯）素来手段尚专制，午公（端方）性实守旧，泽（载泽）在青年，李（李盛铎，是出洋考察宪政五大臣之一）眷甚微，戴（戴鸿慈，是出洋考察宪政五大臣之一）、尚（尚其亨，是出洋考察宪政五大臣之

① 吴嘉勋、李华兴：《梁启超选集》，上海人民出版社1984年版，第31页。

② 《出使德国大臣杨晟条陈官制大纲折》，《清末筹备立宪档案史料》（上），中华书局1979年版，第394页。

一）固无论也。中央各领袖者毫无成见，成北（徐世昌）善事周旋，善化（瞿鸿禨）乃见机之流，定兴（王文韶）安于聋聩，荣（荣庆）、铁（铁良）守旧，而铁则铮铮。所以上下均以立宪持议者，实为上年炸弹所逼，况目今排满之横议频兴，始说立宪以息浮议……当端、泽等将回之际，众心共有一更变之举动，深勒脑筋，报纸持议尤甚。近年来，内廷阅报，意亦游移。后来端等先后回华，莫不以变法敷陈，持论痛切，两宫动容。向来疑难之事多取决于本初，荣、铁先期发电，请本初平议。讵意本初尚新更甚，两宫更无主意。”从这段话中我们可以看出：第一，两宫对于变法问题犹豫不定，一无主意。变法立宪是变革祖制的大事，一向专断的慈禧太后一面想保住满洲贵族的特权和自己的地位，另一方面对革命党汹汹之势却又不能不做出让步，以消弭革命，为此竟然“宵旰忧勤，真至废寝忘食”，甚至流露出了“我如此为难，真不如跳湖而死”[①]的哀叹之语。第二，袁世凯确实是朝野上下举足轻重的人物，所谓“疑难之事多取决于本初”，甚至权势如荣庆、铁良者也需要事先探听一下他的口气。显然，在这一次变革官制的活动中，袁世凯的行动也势必会影响到清廷的决策。

胡思敬在《大盗窃国记》中说：“孝钦自西巡后，不敢坚持国事，见五大臣疏踌躇莫决，急召世凯入商。”[②]

正是在这种形势下，袁世凯踌躇满志地来到了北京。陶湘在谈到袁世凯入京的背景时又说：“当七月初以前，京津秘使往来甚繁，本初向来大权独揽，所发莫不中的。今‘立宪’二字，上既动摇，以为此种好机会，略一布置，即可成功。在津即预计到京后如何入手，如何改官制。官制改，则事权亦更，数百年之密网，一旦可以廓除。意中自许如此，手下人等莫不相许如此，枢府亦料彼必如此，领袖更随声附和，报纸又竭力怂恿，惟恐彼不如此。不过报纸之意见与彼之心迹相背耳。”[③]

① 陈旭麓等：《辛亥革命前后——盛宣怀档案资料选辑之一》，上海人民出版社1979年版，第28—29页。

② 胡思敬：《大盗窃国记》，《退庐全集》，台湾文海出版社1970年版，第1353页。

③ 陈旭麓等：《辛亥革命前后——盛宣怀档案资料选辑之一》，上海人民出版社1979年版，第28页。

官制改革，实际是进行一次权力再分配，即所谓“官制改，则事权亦更”，它为各种政治势力的发展壮大均提供了机遇和可能。各派政治力量无不力图把握和运用这一机会。袁世凯久历宦海，自然深通此道。在当时，君主为与袁世凯积怨甚深的光绪皇帝，君权的加强只能是光绪皇帝权力的加强。一旦光绪帝东山再起，袁世凯势必岌岌可危。而要保住自己，只有削弱光绪皇帝的权力；而要削弱光绪皇帝的权力，就首先要削弱君权；而削弱君权，又正是成立责任内阁的目的。对于此事，胡思敬在《沈病国书》中就一针见血地指出：“北洋（指袁世凯）追念戊戌往事，知孝钦宴驾之后必不容于德宗，因内结奕劻，外煽新党，思藉立宪之名，剥夺君权尽归内阁。乙已派五大臣出洋，丙午大更官制，皆一人之谋也。”①

另一方面，当时朝中领袖为庆亲王奕劻。庆王为人庸鄙，毫无远见，而素贪财物，袁投其所好，早已将其收拾得言听计从。因而，举奕劻为责任内阁总理，提高奕劻的地位，实际上可以扩大袁自己的权势，巩固自己的基础。这就是所谓“彼之心迹”。陶湘说：“然本初另有深意，盖欲借此以保其后来。”可谓一针见血。为此，袁世凯一改旧风，竟然“尚新更甚”，有“官可不做，法不可不改”，“当以死力相争”之语，甚至有吓唬和利诱两宫“若不及早图维，国事不堪设想”，“有如此贤主在前，乃国家之福”等语，②俨然慷慨激昂，“一时气焰可想而知矣”。而袁世凯所以死相争的，就是成立责任内阁。但袁世凯为自己所设计的责任内阁，既不像英国的内阁对国会负责并受其监督，也不同于日本明治维新时的内阁，起辅弼天皇执行政务的作用。他的内阁，一方面要脱离国会的监督，另一方面又要侵夺皇帝的大权，因此，它实际上是一种力图达到私人目的的独裁主义的内阁，是袁世凯企图揽权归己，最终达到取清廷而代之的目的之手段。

---

① 胡思敬：《沈病国书》，《退庐全集》，台湾文海出版社1970年版，第1269—1270页。

② 陈旭麓等：《辛亥革命前后——盛宣怀档案资料选辑之一》，上海人民出版社1979年版，第28—29页。

官制改革中的争斗

建立责任内阁，已有戴、端等人鼓吹于前，而各地报纸更是“竟力怂恿”。依靠舆论之力，加上奕劻的支持、端方等的响应，本来就大权独揽的袁世凯在官制编制局中更是“气概如虹”，“主张最多”，而“全案皆其一手起草”，[①]当时在成立编纂官制馆时，慈禧太后特派袁世凯与载泽、大学士世续、外务部会办大臣大学士那桐、荣庆、载振、内务府大臣奎俊、铁良、理藩部尚书善耆、户部尚书张百熙、戴鸿慈、巡警部尚书政务大臣徐世昌等14人共同编纂官制，新任闽浙总督端方亦预会，另令湖广总督张之洞、两广总督岑春煊、两江总督周馥和各部派遣代表参预会议，而以奕劻、瞿鸿禨、孙家鼐三军机为总司核定大臣。在上述人员中，奕劻父子、徐世昌均为袁世凯的掌中人物，端方、张百熙、那桐、世续也是袁的追随者或同盟者，载泽与铁良有隙，袁乃拉拢载泽以为己用。与此同时，编制馆的办事员，全为袁的僚属所占有，杨士琦与孙宝琦为提调，吴廷燮、金邦平、陆宗舆、章宗祥、张一麟为起草委员，[②]王士珍、朱彭寿等参预议论，可说是清一色的袁党。这样，袁世凯就成为官制草案的实际制订者。10月稿成，庆亲王奕劻将中央各衙门官制改革情况缮单进呈两宫，其中行政部分定为：“行政之事则专属之内阁各部大臣。内阁有总理大臣，各部尚书，亦均为内阁政务大臣，故分之为各部，合之皆为政府，而情无隔阂。入则参阁议，出则各治部务，而事可贯通。如是则中央集权之势成，而政策统一之效著。”[③]这正是袁世凯所“以死力争”的责任内阁制。而奏折尚未批下，袁世凯就已定好了阁部名单。陶湘说：“本初定议总理一人，属现在之领袖……九公与彼为副理。”[④]领袖指奕劻，九公指军机大臣瞿鸿禨。瞿鸿禨为清流

① 张国淦：《北洋军阀的起源》，《北洋军阀史料选辑》（上），中国社会科学出版社1981年版，第61页。

② 胡思敬：《大盗窃国记》，《退庐全集》，台湾文海出版社1970 年版，第1354页。

③ 《庆亲王奕劻等奏厘定中央各衙门官制缮单进程折》，《清末筹备立宪档案史料》（上），中华书局1979年版，第464页。

④ 陈旭麓等：《辛亥革命前后——盛宣怀档案资料选辑之一》，上海人民出版社1979年版，第30页。

控制清末政权近半个世纪的慈禧太后

党，素与庆、袁针锋相对。从内阁这三驾马车来看，庆、袁一气相通，而庆又对袁言听计从，因此实权稳操在袁世凯之手，瞿氏不过伴食而已。这是瞿鸿禨不愿也绝不能答应的，于是暗思抵制之方。而此时铁良因力主中央集权，伸满抑汉主义，担心汉族官僚袁世凯的势力凌驾于满族诸亲贵之上，也千方百计地拆台。瞿、铁于是携手，结成了对抗袁世凯官制改革的联盟，并开始下手从事反对活动。

很快，奏折批下，结果大出庆、袁意料之外。旨云："军机处为行政总汇，雍正年间本由内阁分设，取其近接内廷，每日入值承旨，办事较为密速，相承至今，尚未流弊，自毋庸复改。内阁军机处一切规制，著照旧行，其各部尚书均著充参预政务大臣，轮班值日，听候召对。"[①] 仅备顾问的军机处与君有着直接的关系。军机不去，君权难削；而总理大臣不设，内阁也就依然有名无实。然而，上谕以"尚无流弊"、"著照旧行"，如此就将袁世凯的设计全盘推翻了。

应当看到，在改革官制问题上，慈禧太后并不像某些论著所说的

① 《裁定奕劻等覆拟中央各衙门官制谕》，《清末筹备立宪档案史料》（上），中华书局1979年版，第471页。

"从一开始就缺乏诚意"。在"众心共有一更变之举动"的环境下，特别是在五大臣"破釜沉舟、剀切陈奏"的影响下，"两宫大为之动容"，想有一番作为，这从朝中人事安排可以看出来。人事的一个变化是袁世凯的入京。如上所述，袁世凯早已表现出"尚新更甚"的姿态，却是唯一被调入京的地方督抚，到京后又被"连召四次"，可谓宠遇有加；与此相反的却是荣庆等人的地位变化。袁入京前后，两宫已决定"由瞿拟旨，御前会议时，不准荣、铁、孙、王数人与闻"。时荣庆、铁良入值军机，孙家鼐、王文韶为内阁大学士，皆为朝中重臣。铁良更是司户部，掌军务，被袁世凯讥为"大权独揽"。在官制改革中，"荣、铁守旧"，孙、王顽固，两宫决定在讨论改革方案时不准四人与闻，无疑是为了排除改革的障碍，可谓用心良苦。

瞿鸿禨所拟之旨已定于8月28日颁发。但在这时，问题发生了。8月26日袁世凯入京后，立即联合庆亲王奕劻面参四人中权力最大的铁良。陶湘记其经过为："北洋召见时，面参铁谓'若不去铁，新政必有阻挠'，且谓铁揽权欺君。慈圣未加可否。上则笑容可掬，默不一言。北洋出，邸堂单进，亦附和北洋，力言铁之不是……慈圣谓，铁尚无大过；邸则称，铁为聚敛之臣。据说已由瞿拟旨，御前会议时，不准荣、铁、孙、王数人与闻。而此谕计算初九即应颁发。后因邸、袁相继面参铁，此旨即留中。"袁、铁二人俱掌兵权，袁参铁"揽权欺君"，却使两宫警觉起来；而奕劻附和袁世凯之后，"力言铁之不是"，更使慈禧太后对庆、袁关系及袁的真实意图产生了疑问。本来，从新政角度出发，两宫已决定令铁出值，但"揽权欺君"的铁良一去，朝中能"揽权欺君"的就只剩下袁氏一人了，这对君权威胁无疑更大。精于平衡之术的慈禧太后立即改变主意。留下荣、铁以牵制袁世凯，防止可能出现的专权局面。

两宫态度的转变很快被瞿、铁二人所察觉，他们迅速利用了这一机会，立即组织攻击。

第一步，授意言官，交章弹劾。陶湘写道："此际忽有人严劾疆臣揽权，庸臣误国。慈圣于枢廷召对时将折发阅，即碰首请发政务议。慈圣谓：'此又何必？'即时收回留中。各官闻之，乘隙交劾，共几十余次。上意大回。”[①]疆臣指袁世凯无疑，而庸臣当指奕劻。当时梁鼎芬入觐，弹劾袁、庆时说：“（世凯）权谋迈众，城府阻深，能陷人又能用人，自得奕劻之助，其权威遂为我朝二百年满汉疆臣所未有。引用私党，布满要津，我皇太后、皇上或未尽知。”嗣是纠弹袁世凯及庆亲王奕劻父子，连上八疏不止。[②]报载：“裁都察院之议起，台谏人人自危，加以枢垣各有所授意，谓上头意思，本来活动，尔等有话只管说。于是，参奏改制每日必数起，皆发交编制大臣阅看，大旨皆攻破组织内阁之说，绝无一折为改革党之助者。”

第二步，挑唆内监，向慈禧请愿。传闻在讨论官制时，袁世凯曾倡议裁去太监，瞿、铁遂鼓惑李莲英等人从中作梗。“一日，太后出，太监百余人环跪哭求，谓外间均欲逐去奴才等，乞老佛爷念奴辈服侍已久，开恩赐留。太后惊诧，谓我未听见有此话，他们必须逐去尔等，是太与我过不去。此亦阻力之一大原因也。”[③]

第三步，亲自出马，在太后面前诋毁袁世凯及新官制。铁良性情暴烈，自宣布立宪以来即与袁公开为敌，不特于根本上大相反对，即枝叶事亦各持异议。甚至向慈禧太后密奏袁世凯遇事跋扈，广布羽党，各省要差，皆其私人，存心叵测，若不早为限制，满人势力必不能保全等语，提醒慈禧太后加以提防。瞿鸿禨表面上对新官制草案不加可否，背地里却向慈禧太后密陈，说什么责任内阁成立，一切大事均由国务会议决定，皇太后将大权旁落，以此来激怒权势欲极强的慈禧太后。

第四步，将袁世凯的有力帮手满人官僚端方调出北京，分化袁党势力。端方自欧考察归国，志高气盛，有取代瞿鸿禨外务部尚书之心，值“宪法议起，与项城同在都城，会定官制，互相标榜”[④]。“铁良因取中旨，出端方为两江总督，以孤其势。”[⑤]瞿、铁的明枪暗箭，确使奕劻、

---

① 陈旭麓等：《辛亥革命前后——盛宣怀档案资料选辑之一》，上海人民出版社1979年版，第26、29—30页。

② 萧一山：《清代通史》卷四，华东师范大学出版社2006年版，第876页。

③ 《时报》，1906年11月8日。

④ 刘体智：《异辞录》（卷四），中华书局1988年版，第198页。

⑤ 胡思敬：《大盗窃国记》，《退庐全集》，文海出版社1970年版，第1354页。

袁世凯受到了很大的打击，最根本的是太后从此对袁世凯起了疑心，并且否决了袁世凯的责任内阁方案。权臣无忌，为非作歹的事例并非没有，而袁世凯显然不是忠臣之辈。两宫深恐袁从此把持朝政，致使太阿倒持，自己求为长安布衣而不得，乃“上意大回”，而袁世凯尚不察觉。陶湘写道：“闻七月中有日，卧雪（指袁世凯）召见时，慈圣云：‘近来，参汝等之折有如许之多，皆未发出。’照例应碰头，而卧雪以为系改官制之参折，即对称：‘此等闲话，皆不可听。’慈圣色为之变。后来领袖进去，慈谕：‘某臣如此，将何为？’适其时卧雪欲督办东三省、豫、东、直等省训练事，慈更生疑，渐用防范之策。卧雪当日闻信，惶恐无措，竭力设法周旋，不能了无痕迹矣。”[①]又一回，“太后问袁：‘官制何以久未定稿？’袁谓：‘意见纷歧，不易一致。’太后曰：‘那怕什么？你有的是兵，不会杀他们么？’”[②]猜忌之心，已溢于言表。

官制改革本来是为了提高行政效率，改善中央机关的运行，并为立宪打下基础。但袁世凯意图的过早暴露却使得改革从此超出了新政的范围，而与权力问题纠缠在一起。尽管在革命党的威胁下清廷开始了改革，但此时最现实、最直接的威胁却是来自袁世凯。为了消除腹心之患，慈禧太后宁可抛弃原来的改革目的。实际上，越到后来，权力问题越取代“仿行宪政”，而成为两宫裁订官制的出发点。在权力这个问题的干扰下，改革已不能顺利进行下去。组织责任内阁是“弊极求治”的一个方案，但既然责任内阁方案已是袁世凯力图揽权的工具，那么对权力更加敏感的慈禧太后就会一改“疑难之事多取决于袁”的传统，断然否定责任内阁，而代之以另外的方案。这样，立宪改制之举，也就只能“始而恢张，继无消息，终成敷衍”[③]了。

与袁世凯的责任内阁方案相反的是瞿鸿禨、赵炳麟的“保留军机”

① 陈旭麓等：《辛亥革命前后——盛宣怀档案资料选辑之一》，上海人民出版社1979年版，第34页。

② 张国淦：《北洋军阀的起源》，《北洋军阀史料选辑》（上），中国社会科学出版社1981版，第62页。

③ 陈旭麓等：《辛亥革命前后——盛宣怀档案资料选辑之一》，上海人民出版社1979年版，第28页。

方案。瞿为军机，赵为御史，二人同属清流党人物，与被称为“浊流”的庆、袁素不相能。所谓官制改革中的斗争实际上就是“瞿挟台谏及朝野清流以自重，袁则内倚亲贵而以外交、军事为后援。太后则操纵其间，自矜智术”造成的。[①]申君在《清末民初云烟录》中说：“‘大权统于朝廷，庶政公诸舆论’，这是光绪末年清廷‘预备立宪诏’中人所共知的‘名句’，对反对立宪而又不得不抬出立宪幌子骗人的顽固派来说，确是匠心经营的得意杰作。这一谕旨出自当时军机大臣瞿鸿禨的手笔，而在这后面还有一段瞿与袁世凯相互倾轧的故事。”[②]袁案提出后，赵炳麟即上疏逐条批驳，认为若据此推行，“恐大权久假不归，君上将拥虚位”，“颠覆之忧，将在眉睫，此固非朝廷之福”。为此他提出：“其内阁、军机处，无论归并与否，并易何种名称，应暂仍旧制，以为承旨传宣之地位，不作总挈行政之枢机。”[③]以“恐大权久假不归”来抨击袁氏方案，的确击中袁世凯的要害，而赵炳麟提出的内阁、军机照旧无疑迎合了一心想防范袁世凯的清廷。与赵炳麟相呼应的瞿鸿禨又利用“总司核定”的有利地位，将袁世凯起草的方案“颇有裁正”[④]。所谓“裁正”，就是在奕劻所进缮单中，加上一句：“或改今日军机大臣为办理政务大臣，各部尚书均为参预政务大臣，大学士仍办内阁事务。虽名称略异，而规制则同。”[⑤]寥寥数语，在整个奏折中很不起眼，但它却给两宫以从容选择的机会。9月8日上谕下，“竟采鸿禨之议，仍用军机处制”。

① 张国淦：《北洋军阀的起源》，《北洋军阀史料选辑》（上），中国社会科学出版社1981年版，第62页。

② 申君：《清末民初云烟录》，四川人民出版社1984年版，第22—23页。

③ 《御史赵炳麟奏新编官制权归内阁流弊太多折》，《清末筹备立宪档案史料》（上），中华书局1979年版，第442、443页。

④ 《清史稿》，卷四百三十七，瞿鸿禨传，中州古籍出版社1996年标点本。

⑤ 《庆亲王奕劻等奏厘定中央各衙门官制缮单进呈折》，《清末筹备立宪档案史料》（上），中华书局1979年版，第465页。

受挫

采纳瞿氏方案，否定责任内阁，并不单纯是一个方案之争，它标志着“疑难之事多取决于本初”、袁“大权独揽”的时代已经过去。这对于袁世凯无疑是一个沉重的打击。瞿氏又趁机引荐广西巡抚林绍年入军机，作为助手，使其地位更为巩固。又新官制主中央集权，规定外交、财政、军事及轮电路邮归各部管辖，勿得兼差，袁世凯不但没有借改制之机扩大权势，改制后，却落得个“兼差尽行撤去”[①]的下场。更甚的是，清廷进一步借改制之名，要求袁将北洋六镇全部归入陆军部。袁世凯颇不甘心。奏请“所有第二、第四两镇拟请仍归臣统辖督练”。而谕批“现在各军，均应归陆军部统辖。所有第二、第四两镇著暂由该督调遣训练”。[②]一为“督饬”，一为“暂归”，陶湘说：“设非主上生疑，何至如此？”可知袁的窘迫处境。

另一方面，对于清廷来说，否定袁世凯的责任内阁制度，又是排挤汉族官僚政策的开始。丙午改制是排汉政策之发端，而施行这一政策的首先就是慈禧太后本人。近代以来，掌国政者多为汉人，如曾国藩、李鸿章，皆在朝政中起着举足轻重的作用，而袁世凯在丙午以前也是权倾朝野的人物。但丙午改制中袁“颇露跋扈痕迹，内廷颇有疑心”，尤其是北洋系从1895年发轫，10年之间，从一单纯的军事集团迅速膨胀成为政治、经济、军事、外交、文教无不囊括、有清一代前所未有的庞大军事官僚集团的事实更不能不让慈禧看到危机。君权与臣权是一对此消彼长的天然矛盾。对北洋势力坐大、统治集团内部权力结构演化这种状况，最高统治者当然不会漠视，于是乃渐对汉人施行防范之策。最明显的一点就是新政府的人事安排。陶湘说：“财政、兵权只陈雨苍汉人，此中大有深意。陆军侍郎本拟士珍，及见明文，乃系荫昌。虽令王署，

① 陈旭麓等：《辛亥革命前后—盛宣怀档案资料选辑之一》，上海人民出版社1979年版，第31页。

② 《陆军各镇请分别归部留直统辖督练片》，《袁世凯奏议》（下），天津古籍出版社1987年版，第1419—1420页。

总使汉族无兵权耳。”[1]由此可见，丙午改制时，宣统排汉之局，实已埋下引线。李剑农在《戊戌以后三十年中国政治史》一书中曾经认为：“清朝贵族的精神，不外‘排汉的中央集权’。他们知道立宪的潮流是不可遏止的，但是看见督抚势力如此之大，汉人的政治能力和人数又超过满人很远，倘若真正立宪，满人将全被汉人所宰制，于是只有假立宪之名，行中央集权之实；又假中央集权之名，以行排汉之实。”这个结论是有一定道理的。

客观地说，身为汉族的袁世凯与满族亲贵以及为维护满人朝廷统治的一些汉人官员之争，在一定程度上也确实反映了清朝统治集团内部的始终存在的民族矛盾。在此之时，以汉族为主的革命党日益发展，以汉族为主的民族资产阶级要求立宪的声浪的日益高涨，都严重地威胁着满族贵族的统治，使他们对汉族官僚猜忌心也日益加重。统治集团中满汉之间的矛盾有增无减。在签订《辛丑条约》的阵痛过去以后，这种矛盾又有所增加，而袁世凯大权独揽，北洋汉人私人集团势力又日益壮大，必然会引起满族少壮贵族载沣、铁良、良弼、善耆等人的强烈不满，从而企图夺取袁世凯的权力，削弱北洋系的势力。随着北洋集团势力的日益壮大，袁世凯的专横跋扈之迹也就不可避免地逐渐显露出来，从而引起极峰的警觉。这种矛盾在丙午改制时，便发展到了顶峰，不能不出现一场此增彼消的权力斗争。而这一权力斗争又与瞿鸿禨等人为维护清廷统治、削弱袁世凯的权力，而站在满族贵族一边共同排袁而显得更加复杂化。从更深层面来看，清廷在官制改革者中所以要削弱以袁世凯为代表的汉人督抚的军权，还有着更深刻的原因。“地方官制中的督抚问题，是清政府的生死问题，也是中国国家组织一个最难解决的问题。当时日本某报纸评说：‘欲决清国之立宪问题，不可不先决督抚制度之存废。今之督抚，事实上为副王，此制不废，中央集权之事不得告成功，则不外模仿联邦制度而已。铁良与袁世凯之相争，即为关于此根本问题。”[2]

① 陈旭麓等：《辛亥革命前后——盛宣怀档案资料选辑之一》，上海人民出版社1979年版，第34、31、30页。

② 李剑农：《戊戌以后三十年中国政治史》，中华书局1965年版，第65、69页。

从本质上讲，袁世凯无疑是抱着个人目的来利用这一次改革的。赵炳麟斗争的直接矛头就是针对袁世凯的政治野心。对此，他说得非常明白："直隶总督袁世凯自戊戌政变与皇上有隙，虑太后一担升遐，必祸生不测，欲以立宪为名，先设内阁，将君主大权潜移内阁，已居阁位，君同赘疣，不徒免祸，且可暗移神器。"[①]"立宪精神全在议院，今不筹召集议院，徒将君主大权移诸内阁，此何心哉！连疏论之。"[②]正因为看透了袁世凯的用心，他才敢大胆地予以揭露，毫不留情。既然丙午改制实际上是一次政治权力的再分配，牵涉到所有官员和集团的切身利害，自然会引起不同的反响。当时传云官职改革要合并和裁撤都察院、礼部、吏部和翰林院。这样，不少官员将会丢掉饭碗，于是群起而攻之。这是一股强大的反对力量，"竟有人言戊戌将见者"[③]。"先是京朝士大夫皆以北洋权重，时有弹章。"迨编纂官制馆设立之后，"议裁吏、礼两部，尤中当道之忌。自都察院以至各部或上奏，或驳议，指斥倡议立宪之人，甚至谓编纂各员谋为不轨……外间汹汹，恐酿大政变。至有身赍川资，预备届时出险者"[④]。京中各衙门，无上无下，尽起而反对之。官制改革斗争之尖锐复杂已经发展达到了顶点，这是袁世凯所意料不到的。袁世凯设计了一个企图使内阁专政的改革方案，又企图与奕劻出而组阁，操纵国柄，"借立宪以倾政府"无疑会遭致一大批官员的反对。丙午改制的失败及朝廷对袁世凯一系列重要权力的剥夺，最终加剧了北洋集团与清室亲贵集团之间的权力倾轧和斗争，决定了清末政局最后几年的基本走向，直接影响了清王朝的前途和命运。

不过，有意思的是，袁世凯的责任内阁方案正是立宪派改革纲领中的一部分，因而袁世凯又不自觉地充当了立宪派的代言人。改制之初，立宪派报纸就"竭力怂恿"袁世凯搞责任内阁；而改制失败后，袁世凯的所作所为却得到了国内立宪派的赞许，并被引为同类。也正是从丙午改制后，国内立宪派开始对袁顿生好感，倚为柱石。

① 赵炳麟：《谏院奏事录》卷一，第18页。

② 赵炳麟：《光绪大事汇鉴》卷12，第3—4页。

③ 陈旭麓等：《辛亥革命前后——盛宣怀档案资料选辑之一》，上海人民出版社1979年版，第27页。

④ 张一麐《心太平室集》卷八，1947年印行，第38页。

丙午改制使立宪派把希望寄予袁世凯身上，这一点对于宣统以至于民初的政局都有很大影响。在袁世凯复出与就任内阁总理过程中，张謇等立宪派所起的作用并不亚于徐世昌、那桐；而在民初排孙拥袁活动中，立宪派更是发挥了重要的作用。

退却也是一门艺术

1906年11月6日，清政府公布了官制改革方案，袁世凯所力争的责任内阁制没有实现，他所企求的内阁副总理大臣的如意计划全盘落空。不仅如此，他还失去了所有的兼职。他所掌管的军权、交通运输大权也要上交中央，所以，在这次官制改革过程中，袁世凯丧失了不少权力。

在官制改革方案确定后，袁世凯于11月18日被迫奏请开去8项兼职，交出北洋新军统辖权。

他在奏折中，虽然含有愤愤不平的情绪，但也不失大体。他说："臣自先世，受国厚恩，及臣之身叨荷朝廷特达之知"，委以重任，"即使赴汤蹈火，肝脑涂地，亦不足为万一之酬"，"无如心虽有余，力常不足"，"恳请开去各项兼差"，"若重寄常加于臣身，则疑谤将腾于众口，使臣因此获贪权之名，臣心何以自明，使旁观者因此启猜嫌之渐，政界亦云非幸。昔曾国藩尝奏称：'臣一人权位太重，恐开斯世争权竞势之风'等语，臣区区之愚，窃亦虑此。此则非为臣一人计，兼为大局计"[①]。以此表明他不争权，而且是为整个国家考虑而辞去各项兼差。

袁世凯辞去的职务计有：

1．督办政务处大臣。因该处已改为会议政务处，规定由军机大臣和各部尚书为会议大臣，袁为地方官，当然不得兼任。

2．练兵处会办大臣。改革后，练兵处已并入陆军部，袁的会办大臣也告终结。

3．招商大臣、电报大臣、督办关内外铁路大臣、督办津镇铁路大

---

① 《袁世凯奏议》（下），天津古籍出版社1987年版，第1417页。

臣。邮传部已经设立，接管全国交通事业，因此，袁所兼任的招商局、电报局、关内外铁路、津镇铁路大臣差使同样等于自行撤差。

4．商约大臣。订约已告完竣，此职早就是空衔了。

5．督修正阳门工程大臣。此职本无权势可得，而且已经筹备就绪，去掉此差，只是省点麻烦。

事实上，清廷早已商议要袁世凯辞去电政、铁路、轮船招商局差使，只是袁世凯恋栈，不肯交出。军机大臣瞿鸿禨曾嘱托张百熙先赴奕劻处请示，而后赴天津劝袁辞去兼职差使。与袁世凯穿一条裤子的奕劻对张百熙说："慰亭本欲辞兼职，我说且至各设专部再议，渠不致不交。汝可告他，既设专部，部中应有全权。"奕劻为袁粉饰了一番。张百熙这才专程赴津，规劝袁辞去各项兼差。[①]

好在在官制改革后，袁的党羽在中央各部仍然占有优势，如：那桐为外务部尚书兼会办大臣；徐世昌为民政部尚书，赵秉钧为民政部侍郎；陈璧为度支部侍郎；严修为学部侍郎；荫昌为陆军部侍郎；载振为农工商部尚书，杨士琦为农工商部侍郎；张百熙为邮传部尚书，唐绍仪、吴重熹为邮传部侍郎；等等。可见，袁世凯对于政府仍然具有强大的影响力量，不过他只能间接控制而不能直接指挥了。

早在酝酿改革之前，成立农工商部就已成定论。袁世凯害怕盛宣怀走李莲英、奕劻的路子，谋取农工商部尚书。因为盛宣怀是修订中英、中美、中日商约的主要负责者，有了这个背景，盛宣怀是可能如愿以偿的。袁世凯有见于此，就直接找到奕劻，推荐奕劻的儿子、袁的把兄弟载振为农工商部尚书。奕劻怕他年纪太轻，阅历不多。袁说，不要担心，明年（1906年），日本大阪开商品博览会，贝子不妨去参观，借以了解情况，为保荐他垫底。于此，袁世凯奏请派载振为观会大臣前往参观。并奏请与奕劻、载振、袁世凯穿一条裤子的那桐同为观会副大臣，陪同载振一同赴日本参观。及至载振上任，其下属均为袁氏所荐，农工商部也落入袁的势力范围了。

开去兼职虽然心疼，但对袁世凯说来，最为心疼的莫过于夺走他的军队领导权。铁良主管的陆军部要接管全国新军。袁世凯苦心经营的六

---

① 廖一中：《一代枭雄——袁世凯》，北京图书馆出版社1997年版，第218页。

镇，首当其冲。其时，第一、第三、第五、第六镇分别驻扎在北京、山东、奉天等地，第二、第四两镇分别驻扎在直隶永平与小站。在此情况下，袁世凯在奏请辞去兼职的同日（11月8日），以“直境幅员辽阔，控制弹压须赖重兵”为由，请求将第二、第四两镇仍旧归他“统辖督练”，其他四镇则上交陆军部统辖。袁世凯抓住军队不放，当然逃不过铁良辈的目光。不过，慈禧太后为了平息袁世凯的不满，部分地答应了他的要求，谕令第二、第四两镇“暂由该督调遣训练”。袁要求是“统辖”，得到的只是“暂时调遣”之权。并且，辞去兼职与交出四镇，上谕连一句官样文章的慰勉的话都没有，只是冷冰冰的“著照所请”四字。与此同时，他推荐王士珍为陆军部侍郎，也为铁良所拒绝。

总之，不管从哪方面来说，袁世凯都遭受了一定的挫折是毫无疑问的了。面对此情此景，他的心情颓丧也是可想而知的。在免去兼职命令发布的当天，他没有离开自己的房间。那一天他本来已经安排去参加天津新桥的开放典礼，但借口有病，没有参加。他谢绝了一切约会，待在家里，颓丧之至，终日在楼上，非要客不见，非要事不办，心境恶劣到了极点。

对于清廷剥夺袁世凯的兵权，袁氏集团上下一片惊慌。他们担心军权一旦柄移，将有弓藏之危。其时，袁世凯的次子袁克文深自愤郁，他建议其父，趁兵符未解，军权没有上交之时，高举清君侧旗帜，利用诸将领激愤情绪，亲率诸镇直捣京师，清君侧，斩铁良诸奸头。如果慈禧太后违逆，就干脆顺应天心民命，驱除满洲政府，一鼓作气取而代之。

袁世凯听到克文的话，怒目叱责曰：“小子无知，敢妄语，灭族无日矣！”遂将克文拘禁于内室累月，恐其出言不慎将构大祸。[①]由此可以看出，袁世凯去掉兼职，特别是夺去他的军权，不只是对他本人一个沉重打击，对其家人、部属也是一个打击。年方16岁的袁克文居然想到“清君侧，进可成王”，谋求“千秋大业”的问题，这与平常袁世凯的言谈、举止不能说没有丝毫影响。实际上，袁世凯并不是不想取清室政权自代之。只是以他对自己实力的估计不高，认为取胜的把握不大，因此才违心交出兵权，向清廷妥协屈服。在袁世凯看来，第一，清朝如同

---

① 袁克文：《垣上私乘》，1926年印，第5—6页。

一棵数百年的大树，虽然腐朽，但其根基犹在，如果一着不慎，很可能就会导致自己全盘皆输。第二，慈禧太后掌柄同治、光绪两朝，经验丰富，权威俱在，深入官吏之心，不是轻易可以撼得动的。第三，北洋六镇将士虽然由自己一手拔擢起来，但平日还并未灌输造反思想。一旦真要与清廷撕破脸皮，未必真能团结一心，众志成城。第四，慈禧太后虽然剥夺了袁世凯的兵权，但并没有赶尽杀绝，相反，在夺权之后，安抚有加。她提拔袁世凯之子袁克定以示恩宠，馈赠礼物以安其心，在人事安排上也仍然借重袁世凯的意见，使袁安心感戴，继续努力为她效劳。第五，袁世凯表面上是一个豪放豁达之辈，但性格中却并不是一个赌徒、冒险之人，没有八九成把握的事情，他是不会去做的。能进能退，是大英雄。在时机不成熟的情况下，袁世凯是不会动用他好不容易积攒起来的家本去孤掷一注的。因此，在官制改革中，袁世凯交出了他的兵权。在宣统朝载沣打算要剪除他时，他再一次缩头屈服，离开京师回到家乡“颐养天年”。他不是真的甘心屈服，只是认为时机对自己不利，暂时韬光养晦罢了。识时务者为俊杰，退却是为了更好地进步，袁世凯不是一个傻瓜。

第九章　袁世凯第九次人生抉择

——辛亥年的出手：入主中南海

诸君知拔木之有术乎？专用猛力，木不可拔。即拔，木必折断。惟用左右摇撼之一法，摇撼不已，待至根土松动，不必专用大力，一拔即起。况清室有类几百年大树，岂易拔者！

——袁世凯

清政府权威资源急剧流失

20世纪初，清王朝“合法性”权威受到了前所未有的挑战，各种矛盾冲突交织，清政府的权威资源在这场冲突中几乎流失、消耗殆尽，这是袁世凯集团所以得手，能够从地方走向中央的一个前提条件。主要表现在如下几个方面：

首先，政治结构迅速瓦解。

20世纪初的中国，处在这样一种奇特的、新旧文明尖锐对立的氛围之中：一方面，现代物质文明与日益加快的经济社会现代化进程，已经渗透到社会生活的各个领域，强烈冲击着人们的传统思想观念；另一方面，制度层面的传统政治结构却基本上原封不动地存在于现实生活之中。这种令人沮丧的政治现实，与人们心目中受西方模式影响的政治理想，形成了强烈的反差，随着新政的广度和深度的增加，这种心理反差越来越强烈。民众与知识分子自下而上的政治参与压力急剧膨胀并超越了现存专制政治体制的承受限度，从而形成了对现存中央专制体制的巨大冲击力。

在20世纪初年，现代物质文明向中国社会普遍渗透的众多迹象中，最值得注意的是现代交通和通讯事业的兴起。对于任何一个社会来说，这些现代交通和通信手段，总是人们的思想观念领先于经济社会发生现代变革的必要条件。有关统计显示，进入20世纪之后，中国的现代交通事业迅速发展，到1911年，境内已修建铁路21条，总长度达9719公里。这些铁路集中分布在人口密集、经济比较繁荣的华东、东北和华北地区，从而把以往“形同列国”的各省紧紧地连在一起。这种与广大民众日常生活密切相关的交通事业，迅速带来了人们观念与思想意识的变化，带来了一场革命性的风暴。

与火车通行具有同等意义的是现代邮电事业的发展。1906年，清政府正式成立邮传部，统管邮政、电讯和交通事业。随着邮传部的建立，有线电报线迅速发展达12万余里，局处560余个，遍及全国各地。在各大中城市乃至一些县城，电话也从无到有，渗入民众的日常生活。

现代通信、交通手段的引进，极大地冲击了传统的生活方式。在20世纪之前，人们靠原始的，以人力、畜力或风力为动力的交通手段，很难跨出一县或一省的疆界，绝大多数人从生到死都固定在一个很小的地域范围内，由此所产生的只能是狭隘的本土观念和家族观念。火车、轮船的通行，改变了陈旧的交通方式。“日行千里”、“朝发夕至”再也不是诗人们的想象，而是成为了活生生的现实。电报、电话的引进，也使人们对外部世界的了解，由过去的闭塞、隔膜，一下子变得灵通、便捷了。在经济和社会现代化相对落后的条件下，现代交通、通信事业的超前发展，对于传播知识、更新观念、加速社会流动起到了十分关键的作用。正是借助于这些崭新的交通、通信手段，20世纪初叶的社会动员过程达到了前所未有的程度。也只有到了这个时候，民族意识才有可能在全国各地和社会各阶层普遍觉醒起来。

随着现代文明的广泛渗透，社会各阶层普遍产生了对现实的不满和改革的要求。并且现代物质文明越发展，各阶层民众的变革要求相应地越强烈，变革的期望值也不断升高，这可以从各政治团体为政治动员所制订的目标上反映出来。就激进派而言，在19世纪末，其目标尚不是很明确，所采取的行动亦很有限。孙中山的“兴中会”，虽然在内部使用的入会誓词里，写进了“驱除鞑虏，恢复中华，创立合众政府”的字句，但在对外使用的《章程》中，则未敢明确提出武装反清的口号，只是含糊地宣称“是会之设，专为振兴中华，维持国体起见”。兴中会成立的当年，孙中山亦曾作过武装反清的试探，但起义没有举发就失败了。进入20世纪后，随着新的政治动员高潮的到来，国内形势大变，孙中山敏锐地感到武装反清的大好时机已经到来，因此，他充满信心地向全世界宣布：“全国革命的前夕，现已成熟”，强调“中国现今正处在一次伟大的民族运动的前夕，只要星星之火就能在政治上造成燎原之势”[①]。随后，孙中山便组织成立了“中国同盟会”，在章程里明确宣布该会以“驱除鞑虏、恢复中华、创立民国、平均地权”为宗旨。接着，他又制订了《革命方略》，作为各地举行起义的指导文件。激进派的反清起义，从此在南方各省轰轰烈烈地展开了。这些连绵不断的武装反清活动，对清王朝传统政治结构起到了有力的冲击和瓦解作用。

就立宪派方面而言，一个特别值得注意的人物是张謇。这是因为在20世纪初叶的国内政坛上，他是一位对传统政治结构的现代转变（建立君主立宪政体）起过真正的重大促进作用的人物。而其他一些著名人士，如梁启超、康有为等，当时一直在国外从事舆论宣传活动，其影响在国内并不大。张謇作为东南各省众望所归的士绅领袖，起初对立宪的期望并不是很急切。1905年抵制美货运动兴起之后，他方才意识到条件已渐趋成熟，对立宪的热情和信心因此大增。经过反复奔走、劝说，终于在7月，促成直督袁世凯、江督周馥、鄂督张之洞（当时3位在全国最具影响力的地方总督，跟张謇均有私人关系）联衔上奏，请定12年后实行宪政。1906年年底，张謇进一步与上海名流人物倡议成立了国内最早、最大的政治团体“预备立宪公会”。不过，此时的张謇仍然主张“得尺则尺，得寸则寸”的缓进方针。此后，随着时局的变化和国内各阶层立宪要求的日益高涨，张謇改变了原来的缓进策略，先是在1908年初代表“预备立宪公会”，要求清政府“以二年为限”召开国会，接着

① 《中国问题的真解决》，《孙中山全集》第一卷，中华书局1981年版，第254—255页。

又连续发动了三次轰轰烈烈的请愿运动，请愿的规模一场比一场大，要求一次比一次急切。在政治动员的高潮中，人们对政治改革的期望值正在迅速上升。

在一个急剧变化的现代社会中，政治结构能不能从传统形态向现代形态适时地转换，从而满足民众日益增长的政治期望，首先取决于这一结构能否具有自身调适能力。然而，不幸的是，由于清政府的极端腐败及当权的满洲权贵们的懦弱无能，清末中国的政治结构对于迅速上升的改革要求不可能作出正确的反应。在进行内部结构的现代调适方面，事实证明清政府是无能的和失败的。到了20世纪初年，在社会动员浪潮的冲击面前，晚清政治结构所能作出的反应只能是这样的：中央政府由于大权旁落，已失去了主动调适的能力。只有当颇具威胁性的各省督抚提出变革建议之后，中央才会作出被动的反应。一旦中央企图改变这种权力关系，重新回到高度集中化的旧体制，它对日益高涨的政治动员所作出的反应便是具有自我毁灭性的——1907年清政府实施的旨在集权于中央的官制改革，使它失去了那些过去虽然一直跟它分庭抗礼但同时毕竟对它起到支撑作用的最具实力的总督们的支持；1911年“皇族内阁”的成立，又进一步使国内为数众多的稳健派对它失去了信任和希望。这种普遍的失望转过来形成一种刺激，致使他们产生更强烈的改革愿望。这样，一方面是不断上升的政治变革期望，一方面是传统政治结构更加衰弱、腐败的现实。两者相互冲突、相互激荡的结果，只能导致清政府政权“合法性危机”的日益加重，促成越来越多的稳健派转向非常规变革方式。清廷长期以来的集权化步骤，与近期出现的民众政治期望值之间的严重冲突，已经使清王朝随时都有倾覆的可能。1911年武昌首义后，之所以出现各省纷纷“独立”、清王朝统治秩序顷刻瓦解的局面，其基本原因即基于此。

其次，权力断层现象日益严重。

清末10年，从庚子事变到1909年这一段时期，上层统治阶层内部出现新老交替的断层，从而严重地影响了清政权的权威运作的效能。传统政治中心的权威资源与治理能力由于某种原因而急剧流失，从而使中央政权丧失了对时局和社会问题的控制能力。

这种政治断层现象早在庚子事变以后不久就开始出现。李鸿章死于1901年，刘坤一死于1902年，荣禄死于1903年，王文韶也于1908年逝世，影响最大的要算得慈禧太后与光绪皇帝的先后去世。1908年11月14日，37岁的光绪皇帝久病之后，在孤寂中含恨死于瀛台。第二天，慈禧太后在过了她的74岁生日之后的第13天，也随之去世。慈禧太后之死，意味着由这位女强人统治大清国长达近半个世纪的时代的结束。慈禧太后之死对清末权力结构的稳定，产生的影响是巨大的，它标志着清政府权力真空的形成。当时的外国观察家就认识到："光绪皇帝和掌握大权的慈禧太后的突然逝世有加速人们久已期待的内部崩溃的危险。""国内各方的力量正在集结；间歇发生的对政府的攻击，可能会推翻帝国，使它分崩离析。一般人认为执政太后的去世意味着失去了自太平天国运动以来维持这个摇摇欲坠国家的一个强手。国内外敌视强大中央集权现代政府的力量正打算利用年轻而没有经验的新摄政王代替他的幼子——中国新登极的天子来行使职权。他们这样做也帮助煽起那一场巨火，它的烈焰正在步步摧毁过去几个世纪以来由满、汉、蒙古统治者辛苦经营，但是现在正在塌下来的巨厦。"不仅如此，继光绪皇帝和慈禧太后的先后去世、能臣袁世凯被罢黜以后，当时在朝残存的尚能起到一定缓冲作用的汉族大员张之洞也死于1909年。

李鸿章、刘坤一、张之洞都是在同治中兴时代就进入统治集团上层的颇具时望的汉臣，他们在为清王朝效忠的数十年中，积聚了雄厚的政治权威资源。他们对这一王朝的价值在于：一方面，他们深得最高统治者慈禧太后的充分信任，忠心耿耿，久经历练，与满族统治者建立了相当牢固的政治合作关系；另一方面，他们又在汉族士绅中享有很高的威信，由于他们的存在，使这个满族贵族占统治地位的王朝至少在汉族地主士绅阶级中尚享有相当的权威合法性。

另外，像荣禄、端方这样一些有才气、富有经验的满族官僚，长期以来与汉族士绅上层也建立了相当密切的合作关系，他们与刘、李、张一样是维系汉族士绅与满族统治者之间联盟关系的重要纽带。

随着同治时期成长起来的一批巩固满汉联盟的老一代官僚的相继谢世，调和这满汉之间矛盾的人物就越来越少。这批人物离开政治舞台以后，清王朝的统治阶层中失去了一批可以对各种政治势力进行平衡的，并可以在日益尖锐的满汉矛盾方面起缓冲作用的中流砥柱。

继张之洞谢世之后，孙家鼐、鹿传霖、戴鸿慈这样一些稍有经验的慈禧旧臣也在短时期内相继去世。不久以后，就连端方这样的相对开明的满族官僚也以“微罪”去职，这一切都表明，清政府在充满危机和困顿的时期，却没有突出的领袖人物足以应付随时可能发生的困难、维护满汉统治集团的联盟。

构成载沣当政时期的权力核心的，是一些少壮派的满族权贵，例如载涛、载洵等等。这些人由于长期生活在王府中，生活经历贫乏而简单，与汉族士绅接触机会不多，一时难以与他们建立比较密切的合作关系，尤其重要的是，他们的政治经验极为不足。徐致靖早在清亡以前20年就从中看到了清王朝必然败亡的命运。他根据自己在朝廷中任职达40年“识近属亲贵殆遍”的经验，认识到由于中国未来执掌大权者均属于这样一类人，而“察其器识，无一足当军国之重者，吾是以知皇灵之不永也”①。

第三，民族主义的盛行与满汉民族矛盾空前暴露。

就在清王朝统治集团内部分崩离析之时，革命派的排满旗帜却高高地在国内上空飘扬了起来，排满主义迅速形成一股巨大的政治急流，成为瓦解清政府统治权威的巨大力量。

庚子辛丑以后，伴随着清政府“新政”的实施，民族主义的政治宣传犹如一股汹涌的巨浪，以猛烈的态势，迅速席卷全国知识阶层。当时，孙中山、康有为等人都明确认识到民族主义是历史潮流，是近现代世界政治的发展趋向。这一点，恰如时人严复所说：“今日党派虽有新旧之殊，至于民族主义，则不谋皆合。”②在1903年出版的《浙江潮》创刊号上，有人指出，在19世纪20世纪之交，有一大“怪物”，它“一呼而全欧靡，而及于美，而及于澳，而及于非，犹以为未足，乃乘风破涛以入于亚”。这个怪物不是别的，正是民族主义。作者针对中国将要面临“永永沉没，万劫不复”的险境，警告国人：“今日者，民族主义发

① 李剑农：《戊戌以后三十年中国政治史》，中华书局1965年版，第90页。

② 汉民：《述侯官严氏最近政见》，《民报》第二期，1905年出版。

达之时代也，而中国当其冲。故今日而再不以民族主义提倡于吾中国，则吾中国乃真亡矣。”[①]《新民众报》的作者则说，“近世欧洲意大利之独立，日耳曼之联邦，皆以同一种族，建一国家。民族主义之势力，大振于已往之政治界。吾国之不振，非欧族使之然，自族不能建国家之故也”[②]。又说：“近世世界之大事变，推其中心，无不发于民族主义之动力……故十九世纪，实为民族国家发生最盛之时代。其民族不同者，则独立不一国，如意大利之独立，希腊、罗马尼亚之独立是也；民族同一也，则结合为一国，如德意志联邦、意大利之统一是也。民族之势力，可不谓巨欤！”[③]《江苏》杂志也刊文指出：要建立一个“完美无缺之民族的共和国”，则“必先合莫大之大群。而欲合大群，必有可统一大群之主义，使临事无涣散之忧，事成有可久之势。吾向者欲觅一主义而不得，今则得一最宜于吾国人性质之主义焉。无他，即所谓民族主义是也”[④]。该刊也警告国人：“民族建国主义，已逐太平洋之潮流，横渡灌泻于吾东亚矣。”[⑤]民族主义潮流的盛行，使当时的社会精英几乎一致地把矛头指向了长期丧权辱国的清政府，从根本上否认了清朝统治的合法性。

对于清王朝而言，它的权威合法性方面还面临着其他民族所没有的特殊问题，那就是统治民族与被统治民族彼此的异质性问题。清王朝是由满族贵族建立的专制王朝，作为被统治民族的汉族对这一异族王朝具有很深的潜在的不信任感。“扬州十日”、“嘉定三屠”的惨剧的阴影，一直深深地埋藏在被统治的汉族士民的心灵深处，使清王朝在受治者心目中的合法性，远比汉族王朝的合法性更为脆弱。这也就是说，当政府在政通人和、天下太平时，这种状况还可以维持下去，但当统治民族在应付外力压迫方面出现“过失”与由此引起的国家屈辱时，异族统

---

① 余一：《民族主义论》，《浙江潮》第一期，1903年出版。

② 雨尘子：《论世界经济竞争之大势》，《新民丛报》第十四期，1902年出版。

③ 雨尘子：《近世欧人之三大主义》，《新民丛报》第二十八期，1903年出版。

④ 竞庵：《政体进化论》，《江苏》第三期，1903年出版。

⑤ 汉驹：《新政府之建设》，《江苏》第五期，1903年出版。

治者所犯的错误与失败，就更难为被统治民族所容忍和“谅解”，正如人们对生母的过失较容易容忍，而对后母所犯的同样过失则较难容忍一样，因为后者行为的动机较前者更会引起怀疑。

庚子事变之后，清政权被反对派称之为“洋人的朝廷”，这一判断显然不尽合乎历史事实，但却在年轻一代的政治精英中有着广泛支持者，其原因就在于此。以“革命排满”来追求国家富强为目标的政治思潮，构成不断冲击政治中心的巨大压力。这一特点可以解释清政权的权威合法性在清末社会转型期、社会剧变的过程中何以显得特别脆弱。

作为满族贵族统治的专制国家，中国存在的这种统治民族与被统治民族的非同质性，使清王朝统治者的权威合法性面临着被统治者的严重挑战，其原因就在于被统治者很难相信“非我族类”的统治民族推行各项政策背后的动机的纯洁性。在中国，在经历西方挑战之后，在民族主义的向心力没有凝聚起来以前，“排满”主义却已经成为瓦解政府权威的巨大力量。

在清末革命风潮中，资产阶级革命派叫得最响、最富鼓动力的口号就是“排满”。孙中山即言：提出“排满”二字，以救中国，自能震动清廷，风靡全国。“革命”二字，在20世纪初之所以能够广为国人所接受，很大程度上就是因为沾上了“反满”宣传的神光。

“排满”论的一个基本观点是，满族之所以能统治4亿汉族人达200多年之久，只能靠那些愚弄锢塞人心的成法，满族统治的特权地位决定了统治者不可能实行与他们的利益相对立的改革。在主张“排满”论的人们看来，清廷之所以不断强调“祖宗之法不可变”，其实乃是出于维护满族统治权这一极为自私卑下的政治目的。因为只有满人的“祖法”才能保持其民族等级的特权制度，任何涉及这种“祖法”的变革都意味着是削弱其特权。

作为“排满”思想的最重要代表人物，章太炎对清政权的攻击最具代表性。章太炎的“排满”主义带有很强的情绪化的倾向。他甚至认为，百日维新乃是出于光绪皇帝“挟外人之势”向慈禧夺权的自私目的。用章太炎的话来说，光绪“知非变法，无以交通外人得其欢心，非交通外人得其欢心，无以挟持重势而排沮太后之权力”。章氏甚至公然宣称，“载湉小丑，未辨菽麦”[①]。陈天华在《猛回头》、《警世钟》等书中认为，帝国主义正在运用通商、海关、利息、路矿等方式对中国实行种族灭绝，而由此一切，都是由于清政府卖国媚外所为。这种观点在今天看来，也许不尽符合历史事实，但在当时，却是符合中国许多知识分子所坚信的激进的救国富民的思想逻辑的。激进的“排满”心态从根本上否定了清朝中央政府存在的合法性，这种思想认识的迅速普及与在民众中的广泛存在，使清政府已经最后完全陷入孤立。

最后，皇族亲贵内部的权力纷争。

在中国历史上，许多王朝移鼎，皆由于其末期最高执政者的权力分配不均，引起权力内讧而致。大清王朝亦是如此。

1908年十月二十一日，光绪皇帝在瀛台病死。载沣之子溥仪，奉慈禧太后懿旨，入承大统，为嗣皇帝。随后，载沣也奉“病势危笃，恐将不起”的慈禧太后之命监国，嗣后“军国机务，中外章奏，悉取摄政王处分，称诏行之，大事并请皇太后懿旨”[②]。十月二十二日，掌握清朝政权48年之久的慈禧太后也凤驭上宾。十一月初九日，太和殿上举行了清入关后的最后一次登极大典，溥仪登极。清代历史从此进入了以溥仪临朝、载沣摄政的宣统朝。

载沣监国摄政后，来自于皇族亲贵内部的权力争斗日益激烈，逐渐达到了白热化的程度。慈禧太后当政时，皇族亲贵中纵有门户派系也不敢张扬。慈禧太后一死，载沣虽贵为摄政王，但他既没有慈禧太后在朝中具有的那种巨大的威望，也不懂得运用慈禧太后那一套恩威并济的用人手法，皇族亲贵内部很快四分五裂，政出多门，相互倾轧。“孝钦训政时，权尽萃于奕劻，凡内外希图恩泽者，非夤缘奕劻之门不得入。奕劻虽贪，一人之欲壑易盈，非有援引之人亦未易掇身而进。至宣统初年奕劻权力稍杀，而局势稍稍变矣。其时亲贵尽出专政，收蓄猖狂少年，造谋生事，内外声气大通。于是洵贝勒总持海军，兼办陵工，与毓朗合为一党。涛贝勒统军咨府，侵夺陆军部权，收用良弼为一党。肃亲王好

---

① 章炳麟：《驳康有为书》，《辛亥革命前十年间时论选集》第一卷（下），生活·读书·新知三联书店1963年版，第756页。

② 赵尔巽：《清史稿·宣统皇帝本纪》，中华书局1976年标点本。

结纳勾通报馆，据民政部，领天下警政一党。溥伦为宣宗长曾孙，同治初本有青宫之望，阴结议员为一党。隆裕以母后之尊，宠任太监张德为一党。泽公于隆裕为姻亲，又曾经出洋，握财政全权，创设监理财政官盐务处为一党。监国福晋雅有才能，颇通贿赂，联络母族为一党。以上七党皆专予夺之权，茸阘无耻之徒，趋之若鹜。”皇族亲贵内虽然派系林立，政见分歧，你争我斗，但在抑制奕劻的问题上，倒形成了完全一致的意见。奕劻为了对付各路敌党，于是在上述诸党之外，拉拢那桐、徐世昌等人，别树一帜，以达到保护自己的地位。

奕劻系乾隆17子永璘之孙，16岁时，就被升为贝子，21岁升郡王、授御前大臣，38岁，授命管理总理各国事务衙门，晋升庆郡王，40岁，内庭行走，48岁，慈禧太后亲自封他为亲王。奕劻在同治年间就已经参与朝政，内心精明，娴于宦海之术，朝廷内外皆有势力。1903年荣禄死后，慈禧授奕劻为军机大臣，不久成为领衔军机大臣。慈禧末年，奕劻一身而兼数任，集中央的财政、外交、军事大权于一身，成为皇族亲贵集团中辈分最高、年龄最长、资望最深、权位最高的一位亲王。载沣监国摄政后，失去慈禧庇护的奕劻陷于四面楚歌，“奕劻在光绪末年招权纳贿，咸欲得而甘心，监国亦甚恶之”[①]。然而，载沣因顾及奕劻与列强的关系，也因与隆裕太后的矛盾激化而打消了排斥奕劻的念头。载沣欲倚奕劻以防隆裕太后反而对奕劻优礼倍加。这样，奕劻在慈禧太后死后不仅没有垮台，反而在宣统朝成立内阁时，摇身一变又成了国家的内阁总理大臣。

载沣对奕劻的态度使亲贵中的各派势力十分不满。尤其是亲贵中的载泽一党，与奕劻更是势不两立。载泽出身于远支宗室，1905年曾作为五大臣之一出洋考察过西方宪政，加上其妻为隆裕太后之妹，尝往来宫中通外廷消息，因而恃内援而“气焰益张”，有时还“私传隆裕言语以挟制监国也”[②]。载沣视载泽为亲信，令其掌管度支部，掌握财政大权。

① 胡思敬：《国闻备乘》卷四，张伯锋、荣孟源主编：《近代稗海》（一），四川人民出版社1985年版，第293页。

② 胡思敬：《国闻备乘》卷二，张伯锋、荣孟源主编：《近代稗海》（一），四川人民出版社1985年版，第246页。

摄政王载沣

载泽眼看奕劻揽权纳贿危及清王朝统治，可又扳不倒他，这使他常常愤愤不平，又因载沣对奕劻的态度，使载泽在和奕劻的明争暗斗中，失败的总是载泽。为此载泽对载沣大嚷："老大哥这是为你打算，再不听我老大哥的，老庆就把大清断送啦！"[①]

亲贵中的肃党也是一支具有左右政局能力的势力。肃亲王善耆在宣统朝一身而兼数任，是一位颇有政治野心的人物。他任民政部尚书，领全国民政、警政；他又受命筹建海军，参与军政。善耆与奕劻是宿敌，在光绪末年，善耆就日夜谋夺奕劻之席，只因财力、权力实不能敌，故而未能如愿。到了宣统朝，善耆看到奕劻因贪污已成中外攻击之的，身败名裂只是迟早的事，强弩之末的奕劻已不足顾虑，开始将矛头指向大权在握的载沣兄弟，企图另立山头，取而代之。这一点，从善耆对实行君主立宪所表现出来的异乎寻常的热情以及他和各省立宪派有着程度不同的联系中即可洞见其真正用心。

1911年各省咨议局代表齐集北京，请求提前实行立宪，因载沣毫无通融的立场，京中各衙门及大员都不敢和请愿代表接触，唯有善耆公然在民政部大堂接待了代表。谈话至紧要处，善耆"忽然掷冠于地，喝了一声'先帝爷白帝城龙归天境'的戏词而结束了他的回答"。善耆的这句戏词含有深意。先帝系指主张实行维新变法的光绪皇帝，全句表述的是这样的一种意思："载湉如尚在世，立宪早已实行了；可惜他死了，载沣不愿实现。"[②]善耆通过一句戏词向立宪派传达了自己赞同立宪的意

① 爱新觉罗·溥仪：《我的前半生》，群众出版社1964年版，第24页。

② 李泰棻：《独树一帜的善耆》，《晚清宫廷生活见闻》，文史资料出版社1982年版，第85—86页。

向，把拒绝立宪的罪名完全推到了载沣的身上。为了实现掌握国家权力的梦想，善耆甚至利用手中的权力向资产阶级革命党人暗中输忱。其中最突出的一件是对谋刺载沣的革命党人汪精卫、黄复生、罗世勋的开脱和优待。1910年春，汪精卫等人潜入北京，企图刺杀载沣，但被禁卫军发现，汪、黄、罗先后被捕。当时，法部尚书廷杰主张立即判处死刑，而善耆反对重判，主张采取“怀柔”政策。这样，汪精卫、黄复生被判为终身监禁，罗世勋被判有期徒刑10年。在汪、黄被监禁期间，善耆还一再探监，常馈送食品，赠以钱款，极尽安慰之能事。武昌起义后，汪精卫等人在善耆的竭力促成下，得以出狱。汪精卫出狱后，亲至肃亲王府致谢，感谢其救命之恩。[①]善耆这种脚踩两条船的行为，渐渐地被载沣兄弟看破。他们对善耆采取了各种防范措施。因此，善耆虽然参与了筹建海军的活动，但却始终没有获得军权。后来，载沣干脆把他的民政部大臣也给撤了。

皇族亲贵中，隆裕太后一党也是令载沣最伤脑筋的一股势力。溥仪继位后，隆裕被尊为皇太后，并在国家遇有重大事件时，有参预军政事务的权力。隆裕太后在慈禧太后死后，有垂帘听政的意图，皇族亲贵、清朝遗老对这件事说法不一。有人说：“隆裕初无他志，唯得及时行乐而已。”有人说：“光绪故后，隆裕一心想信效慈禧‘垂帘听政’。迨奕劻传慈禧遗命立溥仪为帝，载沣为监国摄政王之旨既出，则隆裕想借以取得政权的美梦，顿成泡影，心中不快，以至迁怒于载沣。因此后来常因事与之发生龃龉。”[②]不管上述说法是否可靠，但宣统朝初始，隆裕和载沣，各遵慈禧太后懿旨，各司其事，这种相安无事的局面不可能维持长久。这不但因为在溥仪继位后的权力分配过程中，隆裕太后对于监国摄政王的权力过大很不放心，而且满洲贵族、皇族亲贵中在隆裕太后面前中伤、攻击载沣的人也为数不少，至外间一度哄传“满洲八大臣联名请隆裕垂帘，如孝钦故事”[③]之事。此传说虽然没有成为事实，想来也

① 杜如松：《记肃亲王善耆》，《晚清宫廷生活见闻》，文史资料出版社1982年版，第307页。

② 载润：《隆裕与载沣之矛盾》，《晚清宫廷生活见闻》，文史资料出版社1982年版，第76页。

③ 胡思敬：《国闻备乘》卷四，张伯锋、荣孟源主编：《近代稗海》（一），四川人民出版社1997年版，第293页。

并非毫无根据，故而使“监国大惧”，以致载沣后来“无日不揣”。

慈禧太后死后中央统治集团内部的极端混乱局面将载沣置于一种十分尴尬的境地。载沣原本是一个胸无大志、庸懦无能的人，这从他书房里悬挂的一幅自书“有书真富贵，无事小神仙”的对联中即可见一斑。他对于朝中当权亲贵的权力倾轧，中央政府内部的抽心一烂的状况毫无对付的办法。监国后他“性极谦让，与四军机同席议事，一切不敢自专。躁进之徒，或诣王府献策，亦欣然受之”①。当初，当慈禧决定把溥仪立为皇嗣，任命他为摄政王时，他也曾叩头力辞，惹得慈禧对他不争气的举动大动肝火，当众叱之曰：“此何时而讲谦让，真奴才也。”②庸懦成性的载沣不要说对政出多门的局面完全没有控制能力，即便对醇王府内福晋与老福晋争权，把醇王府闹得鸡犬不宁，亦坐视无可奈何，遑论其他？载沣福晋为慈禧宠臣荣禄之女，在娘家时很受宠，从小养成了骄悍的性情。她甚至连慈禧都不怕。后来，她成为当朝小皇帝的生身母亲后，自然腰杆更硬。她内与载沣母亲争权，外与外廷打通关节，时常有所祈请，载沣亦不得不屈意从之。老福晋与另外两个儿子载洵、载涛结为一党。当载洵、载涛倚老福晋之势多所要求时，载沣也只能尽量满足。发生在醇王府内的家庭纠纷直闹到“操刀寻仇”的地步。为躲避家庭纷争，载沣只得避居在外，兼旬不敢还家。

以溥仪坐皇位、载沣掌权的宣统王朝，在内外矛盾丛集中艰难度日。当时，伊藤博文已经认识到：“中国情势已经败坏到无以复加，政府和宫廷都忙于阴谋，而各党派则极力争夺权势”③，“中央政府已经衰弱得可怜”④。国家中枢权力运作如此状况，大清王朝的丧钟已经隐然响起了。

---

① 胡思敬：《国闻备乘》卷四，张伯锋、荣孟源主编：《近代稗海》（一），四川人民出版社1985年版，第284、294页。

② 胡思敬：《国闻备乘》卷三，《近代稗海》（一），四川人民出版社1985年版，第284页。

③ ［美］李约翰：《清帝逊位与列强》，孙瑞芹、陈泽宪译，中华书局1982年版，第36页。

④ 载涛：《载沣与袁世凯的矛盾》，《晚清宫廷生活见闻》，文史资料出版社1982年版，第80页。

袁世凯权威地位迅速上升

与清政府合法性权威资源急剧流失相反，清亡前夕，袁世凯在国内外的影响力却在迅速上升，其原因大致如下：

1．振兴经济的措施，使袁世凯及其北洋集团赢得了广大工商业者的拥护和支持。

袁世凯督直之初，恰逢清政府为“起衰弱而救颠危”，开始实施新政。此时的他还是一个有着浓厚封建性的汉人官僚。但由于长期在国内外政治活动所养成的精明练达，袁世凯一上任，就在直隶省率先推行比较完整的振兴经济的措施。

袁世凯认为，富国裕民之道，在“农、工、商务三者”[①]。针对八国联军入侵以后直隶省各地民生凋敝的状况，他主张“宜亟兴商务，以保利权而厚民生”。“官视商为鱼肉，商畏官如虎狼，局所虽多，徒滋纷扰。”[②]他将兴商视为刻不容缓的头等大事。袁世凯认识到中国商业所以不振是因为：“良商畏避官吏几如虎狼，自保弗暇，奚暇远谋。”[③]“如欲切实整顿，必须办理商务者扫除在官习气，使官商一体，情意相通，并在各商萃聚之处，设立商会，分举董事，经纪其间，遇事联络声势，通力合作，以与洋商相角逐。有害则官为除之，有利则官为倡之。其有抑制凌铄者官为保护之，其有财力不逮者官为助成之。办理商务人员，又须常历各口，随时接见诸商，讨论中外商务情形，访询利病，相机兴革。又须与出洋人员，互通声息，协筹合谋，始可日有起色。”[④]为此，他屡次申明所属官吏应力任保商之责，消除官场隔膜，上下齐心努力，促进商业发展，并以“滋民扰商”为由撤去十几个地方官吏的官职。

① 《创设东省商务局拟定试办章程折》，《袁世凯奏议》（上），天津古籍出版社1987年版，第342页。

② 《遵旨敬抒管见上备甄择折》，《袁世凯奏议》（上），天津古籍出版社1987年版，第275页。

③ 《创设东省商务局拟定试办章程折》，《袁世凯奏议》（上），天津古籍出版社1987年版，第343页。

④ 《遵旨敬抒管见上备甄择折》，《袁世凯奏议》（上），天津古籍出版社1987年版，第275页。

1902年9月，天津商务局设立，继之又分立商会。商会努力做到："官与商可呼吸相通，商与商可臂指相使。有弊则易以革，有利则易以兴，有限于财力权力者，则为之扶掖以助成之，有受人抑制陵轹者，则为之纠察而保护之。"[①]这样，直隶就形成一个适合商家发展的宽松环境，官商之间有了融洽的关系，商业振兴也就有了希望。

与此同时，袁世凯及其北洋集团对直隶省的工业、农业和教育的发展也不遗余力。袁世凯认识到："欧、美、日本以商战立国，而于农业、工艺精益求精。"[②]袁世凯认为中国应先发展与国计民生有关的纺织业，进而扩展到其他轻工业部门，然后再扩展及重工业和交通运输业。随之直隶率先创办工艺局、考工厂和劝工陈列馆研究制订商品制造之法。经过苦心经营，到1907年直隶成为新政舆兴之地，"有如旭日之东升，为全国所瞻式"[③]，尤其天津的工商业得到迅速的发展，出现了官商合办企业以振兴地方经济的热潮。袁世凯富于灵活性的经济政策大大刺激了直隶全省工商业的发展，与此同时，资本主义近代化生产产生的巨大效益和高额利润反过来又吸引着他。他任命自己的亲信周学熙为商务总办，创办一些实力较强的近代化企业，如著名的启新洋灰公司就是以官款垫付，分批偿还，周学熙负责经营的。这些企业从生产到利润分配都萌生越来越明显的资本主义倾向，成为后来北洋集团强大实力的经济支柱。

值得注意的是，袁世凯督直期间在维护资产阶级和民族权益方面做过很多的努力。开平煤矿在义和团运动期间被英商以欺骗手段夺取，1902年年初他任命周学熙等人积极筹款，准备设法收回。后来他亲自"诘查数月，辩论多次，几乎舌敝唇焦"，最后代表清政府申明无论如何"亦断不能作为英国公司"[④]，并要求清政府对主持出卖开平煤矿的张

① 《创设东省商务局拟定试办章程折》，《袁世凯奏议》（上），天津古籍出版社1987年版，第343页。

② 《直隶筹办农工诸政情形折》，《袁世凯奏议》（中），天津古籍出版社1987年版，第852页。

③ 周小鹃：《周学熙传记资料汇编》，甘肃文化出版社1997年版，第125页。

④ 《英商依据私约侵占开平矿务请饬外务部声明规复折》，《袁世凯奏议》（中），天津古籍出版社1987年版，第742页。

翼“严加查办”。同时，他还成功交涉山海关内外铁路问题，外人同意交还中国管理。京汉铁路路权问题也是在袁世凯的支持下，邮传部断然声明，“无论如何评断至如何地位若干时期，均不得因此丝毫阻碍1909年正月一日中国收回该路路权”，向西方国家表明了以往中国政府从未有过的强硬态度。更值得一提的是他首倡建筑京张铁路并保奏詹天佑主持设计与建筑的。这样，中国人自建的第一条铁路遂成于京张群山峻岭之间。在处理这些涉外事件中袁世凯注意保护正在发展中的民族经济，他也因此赢得了广大工商业者的衷心拥护。

2．改革政治的主张和措施赢得了国内立宪派的信任和拥护。

直隶“新政”取得瞩目经济成就的同时，袁世凯极力推行的地方自治也颇有成效。早在清政府宣布预备立宪之前，他就设立“宪法研究所”来进行法理研究，派天津知府凌福彭、留学生金帮平等拟定自治章程，在全国各督抚中首先创办自治局。袁世凯认为：“比者东西立宪诸国，雄长大陆，稽其历史，则地方制度，必先乎立宪政治而兴。德之建国，发轫于州会。日本之维新，造端于府县会。选举有定法，议决有定程。人以被选为荣，斯民德日崇，类能辅官治之所不及。比隆三代，有自来矣。臣夙昔讨论及此，窃谓非行地方自治，无以补守令之阙失，通上下之悃忱。爰饬于天津设立自治局。”[①]袁还要求司法衙署“设官分治”，实行司法独立，培养熟谙法律的人材。更有意义的是，天津创办的地方自治，还进行了中国有史以来第一次普选，凡有资格的居民均可参加选举议员，这次老百姓参政的尝试较之经济发达的上海初办自治时尚不敢试行普选相比，显然更为激进。这些政治改革的尝试得到了国内立宪派的大力支持，袁世凯从中争取了雄厚的政治资本。

袁世凯在直隶的势力扶摇直上之时，清政府却面临着来自两方面的挑战：以孙中山为首的革命党人多次发动武装起义，企图推翻清政府，建立民国政权；国内立宪派集团随着自己经济势力的壮大也不再甘心像往日那样生活下去，希望通过比较稳健的手段在清政府内部推行有利于资本主义发展的变革，进而从中获取渴望已久的权力。他们鉴于北洋集

① 《奏报天津试办地方自治情形折》，《袁世凯奏议》（下），天津古籍出版社1987年版，第1520页。

团在新政中的非凡政绩及其在当时国内政坛上的地位，在立宪浪潮一开始就迫不及待地吁请袁世凯出山，认为他是代表民族资产阶级利益的最合适的干将。张謇在1904年致袁世凯的一封信中把袁世凯与明治维新时期重臣伊藤博文、板垣退助等人相提并论，忙不迭声地呼唤他出马。张謇是清末资产阶级工商业中最有影响的人物，他和许多民族工商业者一样，希望袁世凯能代理他们推动比较激进的改革。

1905年年初，张謇急切地告诉袁世凯："公但执牛耳一呼，各省殆无不响应者。安上全下，不朽盛业，公独无意乎？及时不图，他日他人构此伟业，公不自惜乎？"[①]既劝且诱。他如此这般费尽口舌，正反映了当时一般工商资产阶级的心态。既想夺权，但又苦于势单力薄，于是只好依靠袁世凯这样有进步倾向的政治实力派来实现自己的愿望。

此时的袁世凯审时度势，也感到权力转换的时机已经到来，他一方面对资产阶级工商业者的拥戴表示接受，另一方面着手掌控中央政府的权力机构。袁世凯奏请简派权贵赴欧美各大国考察政治，以为立宪的张本。清政府也接受了他的建议，派出以载泽为首的五大臣出游。随后袁世凯看到立宪潮流愈来愈高涨，有一发不可收之势，认准这是清政府未来政治发展的基本趋势，可以借此博取各方政治力量更广泛的拥护，同时自身的利益也毫不受损，因此，他要求立宪的决心就更加坚定。但预备立宪的方针确立并不是他的全部目的，他是为了以此为幌子去向清政府索要更多的权益。1906年，袁世凯及其北洋集团主张设立责任内阁，向清政府的君主专制政体发起了攻势。这次改制虽然失败，但袁世凯的责任内阁方案却是代表了立宪派的改革纲领。改制之初，立宪派报纸就"竭力怂恿"袁世凯搞责任内阁，而改制失败后，国内立宪派首领张謇立即致书袁世凯云："自七月十三日朝廷宣布立宪之诏，传闻海内外，公之功烈昭然如日月而行，而十三日以前与十三日以后，公之苦心毅力如水之归壑，万折而必东下走。独心喻之，亿万年宗社之福，四百兆人民之命，系公是赖。小小波折，乃事理所必有。以公忠贞不贰之心，因应无方之智，知必有屈信尽利者。伟哉！足以伯仲大久保矣……下走昔

① 《为抵制美货事致袁直督函》，《张季子九录·政闻录》卷三，张孝若编，中华书局1931年版。

日之窥公，固不足尽公之量也。”[1]将袁世凯比作日本明治维新时期的大久保利通，未免誉之过甚。但从中我们可以看出，袁世凯的所作所为确实得到了国内立宪派的赞许，并被引为同类。也正是从这次改制以后，国内立宪派对袁世凯产生好感，开始倚为柱石。这一点对宣统年间以至于民国初年的政局都产生了很大的影响。在袁世凯的复出与就任内阁总理过程中，张謇等立宪派所起的作用并不亚于徐世昌、那桐；而在民初排孙拥袁活动中，国内立宪派更是发挥了重要的作用。责任内阁之争所引发的以袁世凯集团为代表的地方实力派与中央满洲贵族的争夺权力的斗争，从此贯穿了清末最后几年，而且愈演愈烈，最终加剧了清末政局的急剧动荡，导致了清王朝的灭亡。

3．以编练北洋新军为机缘，袁世凯确立了他在清末民初国内军事政坛上的权威地位。

袁世凯是承受李鸿章衣钵的，他摸准了当时政治的脉搏：军队之外，就是外交。因此，在1901—1907年的6年间，袁世凯利用担任直隶总督兼北洋大臣的这一显要职位之便，不断向清政府索取更多的权力。在清政府实施新政的合法条件下，运用权力和官场权术，从军事、外交等方面入手迅速发展，培植了一个由他控制的、占据国家重要部门与要害职位的军事官僚集团，袁世凯的地位与影响迅速上升，使他成为清末十年中为中外所瞩目的一颗政治新星。

在军队方面，袁世凯是一直不放松的。

著名的治史大家罗尔纲先生在《晚清兵志》一书中，对北洋军成为袁世凯势力的机缘曾有过精辟的论述，很能说明问题，特录如下：清末编练陆军，对内动机原起于欲集权中央，而献此策的人就是袁世凯。从当时的设施看来，特设练兵处于中央，以亲王总司其事，由练兵处厘定军制，画一全国编制，一扫咸同以来督抚自专兵柄，各省自为风气之弊。其后甚至将道光以前绿营兵政分寄督抚的旧制亦行废除，而将各镇兵政直隶于陆军部，督抚不得过问，一时间中央集权之制雷厉风行，无以复加，兵权既完全集中于中央，则不应有兵归私人的事发生，乃当时

---

① 《为抵制美货事致袁直督函》，《张季子九录·政闻录》卷三，张孝若编，中华书局1931年版。

全国陆军最称精强的北洋六镇，以至皇室的禁卫军却都成为袁世凯一人的势力，其原因又在哪里呢？

《清朝续文献通考》编者刘锦藻详论其原因说："立国之道，莫要于治兵。而治兵之机，尤贵上下相系，人人有亲上死长之心。我朝以武力开国，惟其权操自上，而又知人善任，用能使八旗绿营之兵，拓疆万里，宾服八荒，勋业之隆，前古无匹……自光绪间改建新军，在朝廷惕于外侮，不惜舍己从人，以为壁垒更新，士气可振。讵意魁柄旁落，忧伏萧墙，盖但鹜其名，不求其实，未知列圣创业垂统，谟猷至为深远，其要道有在整军经武之外者。有法无人，足昭炯戒！"

刘锦藻认为："国朝初设军机处，原以承受方略，承平日久，渐专政务。咸同军兴以后，京外大臣有戡乱之功，于是兵权又渐移而分寄于督抚，故先朝谕旨有各省练兵自为风气语。光绪二十九年（1903年）设练兵处专司其政，遂编练陆军，使归一政，原有规复旧法之意，乃行之不善，竟召大祸。"他在论禁卫军一节又说："自宣统初，改为弁兵满汉互用，卒生肘腋之害。论者乃以用汉人为疚。不知先朝法度不过因时制宜，非过分满汉也，曾国藩以湘军戡定大难，岂非汉人哉？要在深知列圣立制之精心，而非其人，又不轻假以权，乃无施而不可尔。"

概括刘锦藻意见，他本是赞同施行中央集权制的。但他却指摘清廷柄政者徒鹜其名，不求其实，且用非其人，轻假事权，遂至魁柄旁落，忧伏萧墙。他所论确是事实。但是当时清廷归慈禧太后主政，她是个久经忧患手腕铁辣的妇人，袁世凯究竟借何机缘把清廷的兵权潜移默转于己掌握中呢？刘锦藻却还不曾有所说明。

要追寻这个机缘，应对清末练兵全局作全盘的观察。事实上，练兵一事倡议于袁世凯而决定于慈禧太后。袁世凯声望才识魄力都足以胜此任，其人因戊戌政变时效忠于慈禧，庚子之变、两宫流亡之时对朝廷的良好表现，又为慈禧所深信，而其所陈练兵宗旨复为慈禧所乐闻，故慈禧遂决策无疑委袁世凯以练兵的事权。但慈禧对袁世凯并不是一无防范的，其练兵处的设立，特以庆亲王奕劻为总理，而以袁世凯为会办。这是仿光绪中创建海军设海军衙门以醇亲王奕譞为总理，李鸿章为会办的前例。不过事例虽同，而实质则不同，海军衙门只是一个摆空架子的机关，无事功可为，论者称为修颐和园衙门。练兵处则雷厉风行办理全国练兵筹饷事，而奕劻庸碌无能，对练兵事一无所知，复为袁世凯所巴结，又喜其人，于是练兵处事权，实际上落在袁世凯一人之手。袁世凯在北洋亲自选将练兵，京师练兵处则广布心腹，练兵处提调徐世昌就系他所奏保，其军政司正使刘永庆、军令司正使段祺瑞、军学司正使王士珍都是袁世凯部将，而由他奏派。尚秉和在《德威上将军正定王公行状》一文中记其事说："时练兵处训练大臣皆王公及宰相兼领，其编定营制，厘订饷章，及军屯要扼，皆公及冯、段诸公主之，王大臣画诺而已。"故练兵处虽是中央特设统筹全国练兵的中枢，实则和袁世凯私人机关无异。当练兵处成立时，御史王乃征就上奏请收回成命，其中有："古今中外不闻举国兵柄利权挈而授于一人之理。今练兵之事，旨派庆亲王为总理，袁世凯为会办，兼有铁良襄办矣。顾庆亲王分尊事冗，素不典兵，何从识武将一人？何能议军政一事？铁良之才，素无表见，愈益可想。然则大权在握者，固惟独袁世凯耳。观派提调三司，如徐世昌等皆该督荐举，素为其心腹，将来济济师旅，感挟纩之恩，而指挥唯命者，岂复知有他人？又督责天下之饷需，欲户部不得过问，举劾天下之将弁，欲兵部不得持权，既历史所未有，亦五洲所不闻。枝重有拨本之嫌，尾大成不掉之势，比其立召祸乱者也。"

王乃征可谓有先见之明，而朝廷对此并不重视，于是练兵处从开始即归袁世凯掌握，袁世凯乃得假中央的权威以行个人掌握兵权之实，征全国的财力，以养北洋六镇之兵。咸同后的督抚专政不过造成中央政令不行的局面，而袁世凯则据练兵处挟中央以令各省，兵权饷权都操于一人之手，兵将都为心腹，禁旅亦为爪牙。等到大势既成，清室始惶惶然以收袁世凯兵权为急务，1906年清廷抽出北洋第一、第三、第五、第六四镇划为近畿四镇，归凤山节制，就是对袁世凯而发。其后袁世凯被罢斥，第二、第四两镇一并归陆军部管辖。清廷以为如此就可收袁世凯兵权以归中央，而不知积重难返，魁柄已无可挽回。到辛亥革命起义，清廷终不得不起用袁世凯以指挥诸镇。于是袁世凯遂因势乘便以倾清室。稽其由来，其机缘虽微，却仍是班班可考的。近代史家论此事的以为北洋六镇将校为袁世凯亲手提拔，故成为袁世凯私人势力，这虽然是其中一个原因，但是其最要的关键乃在于袁世凯总揽中央军政大权的缘故。①

罗尔纲先生这个结论可谓洞察其中。北洋六镇的练成及其为袁世凯北洋集团所私有一事表明，袁世凯作为清末军事权威的地位已经不容置疑地固定了下来。

4．垄断了新政后期的国家外交权力，赢得了列强的信任与支持。

在外交方面，袁世凯是很注重取得列强支持的。新政时期，国家外交权力落入北洋集团之手，这是清末中央与地方权力消长的一个重要原因。

鸦片战争后，中国与英美法等国条约中明文规定：各国国书应由中国办理外国事务之钦差或总督代奏；尚有不平之事，该领事等官迳赴总理五口大臣处控诉。列强在与南北洋大臣的外交接触中，已深深感到这些握有实权的疆吏督抚对于清廷对外政策的影响。相比之下，主持国家外交事务的各国总理衙门，则遇事往往流于无人负责、相互推诿的状态，反不及与南北洋大臣直接交涉显得便利，故外国公使遇事往往到地方找南北洋大臣交办。马嘉理案件时，英国公使威妥玛就直接到天津直隶总督衙门找李鸿章进行交涉。《中英烟台条约》的会谈签订也是赫德致函李鸿章指名要求他前往的。所以八国联军占领北京后就公然照会，要求清廷将“体制不崇、职责不专、遇事拖延”的总理衙门改为外交部，列于六部之首，并迫使清廷在《和议大纲》第12条中规定：“总理各国事务衙门必须革故更新，及诸国钦差大臣觐见中国帝王礼亦应一体更改。其如何变通之处，由诸国酌定，中国照允施行。”其意图昭然若揭。列强的目的主要是想将清廷进一步纳入到近代殖民化政府的外交轨道上，以便于它们对中国进行更好的侵略。同时，由于清政府的腐败与虚弱，清廷在政治、经济、军事、文化方面遭受列强侵略与控制的同时又不得不在对内统治和镇压人民等方面依赖洋人的支持，因此对外关系便成为近代清廷施政的主导核心。这样，南北洋大臣掌有外交权力，就无异于分割与侵蚀了中央权力，使他们在经济和军事方面可以直接投靠列强这一“太上皇”，从而巩固与发展自身的权力地位，遂造成政局内

① 罗尔纲：《晚清兵志》陆军志，中华书局1997年版，第219—222页。

轻外重、尾大不掉的局面。湘军、淮军、北洋军的演变发展历史，就充分说明了这一点。

第二次鸦片战争后，几乎所有重大对外妥协卖国条约的签订都为李鸿章包揽了，就因为他是列强所注目的对象。外人曾言，虽然李鸿章有他的许多弱点，但在谈判上他是对我们有利的，他是最能给我们服务的，我们应当尽我们一切的努力重新树起他的威望。甲午战争中日谈判时，日本侮辱驱逐中国全权议和大臣张荫桓、邵友濂，而指名要李鸿章再往议和，就在于日本认为张、邵“不足担任出卖主权的责任”。鉴于袁世凯的才干和在山东时期对列强的友好表现，李鸿章死后，为了能使袁世凯接替李鸿章以后的直隶总督兼北洋大臣的职缺，列强事先大造舆论和进行频繁的外交活动，最终把袁世凯扶上了这一对列强在中国事务中有着重大影响的、权势显赫的职位。

义和团运动粉碎了帝国主义妄图瓜分中国的迷梦，美国提出的“门户开放”政策取得了列强的公认。庚子事变后，为了保证在华利益，帝国主义列强大都企盼袁世凯能做他们利益的代理人，并在不同程度上皆给袁世凯以支持。这其中以英、德、日等国最为突出。原来，日本在镇压义和团以后，便与英国结成联盟，在列强中逐渐取得了侵华的优势，尤其是日俄战后，它在东亚的霸权地位开始确立，便以“保全主义”为幌子，以遂其蚕食，进而鲸吞中国的野心。它不仅极力把侵略势力渗入中国的政治、经济、军事和文化等社会生活的领域内，而且对把北洋地区（包括东北和华北）视为侵占中国的前沿基地，表现出极大的“兴趣”。20世纪初年，日本在华顾问教习人数迅速增长，而且在直隶的人数也一直多于其他省份。“1901年，中国聘用的26名日本人中，有13人是在直隶省工作。1904年，在218名日本人中，直隶省占85人。至1908年4月，在550人中，有174人在直隶省工作。”[①]这些都与袁世凯在这一时期需要日本的支持有极大的关系。袁世凯扩编北洋军，和他举办的各项新政一样，主要依靠日本势力。1902年日本参谋次长田村怡与造专程到保定拜访袁世凯，接洽所谓“中日军事合作”。同年10月8日，日本参谋

① [日]山根幸夫：《袁世凯与日本人》，周启乾、郭蕴静译，《天津文史资料》第三十七辑，第79页。

总长大山岩对前来中国的军官发出特别训示，要这些人“努力工作”，在上层“以实力培植亲日势力”，并说这是日本“对华政策的百年大计”，“最有希望的事业”。[①]不仅如此，袁世凯还托日本驻华公使聘请日本警视厅警官三浦喜传为警务顾问，“参照东西成法”，在直隶创办巡警。“北洋巡警学堂”以三浦为总教习，和泉正藏、中岛比多吉、河崎武、小川胜猪、葛上德五郎、天野健藏等日本警官为教习。这些事实都说明，袁的北洋集团在初期发展过程中和日本帝国主义的关系是非常密切的。

袁世凯在直隶总督和北洋大臣任内最重要的外交活动，就是在日俄战争中主持“中立”和主持签订《中日会议东三省事宜》条约的谈判。早在1903年夏天，袁世凯就与日本前驻华公使青木和日本驻天津领事伊集院吉，就日俄争夺东北地区的战争问题，进行了秘密接洽。日俄战争前夕，袁世凯又上奏朝廷，说明“战端难免”，要求清政府“就我现在情势而论，不得不谨守局外”[②]。事实上，袁的所谓“中立”，不过是表面的现象，实际上是倒向日本。袁世凯在1904年1月19日给清廷的上奏中就暴露出了这一点。袁认为，“近日情形，日本已许我守局外，各国亦无异言，惟俄人阴鸷性成，未必肯许。纵使迫于各国公议，不得不许，而战在我境，处处得有借口，乘机挑衅，恐所不免”[③]。据坂西回忆，“日俄战争当中乃是日华亲善达到最高峰的时期，其间，坂西为了使日军的军事行动得到方便，而仰仗袁的合作”[④]。

1907年秋，袁世凯入京担任军机大臣兼外务部尚书，在与外国列强的交涉中，鉴于他的前任由于“因循延宕，积为外人所厌”，他“乃以

① 日本参谋本部档案，参外第201号第一，机密。见南里知树：《近代日中关系史料》第二集，东京龙溪书舍1976年版。

② 《密陈遵照传谕统筹布置防守情形折》，《袁世凯奏议》（中），天津古籍出版社1987年版，第875页。

③ 《密陈局外应担责任片》，《袁世凯奏议》（中），天津古籍出版社1987年版，第877页。

④ [日]山根幸夫：《袁世凯与日本人》，周启乾、郭蕴静译，《天津文史资料》第三十七辑，第85页。

爽快出之，故使馆人大感佩”[①]。日俄战争后，由于日本在我国东北侵略步伐加快，与美、俄矛盾日益尖锐。袁世凯一改过去亲日态度，决定联美德以制日本。他在外务部所进行的一项重要工作，就是企图订立中美德协定以对抗英日俄法对中国的侵略。袁世凯在新政期间的外交活动，赢得了列强的好感与信任，为列强在辛亥革命时期支持他夺取政权奠定了基础。

宣统年间，清皇族与袁世凯矛盾尖锐化，摄政王载沣碍于袁有北洋军队和列强的支持不便杀之，只得以“足疾”为由令袁“回籍养病”，然而此谕一下，各国公使对于撤退使馆驻兵之事拟即缓行，而欧洲各报纸及商业家尤恐此后有非常之变动发生其间。就在袁下台后没几天，《泰晤士报》便发表社论，以夸张的语调盛赞他的所谓“才能、进步立场”和“对朝廷的伟大贡献”，说他是个“被满人侮辱性地赶下台的伟人”[②]。武昌起义后没几天，四国银行团、美国公使嘉乐恒和英国公使朱尔典就扬言要清政府重新起用袁世凯，声称“没有人比他更适于充任汉人和满清皇室之间的调停人角色了”[③]。以后袁世凯自己也常拿外交实力和军事实力吓唬人：“我很想回乡下去享福。但是，外国人只相信我，没有我中国就有被瓜分的危险；北方军队都只服从我，没有我全国秩序就难以维持。为了国家和人民的关系，我不能不牺牲个人的幸福，担任这个繁重的职务。”由此可见，列强寻找代理人，扶植地方实力派，削弱和分割了清政府中央的权力，提高了袁世凯集团的地位和影响。

毋庸讳言，清亡前夕，袁世凯在当时人们心目中已经具有颇高的威望。他与列强驻华使节、立宪派人士、清朝文武官员都有着紧密的联系，得到他们的信任与拥护。同时，他也得到广大社会人士，包括革命党领袖孙中山、黄兴等人一定程度的拥护与信任，可以说，声誉赫赫，人心相向。特别是他控制着中国最精锐、最强大的北洋陆军，还有由他一手培植的具有雄厚实力的北洋官僚集团，他们掌握着军事、经济、内

① 黄远庸：《袁总统此后巡回之径路》，《远生遗著》卷一，上海商务印书馆1920年版，第40页。

② 《泰晤士报》1909年1月4日。

③ ［美］李约翰：《清帝逊位与列强》，中华书局1982年版，第277页。

政、外交的关键部门，唯袁氏之命是从。“袁已完全成为中国在军事方面公认的‘权威’。”[①]正是上述原因，奠定他在清末政坛上的举足轻重的地位。

袁世凯之所以获得这种声望和地位，不是凭空而来的，而是从他的政绩中检验出来的。他的政绩体现了他的才干、志趣与抱负。在清末重大历史事件中，他皆参与并且表现突出。他站在时代的前列，成为清政府推行“新政”的有力人物，且收效显著。这对于促进政治革新、社会进步是有益的，所以人们把他视为与日本明治维新之伊藤博文、大久保利通齐名的世界风云人物。民初著名记者黄远庸说袁在“前清北洋时代，威望隆然，海内之有新思想者，无不日以非常之事相期望”[②]。看来是有一定道理的。与此同时，他运用权力和官场权术，培植了一个由他控制的，占据国家行政、军事、经济、外交、教育等重要部门的北洋军事官僚集团，不少名流学者也被其网罗。以邮传部为例，他在1907—1911年期间不同程度地控制了邮传部。因此，在盛宣怀于1911年成为邮传部大臣之前，该部先后由袁世凯的门生陈壁、徐世昌和唐绍仪所领导；而部中一个有势力的铁道部门一直是由袁世凯的另一名幕僚梁士诒领导。袁氏就是凭借政绩与北洋军事官僚集团的力量，取得了政坛上的实力地位，并赢得了威望。

洹上渔翁不寂寞

1909年1月，摄政王载沣将袁世凯削职回籍。

载沣监国摄政后，为什么仍然不能容忍袁世凯而将其立即罢黜呢？对于这一点，对载沣的秉性为人比较清楚的载沣胞弟载涛的分析很能说明问题。

载涛说：“载沣虽无统驭办事之才，然并不能说他糊涂。他摄政以后，眼前摆着一个袁世凯，在军机大臣的要地，而奕劻又是叫袁拿金钱

① ［美］拉尔夫·尔·鲍威尔：《1895—1912年中国军事力量的兴起》，陈泽宪、陈霞飞译，中华书局1978年版，第73页。

② 黄远庸：《远生遗著》卷一，商务印书馆1920年版，第1页。

喂饱的人，完全听袁支配。近畿陆军将领以及几省的督抚，都是袁所提拔，或与袁有秘密勾结。他感到，即使没有光绪帝的往日仇恨，自己这个监国摄政亦必致大权旁落，徒拥虚名。”①

由此可见，载沣罢黜袁世凯的主要动机在于维护自己监国摄政的权力。

据许指严记载：“袁之知满人不足有为，而处心积虑，施其破坏之阴谋者，实始于辛丑回銮而后。及荣中堂既死，则进行益猛矣。”袁世凯曾经“语其亲信曰：‘满员中止一荣中堂，而暮气已甚。余则非尸居，亦乳臭耳，尚何能为。’自是一变其态度，始有予智自雄之意”②。这样看来，袁世凯的进退，实际上直接影响着清王朝最后的命运。载沣上台执政后对此不作处理，不仅是自己，恐怕在皇族亲贵集团中这一关也很难通过。

据载涛记载，促成载沣下决心解决袁世凯问题的是肃亲王善耆和镇国公载泽。他们曾向载沣秘密进言，认为此时若不速作处理，则内外军政方面，皆是袁的党羽。从前袁所畏惧的是慈禧太后，太后一死，在袁心目中，已无人可以钳制他了。异日势力养成，消除更为不易，且恐祸在不测。按善耆的主张是采取迅雷不及掩耳的手段，乘袁世凯单身一人进乾清门办公时，把他抓起来杀了再说。载沣当时虽然赞成严办，但他是个怕事的人，显然缺乏其祖先康熙皇帝擒鳌拜的胆量和气魄。他只是拟了一个将袁革职使交法部治罪的谕旨，甚至还把这个谕旨拿出来和奕劻、张之洞及北洋某些统制等人商量。尽人皆知，奕劻是和袁世凯关系最密切的人，张之洞则是一个圆滑世故的官僚，他们的态度不问可知。奕劻因与袁世凯的关系而不便公开反对，只是闪烁其词，软中带硬地说：杀袁世凯不难，不过北洋军如果造起反来怎么办？张之洞则公开持反对态度：主少国疑，不可轻戮大臣。第四镇统制吴凤岭、第六镇统制赵国贤干脆回答，请先解除他们的职务，以免士兵有变，致辜天恩。重臣那桐、世续也不同意载沣杀掉袁世凯。众人的反对，使这位年轻的摄

① 载涛：《载沣与袁世凯的矛盾》，《辛亥革命回忆录》（六），中华书局1963年版，第323页。

② 许指严：《新华秘记》，张伯锋、荣孟源：《近代稗海》（三），四川人民出版社1985年版，第305、306页。

政王更加犹豫不决，只得将谕旨的措辞一改再改，等到公布出来，就成为令袁世凯开缺回籍养疴。

对于朝廷枢臣一致表示不赞成载沣诛杀袁世凯这件事，史学大师陈寅恪先生这样认为："袁世凯到处安插有耳目，消息非常灵通，只要得知清朝权贵要杀他，就很快躲入大使馆。当时保袁的不止张之洞一人，还有庆亲王奕劻等。他们保袁世凯不止保袁个人，而是为了大局稳定。"实为至论。

事实上，袁世凯不仅拥有军事上的潜势力，而且还拥有外交上的奥援。当袁世凯一被载沣罢黜，"北洋陆军，闻之大哗，各各摩拳擦掌，慷慨急难，几将肇绝大风潮"[①]；袁世凯罢官令下的当晚，外国驻华使馆往来频繁，商议对策。英国公使朱尔典立即"出面予以保护，要求载沣确保袁世凯的人身安全"[②]。日本和英国两国公使一致表示，"当此清国不幸事件发生，如果有外国干预之事"，两国当一致采取行动。由此看来，袁世凯消息灵通，对清廷的动静了如指掌，对个人安全布置得十分周到，即使载沣敢下手，恐怕也是办不到的。

载沣放逐袁世凯以后，又进一步剪除袁党。1909年初，邮传部尚书陈壁被革职，永不叙用。不久，严修乞休。接着，徐世昌内调邮传部尚书，由锡良继任东三省总督。锡良到任，立即抓住黑龙江布政使倪嗣冲贪污案，"即行革职，勒追赃款，以肃官方"[③]。3月23日，民政部侍郎赵秉钧休致，北京的警权转到亲贵手中。6月28日，杨士骧病死，端方继任直隶总督。次年1月唐绍仪被迫乞休。2月，铁路总局局长梁士诒被撤职。不久，江北提督王士珍以病自请开缺照准。尽管载沣扫荡政敌不遗余力，但袁世凯的势力毕竟是太雄厚了，尚侍督抚，均属其私，绝非一朝一夕所能铲除。因此，帝国主义者一直把袁视为"有实力的人物"。

---

① 《骆宝善评点袁世凯函牍》，岳麓书社2005年版，第193页。

② 崔志海：《关于晚清政治权力结构的一种新的解释——〈晚清权力与政治：袁世凯在北京与天津〉述评》，苏智良等：《袁世凯与北洋军阀》，上海人民出版社2006年版，第504页。

③ 《黑龙江民政使倪嗣冲请革职片》，《锡良遗稿·奏稿》，第二册，中华书局1959年版，第943页。

英国《泰晤士报》仍把他排在世界伟大的“政治家”之列。[①]当载涛、载洵赴欧洲考察军事时，帝国主义分子“群口相谓，谓中国至今日奈何尚不用袁世凯”[②]。国内立宪派也认为袁仍有猛虎在山之势。以袁世凯为代表的北洋集团与满族亲贵集团之间的生死搏斗，是清王朝统治阶级上层政治危机的重要反映，袁世凯被罢官并没有使危机得到缓和；相反，由于政治重心的迅速变动，袁世凯集团与清室满汉联盟的破裂，使得上层的统治危机更趋严重。

客观地说，摄政王载沣上台以后立即驱逐汉人官僚袁世凯，对已经摇摇欲坠的大清王朝来说无异于雪上加霜。这是因为，前次袁世凯与瞿鸿禨、岑春煊、铁良等人的斗争实际上都没有超出统治集团内部的倾轧范围，但是，这次载沣驱逐袁世凯，却最终导致了慈禧太后制定下来的最高统治集团中的满汉联盟格局的彻底瓦解。庚子辛丑以后，袁世凯已经上升成为清政府中的汉臣领袖，倘若驾驭笼络得法，统治集团中的满汉联盟是可以引领大清王朝这艘已经千疮百孔的破船继续走下去的。袁世凯尽管对于满人亲贵的诸多作法不满，但当时还没有背叛清王朝的野心。针对同盟会成立后在南方各省发动的一系列武装起义的作法，袁世凯明确表示了反对的态度。1907年8月7日，袁世凯还通谕直隶全省，驳斥革命党的排满之说，反对革命党采取的暴力举动。袁世凯说：“逆党啸聚海外，荧惑侨氓。其处心积虑，尤欲满汉自相猜忌，因猜忌而生冲突，因冲突而启纷争。该逆又假托满人上灭汉政策，刊印散布，愚弄士民。既用排满之说，疑误满人；更借灭汉之说，激耸汉人。离间谗构，狡谲已极……近岁，湘赣两粤，迭闻揭竿。自取天诛，决无全理。”[③]载沣不能体谅慈禧太后的良苦用心，一上台就左手排斥掉袁世凯，右手靠通过中央集权的手段来加强皇权巩固其统治地位。这就从中央到地方两方面在根本上破坏了满汉地主阶级的联合统治，破坏了满汉权臣的平

① [澳]骆惠敏：《清末民初政情内幕》（上），刘桂梁等译，知识出版社1986年版，第713页。

② 黄远庸：《袁总统此后巡回之径路》，《远生遗著》卷一，商务印书馆1920年版，第40页。

③ 《为扶植伦纪历陈大义通谕》，《骆宝善评点袁世凯函牍》岳麓书社2005年版，第188页。

衡，从根本上动摇了大清王朝存在的统治基础。危如累卵的清王朝已经经不起任何一点小小的打击了。

此后的时期，恰恰是清政府日益腐朽、陷于灭亡的边缘的年代。罢官后的袁世凯，声望不仅不衰，反而更加成为中外各方面政治势力最为关注的人物。到辛亥革命前夕，袁世凯已经成为当时时局的政治重心，各派都在极力地争夺。袁世凯的政治军事权威地位已经使当时社会普遍形成了“非袁莫属”的心理状态。随着时局的日益糜烂，这种心理和影响也随之更加弥漫起来。这就为北洋集团趁辛亥革命之机实现从地方走向中央奠定了坚实的基础。

1909年9月，袁世凯在洹上度过了他遭谴回籍后的第一个生日，时年虚龄51岁。去年生日，袁世凯在北京正红得发紫，50岁大寿办得盛况空前、极尽风光。今年此刻，今非昔比，袁世凯本不想张扬，只打算悄无声息地过去。但是，写贺信与前来祝寿的文武官员仍然络绎不绝。仅袁世凯复信致谢者就有30员之多。他们有安徽巡抚朱家宝、江西巡抚冯汝骙、山东按察使胡建枢、学部侍郎严修，北洋袍泽张勋、段祺瑞、刘冠雄、王英楷、蔡廷干等人，直隶省官员言敦源、齐耀琳、蔡绍基、冯汝桓等人，驻外使节张荫棠，河南卫辉府、汝宁府等地的地方官，等等。寿诞之日，张勋等北洋军人又行祝贺之礼。一个赋闲在家的罪臣竟有如此大的威力，这在清代的历史上还真不多见。

从1908年底被摄政王载沣罢黜回籍，到1911年武昌起义发生，袁世凯在彰德蛰伏、韬光养晦的32个月的时间里，各种新闻媒体对之报道的消息不绝于道。据《骆宝善评点袁世凯函牍》一书中统计，仅天津的《大公报》与奉天的《盛京时报》两家报纸的报道，有关袁世凯的消息就达106条之多，其中涉及呼吁他“出山”的消息就有64条之多。在呼吁袁世凯出山的人物中，在中央有皇族载涛，枢臣奕劻、那桐、徐世昌、陆传霖、陆润庠等人；在地方有封疆大吏锡良、赵尔巽、李经羲、陈夔龙、张人骏、孙宝琦、朱家宝、冯汝骙、陈昭常、宝棻、增韫、何彦昇、端方等人；有立宪派领袖张謇，北洋将领王士珍、段祺瑞、冯国璋、姜桂题等。另外，还有未指名的“某阁老”、“诸大老”、“某有力者”等。一句话，凡是有资格上言的重量级人物，无不在为袁世凯重返政坛在做努力，他们在请求清廷给袁世凯一个效忠的机会，让他为时局尽一份力。但是，袁世凯的复出与否，取决于清廷。在不到万不得已的时候，载沣是不会起用这个令他寝食不安的军界强人的。事实是，至武昌起义发生、大局糜烂前，清廷始终没有明确透露出让袁世凯复出的意思。清廷不召，袁世凯自不会去主动请缨。况且，面对清王朝危机四伏的现状，聪明如袁世凯者也绝不会在时机不成熟时贸然而出。因此，面对四面八方各种身份的人士让他出山的呼声，袁世凯以矜持的拒绝做出了一副“不复作出山之想矣”的姿态。实际上，他一直在冷静地观察着局势的变化，捕捉复出的最佳时机。

武昌的枪声

在清末时局日益败坏、人心日躁的情况下，1911年，盛宣怀提出的“铁路国有”的口号，敲响了大清王朝的丧钟。

所谓铁路国有，便是由清政府向外国借洋债，来强迫收买老百姓的粤汉与川汉铁路的股份。粤汉铁路与川汉铁路的筑路权，原已由清政府出卖给外国人，是老百姓用自己的钱赎回来的。1911年，摄政王载沣听了盛宣怀的话，要用“国有”的美名，从老百姓手中重新夺去，“押”给外国人，让外国人又以“债主”的资格加以控制。这怎能让老百姓甘心？

于是，在湘、鄂、川、粤四省掀起了“保路风潮”。股东、议员、学生以及一般人士，纷纷请愿、开会、组织团体、罢课、罢市……各地的“保路同志会”风起云涌。有人说“辛亥四川保路之争，为逊清政变渊源”[①]是不无道理的。

在四川保路同志会起义的高潮中，武昌革命党人起来响应，并引起全国反响，从而推翻了清王朝的统治，因此武昌起义被称为辛亥革命之首义。

---

① 彭芬：《辛亥逊清政变发源记》，《辛亥革命》资料丛刊，第四册，上海人民出版社1957年版，第331页。

1911年10月10日，武昌新军起义发生。他们举起了革命的义旗，攻进总督衙门光复武汉三镇，成立了湖北军政府。其后，湖南、陕西、江西、云南、上海、浙江、江苏、贵州、广西、安徽、福建、广东、山东、四川等各省相继响应，清王朝的统治处于土崩瓦解的状态。

为了镇压起义，清政府“以惊人的速度作了一次徒然的努力”[①]。由陆军大臣荫昌亲自率领的第一军迅速南下，军咨使冯国璋率第二军为策应，海军统制萨镇冰督率巡洋、长江两舰队急调武汉，企图“定乱”于俄顷之际。但是，革命如燎原之势迅速蔓延到其他省份，清军大有顾此失彼、力不从心之感；尤为严峻的是，清廷苦心孤诣编练的新军一镇接着一镇地倒向革命。在已编练成军的14个镇、18个混成协和另有未成协的4个标中，竟有7个镇、10个混成协和3个标相继反正和解散、败散。[②]而清政府手中仅存的北洋六镇又不能真正控制住局势。正如荫昌所说：“我一个人马也没有，让我到湖北去督师，我倒是用拳去打呀，还是用脚踢呀？”[③]堂堂的陆军大臣竟然抱怨一个人马也没有，岂非咄咄怪事哉？原来，北洋六镇的将领们多是袁的心腹，袁世凯虽然去职，但其影响仍在，别人指挥不动。在万般无奈的情况下，载沣被迫重新起用军界铁腕袁世凯。各省光复后，当时社会的混乱是有目共睹的，帝国主义列强也更加虎视眈眈，政治形势的发展方向仍然很难预料。面对南北对峙局面，由谁来出头收拾呢？是革命将向前推进，迅速结束清朝的反动统治；还是清政府尽快地将南方的革命烈火扑灭，恢复原来的专制统治呢？清政府、南方革命政权中的重要人物都多少做了一点尝试，但都很难成功。环顾海内，此时似乎只有袁世凯才是收拾时局最佳人选。

辛亥革命为袁世凯重新翻盘提供了机会。没有辛亥革命，在皇权体制下，袁世凯很可能会终老于林泉。但没有袁世凯对清政府的背叛与想夺取政权的野心，辛亥革命的前途似乎也很难料定。

此时的袁世凯重兵在握，他所一手培植和始终暗中控制的北洋军队

① [美]拉尔夫·尔·鲍威尔：《1895—1912年中国军事力量的兴起》，陈泽宪、陈霞飞译，中华书局1978年版，第185页。

② 章开沅、林增平：《辛亥革命史》（下），人民出版社1981年版，第217页。

③ 冯耿光：《荫昌督师南下与南北议和》，《辛亥革命回忆录》第六册，文史资料出版社1963年版，第351页。

是无人可以匹敌的，因为它本身就是清政府的依靠力量，而南方政权军队又大多是未经训练的新兵，战斗力相对不强。可以这样说，当时只有袁世凯具有“翻手为云，覆手为雨”的力量。他也因此成为南北双方争相拉拢的抢手货。南方许其以临时大总统职位促其早日“反正”，结束清王朝的专制统治；清廷则不得不屡次为其加官晋爵，以致使自己的命运完全捏在袁的手中，为其彻底出卖清廷创造了最为充分的条件。这个千载难逢，或者说是古今中外历史上绝无仅有的“机遇”出现在袁世凯的面前，何去何从任由自便。

袁世凯的打算

拥兵自重，并不等于处理任何事情时都能游刃有余。能使自己成为南北方争相拉拢的人物也不是从一开始就确定了的。为此，袁世凯为了达到目的，还是很费了一番苦心的。

清王朝把命运托付给袁世凯，希望依靠这位北洋新军头面人物能把起义镇压下去，但这种打算未免过于天真。如果说在光绪和慈禧太后去世之前，袁世凯还能听命于清朝的话，现在，能将袁世凯与清廷联系起来的因素已经基本上不复存在了。只不过袁作为清朝的一个老臣，面对“孤儿寡母”的清朝统治者，不好撕破脸皮自己起来推翻清王朝罢了。更重要的是，此时的历史条件已经为袁世凯取清廷而代之提供了一个绝好的机会。当时的袁世凯虽在河南的一个小小的乡村养病，但几年的宦海生涯和他的老练精干，使他对当时的政局洞若观火。

武昌起义的次日，适逢袁世凯的生日，他的党羽赵秉钧、张锡銮、倪嗣冲、段芝贵、袁乃宽、王锡彤、杨度等咸集洹上村，为袁祝寿。正当寿宴进行之际，武昌起义的消息传来，举座皆惊。袁世凯意识到“此乱非洪杨可比”，决心应时而出，待机行事。莫理循说：“我们这些‘知道内情’的人当时就晓得袁世凯即将表示赞成共和。”①但问题极为

① [澳]骆惠敏：《清末民初政情内幕》（下），刘桂梁等译，知识出版社1986年版，第250页。

复杂，还有曲折。袁世凯心中有底，并不等于要立即表态。当时，倪嗣冲、段芝贵劝袁乘机而起，称王称帝，黄袍加身。其亲信幕僚张一麟也说乘此“天下大乱，民无所归”[①]之际，登基称王。袁克定也赞同此举。袁世凯毕竟老练，眼光要远大一些，他以前主动与孙中山、黄兴联系，反清之意，早已流露，[②]但他反复思忖，认为此招风险太大，时机尚不成熟。他的顾虑在如下几点：1. 袁氏世受清室恩遇，从孤儿寡妇手中取得天下，肯定要为后世所诟病；2. 清廷旧臣尚多，如张人骏（两江总督）、赵尔巽（东三省总督）、李经羲（云贵总督）、升允（陕西巡抚）均具有相当势力；3. 北洋旧部握有军权者，如姜桂题、冯国璋等，尚未灌输此种思想；4. 北洋军力未达到长江以南，即令称帝，亦是北洋半壁，南方尚须用兵；5. 南方民气发达程度，尚看不透。人心向背，尚未可知。据徐世昌后来回忆说，由于上述五方面的考虑，袁世凯没有急于称帝，而倾向“表面维持清室”，等待形势发展，再行计较。[③]

袁世凯确有勃勃野心，也很有谋略和手腕，但他的成功，并非像后来人们所想象的那样轻而易举。

他对自己的清朝主子忠心不足，异心有加。武昌起义爆发，冯国璋随同荫昌南下路过彰德拜见袁，袁吩咐他不必急于作战进军，而应“慢慢走，等等看”。

10月14日，清廷任命袁世凯为湖广总督，兼办剿匪事宜，他并不马上答应，反而提出六项要求：1. 明年即开国会；2. 组织责任内阁；3. 宽容参与此次事变的人；4. 解除党禁；5. 须委于指挥水陆各军及关于军队编制的全权；6. 须与以十分充足的军费。[④]以此分别取悦于立宪人物、革命党、南方旧官僚，更主要是为自己争取更大的权力。

清廷于10月27日又任命他为钦差大臣，并部分答应了他的条件，即：1. 赶募得力防军，以备驻防收复地面及弹压各属；2. 拨付军费400万两；3. 立即起用王士珍、张锡銮、倪嗣冲等人，调派段子贵、陆锦、

① 张一麟：《心太平室集》卷一，中国社会科学院图书馆藏，第12页。

② 参见廖一中：《辛亥前袁世凯向黄兴、孙中山输诚》，《贵州社会科学》，1992年第1期。

③ 张国淦：《洪宪遗闻》，《北洋述闻》，上海书店1998年版，第73—74页。

④ 李剑农：《戊戌以后三十年中国政治史》，中华书局1965年版，第110页。

北洋士兵及武器

张士钰、袁乃宽等来彰德，供其调遣。[①]但他仍不出来。

又经过一番讨价还价，10月30日，清廷答应了袁世凯要求的全部条件，袁世凯总算答应出山南下了。出山后，他的“战略意图”非常明确：既要利用革命政权，也要利用清政府，最后把权势集中到自己手中。这就是其心腹助手赵秉钧后来所透露的：“项城本具雄心，又善利用时机。但虽重兵在握，却力避曹孟德欺人之名，故一面挟北方势力与南方接洽，一方面挟南方势力，以胁制北方。”[②]但要达到这个目的也不容易，分寸并不太好把握。如果很快就把革命党镇压下去，清廷还是有力量铲除他的，也许就像武昌起义没有发生过一样；过早地结束清政权，不要说从南方捞不到什么好处，或许革命党人还要把他当成新的革命对象。因此，在没有确实弄清两方面意图、没有掌握全部主动权之前，他做了一系列尝试。最突出的就是武汉战争。岑春煊在《乐斋漫笔》一书中写道：“是时袁世凯出任组阁，发起和议，南北代表，群集于沪上。实则世凯手握强兵，直压武汉，外挟民意，以制朝廷，使双方皆受其指挥，而坐收渔人之利，计诚狡矣！”[③]此言信然。

11月1日，袁南下督师当日，冯国璋攻占了汉口。袁世凯立即命令停止前进，派自己的亲信分别试探黎元洪和黄兴的态度，想以此触动革命党人开出价码。在武汉军政府拒绝了袁的君主立宪主张后，袁看到还

① 廖一中：《一代枭雄袁世凯》北京图书馆出版社1997年版，第270—271页。

② 爱新觉罗·溥仪：《我的前半生》，中华书局1977年版，第41—42页。

③ 岑春煊：《乐斋漫笔》，张伯锋、荣孟源：《近代稗海》（一），四川人民出版社1985年版，第107页。

需要进一步威胁革命党，便命令冯国璋于11月27日攻占了汉阳，威胁武昌。此时，黄兴出走，黎元洪避而不出。但袁世凯又“手下留情”了，再次提出议和。这时帝国主义发挥了特殊的“作用”。一出由列强导演、由袁世凯出面、立宪派推波助澜的“南北议和”的“文明戏”就此开场。

同样，在北方，对袁来说，宗社党和北洋军中的革命党同样可怕，同样使他有腹背受敌的感觉，同样牵制他使他不敢四面出击、北南并举。袁世凯应付这种内外交困局面的方法，用他自己的话来形容十分贴切：“诸君知拔木之有术乎？专用猛力，木不可拔。即拔，木必折断。惟用左右摇撼之一法，摇撼不已，待至根土松动，不必专用大力，一拔即起。况清室有类几百年大树，岂易拔者！”[①]他一定认为：清政府是否立宪或者退位，只能视袁个人政治上的需要而定，而不能由革命党、立宪派或是宗社党人来决定。他必须以北方唯一真正的实力派自居，这是他能够按照自己的需要左右政局发展的根本条件。如果听任异己力量（无论是革命的或是保皇的）在北方滋长壮大，他就有被逐出政治舞台的危险。时势迫使他采取的方略只能是“先北后南，远交近攻”，即先倾全力扑灭北方军队中的革命力量，以杜塞宗社党责备他畏葸不前的攻讦，向舆论界表明他对清室的“忠诚”，洗刷他那“活曹操”的恶名；同时，佯装一团和气坐下来与南方革命党和立宪派谈判，将敌对势力尽可能化为和亲势力，再以此为资本向清室邀功，进而以“逼宫”的手段达到他梦寐以求的政治目的。

从地方走向中央

在战略方针已经决定的情况下，袁世凯开始出山收拾时局。其实，袁之志在得天下，不出，名不正，难争权势，难以组织袁氏战线，遑论争天下呢？在这种情况下，袁世凯决意东山再起，重登政治舞台。

---

① 白蕉：《袁世凯与中华民国》，张伯锋、荣孟源主编：《近代稗海》（三），四川人民出版社1985年版，第8页。

第一步，袁利用当时清王朝四面楚歌的形势，首先夺取湖北前线的军政大权。他迫使清廷接连了下四道上谕：1．调荫昌“回京供职”；2．授袁世凯为钦差大臣，“所有赴援之海陆军并长江水师，即此次所派各项军队，均归该大臣节制调遣”，并保证“此次湖北军务，军咨府、陆军部不为遥制，以一事权”；3．拨出内帑银一百万两为湖北军费；4．第一军交冯国璋统率，第二军由段祺瑞接任总统。同时，他以钦差大臣、湖广总督的名义调兵遣将，发号施令。先奏派王士珍督办湖北军务，令他添募新兵12500名，编为湖北巡防营驻守京汉铁路沿线，以巩固北洋军的后路。继而奏派倪嗣冲为河南布政使，令其在豫东一带招募数营，进占皖北颍州，保证北洋军侧翼的安全。接着，在湖北孝感以北之花园设立司令部，以陆锦为参谋长，段祺瑞等主管司令部的各项工作。这样，湖北前线的军权便完全转移到袁党的手中。

第二步，稳住直隶，控制北京。袁世凯的意图不是单纯地对付湖北的起义军，而是要趁机攫权，为此，他采取了下列措施：

第一，密令北京的心腹梁士诒等“着手为政治运动”。他指出“南方军事，尚易结束，北京政治，头绪棼如，正赖燕孙居中策划一切，请与少川预为布置”。随之，梁士诒、唐绍仪、徐世昌、赵秉钧、杨士琦、袁克定、杨度等人在北京开始为袁世凯攫取更大的权力而紧张地进行幕后活动。

第二，派赵秉钧入京沟通奕劻，调姜桂题所部毅军进驻北京城内，把守九门要冲。由梁士诒与赵秉钧合谋，借助毅军的势力，由赵代满人桂春署民政大臣，强制遣散旗籍巡警而以汉人代之。从而控制了北京的局势。

第三，面对京畿附近北洋第六镇统制吴禄贞与第二十镇统制张绍曾的“反叛”现象，派部下周符麟潜赴石家庄刺杀吴禄贞，以李纯继为第六镇统制；通过徐世昌授意心腹潘矩楹逼迫张绍曾离开第二十镇，由潘代理第二十镇统制，从而又把京畿军权重新控制到自己的手中。与此同时，袁世凯又命令曹锟、王怀庆率部镇压了通州革命党人的起义。至此，直隶清军中的革命力量均为袁所镇压，袁的后方得以巩固稳定。

第三步，就任内阁总理大臣，把清政府的权力完全控制到自己的手中。袁世凯出山当天，汉口即被攻下，载沣在自己控制局势发展无望的情况下，解散皇族内阁，授袁世凯为内阁总理大臣。在梁士诒、唐绍仪、段祺瑞、张锡銮、赵秉钧合力斡旋、分途布置下，袁世凯入京就职。[①]袁世凯组阁，立即把自己的党羽和朋友充入内阁，如外务大臣梁敦彦、副大臣胡惟德，民政大臣赵秉钧，陆军大臣王士珍、副大臣田文烈，度支大臣严修，海军大臣萨镇冰，司法大臣沈家本，学部副大臣杨度，邮传部大臣唐绍仪（先后由杨士琦、梁士诒署理）等都是明证。为了掌握中央军权，他组阁后，首先罢免军咨府大臣载涛和毓朗，而由自己的朋友荫昌与徐世昌接替。其次，迫使载沣交出"监国摄政王"的大印，退回藩邸。同时，调冯国璋入京，接任禁卫军总统。不久，又用准备出征的名义把禁卫军调出城外，而派段芝贵另编拱卫军，驻扎城里。这样，袁就接收了清廷统治下的全部权力，玩弄皇太后与幼年皇帝"孤儿寡母"于股掌之上。

第四步，主宰南北谈判，取得国家最高权力。袁世凯在取得内阁总理大臣之职，完成了攫取清政府大权之后，便开始了他的第四步，即取得全国政权。他的策略是在依靠人心所归和雄厚的军事地位的基础上，拉拢立宪派和列强作其帮手，以倡言君主立宪向革命党施加压力进行讨价还价的谈判，反过来，又以革命党要求共和逼迫清室逊位。即"以北方兵力威胁南方，又以南方民气恫吓北庭"[②]。

第一手，向南军伸出橄榄枝，先后派自己的部下蔡廷干、刘承恩、唐绍仪、杨士琦到汉口与上海分别与南军和谈，以摸清南军意图，威胁利诱，迫其就范。

第二手，派遣心腹阮忠枢通告各地自己的党羽："目前要义，当在保持地方秩序，固结军人团体，联合各界感情，增长北方实力，最为当务之急。"巩固北洋团体，推向新的权力高峰，这是袁世凯及其党羽朝夕盼望的大事。12月袁命令曹锟、卢永祥率第三镇进占山西，从革命

① 凤岗及门弟子编，《三水梁燕孙先生年谱》（上），上海书店1990年版，第100、110页。

② 张国淦：《孙中山与袁世凯的斗争》，《北洋军阀史料选辑》（上），中国社会科学出版社1981年版，第140页。

1913年秋各国宣布承认中华民国时各国使节与袁世凯合影

党手中夺回娘子关、太原，委张锡銮为山西巡抚。命令齐耀琳为河南巡抚，镇压当地革命党。授意自己亲家山东巡抚孙宝琦取消独立，并令第五镇镇压当地革命力量。倪嗣冲、赵倜、周符麟则分别向皖北、陕西进军，作出遏制革命军的架势。派张镇芳署理直隶总督，严密控制直隶。密派段芝贵、张锡銮前赴东北三省，说服东三省总督赵尔巽拥袁共和。袁的这一手意在防范万一革命党人不履行诺言，不屈服自己，他拥有华北就可以自行组织政府，与南方抗衡。

第三手，左右开弓，左打右拉。利用北洋军的实力、列强与立宪派

就任正式大总统的袁世凯

的支持、革命党的弱点及自己的资望，迫使革命党人同意让出政府，袁则同意宣布赞成共和，并逼清帝退位，南北双方达成协议。1912年1月3日，在梁士诒的“策划”下，驻俄公使陆徵祥和其他驻外使节，根据袁的示意，纷纷电请清帝退位。26日，北洋军段祺瑞、姜桂题、张勋、何宗莲等48名将领联衔通电，要求清政府明降谕旨，宣示中外，定共和政体，以现在内阁及国务大臣等，暂时代表政府。同日，宗社党领袖良弼遇刺，不久身亡，其他反对共和的满族亲贵纷纷作鸟兽散。2月12日，清帝颁布逊位诏书，统治了中国268年的清王朝正式结束。袁世凯逼宫成功。

在上述措施完成后，2月13日，袁世凯声明赞成共和，孙中山向南京临时参议院提出辞呈；2月15日，临时参议院一致选举袁世凯为临时大总统；3月10日，袁世凯在北京宣布就任临时大总统；4月1日，孙中山正式解职；4月5日，参议院宣布迁都北京，至此袁世凯实现了他对各方政治力量的完全胜利，取革命成果与清代268年的天下而私有。“一个军事的独裁者继承了旧的皇朝”[①]，北洋集团从地方正式入驻中央。又过两年，袁世凯在“二次革命”过程中瓦解了南方各省的反对力量，北洋势力也从此由华北进入长江流域，由原来的直隶一隅最终遍及了全国各地。从新疆，经陕西、甘肃、四川、湖南、湖北、江西到福建以北地区都被北

① [美]保罗·S. 芮恩施：《一个美国外交官使华记》，李抱宏、盛震溯译，商务印书馆1982年版，第12页。

洋势力所控制，即使是国民党的根据地广东也有袁的心腹爪牙龙济光等势力存在。北洋集团势力达到顶峰之时，本可就此统一全国，可惜袁世凯想做皇帝，进而众叛亲离，使得袁氏的绝对权威并未能最终建立起来。袁世凯死后，北洋集团遂成分崩割据的局面，在内耗与混战中仅苟延残喘十余年，1927年后便为国民党新军阀所代替，从此退出了中国的政治舞台。

第十章　袁世凯第十次人生抉择

——一着不慎满盘皆输：袁氏因何“走麦城”

为日本去一大敌，看中国再造共和

——袁世凯遗笔

不用说，在我国历史上，清末民初是一个乱世。常言道，乱世出英雄，在那个动荡不安的年代，袁世凯的确赢得了掌声和地位，成就了他的个人事业的巅峰。

曾经叱咤风云的袁世凯，在历史的长河中已经渐渐远离我们而去，渐渐地为人们所淡忘。但历史也许就在这渐渐被遗忘的时刻，才越发显得出它的生动、真实，才越发引起人们的思考。今天，如果让我们拂去历史的尘埃，抛去旧有的观念，不以成败论英雄，重新评估袁世凯的话，完全可以肯定地说，在清末几十年间，甚至民国最初几年间，袁世凯的创业与经营是十分成功的。

袁世凯的业绩主要表现在如下7个方面：

1. 他是中国现代陆军的奠基者；

2. 他是中国现代军事学校的最早开办者；

3. 他是中国现代警察的最早创办者；

4. 他开创的北洋实业在我国早期工业现代化过程中具有重要的地位；

5. 他在天津开创了中国最早的具有近代意义的地方自治；

6. 他是中国早期立宪运动的积极推动者；

7. 他顺应历史潮流，通过逼宫手段，结束了清王朝在中国长达268年的统治；在促使民国的诞生过程中实际上起到了积极、重要的作用。

按理说，在人的一生中，任何人不要说是完成上述7件大事，只要能够做成上述一两件事情，就已经足可以彪炳青史了，何况一连拥有7件乎？

可是，仅仅因为袁世凯一时头脑发热，听信了一些具有个人野心、无视时代潮流、不知大局的文人宵小们的佞言，在他的晚年，复辟帝制，铸下了大错，一失足成千古恨。

君不见，曾国藩、李鸿章等人仅仅因为举办洋务运动，创办了具有近代意义的海军，开办了一系列的军事工业与民用企业，今天就已经被人们捧上了天。然而，袁世凯在政治、军事、经济、文化等方面的业绩均已经超越了前人，可就仅仅因为他的帝制之举而被功劳尽杀。

这公平吗？

回顾这段历史，每每给人沉重而抑郁的感觉。

不过，冰冻三尺，非一日之寒。我们在重视与总结袁世凯给我们留下的这份宝贵的历史经验的同时，更要重视与总结他给我们留下的惨痛的教训；不仅要看其成，更要观其败；不仅要懂得水可载舟的道理；更要明白水还可覆舟的教训。

谁也难逃周期律

1945年，在延安的窑洞里，著名民主人士黄炎培同中共领袖毛泽东谈话时重点谈到了一个问题。

黄说：我生六十多年，耳闻的不说，所亲眼看到的，真所谓“其兴也勃焉，其亡也忽焉”，一人，一家，一团体，一地方，乃至一国，都没有能跳出这周期律的支配力。大凡初时聚精会神，没有一事不用心，没有一人不卖力，也许那时艰难困苦，只有从万死中觅取一生，既而环境渐渐好转了，精神也就渐渐放下了。总之，一部历史，“政怠宦成”的也有，“人亡政息”的也有，“求荣取辱”的也有，总之没有人能跳出这个周期律。那么，什么是历史周期律？

简言之，“其兴也勃，其亡也忽”的现象，就是历史循环的周期律，这成为中国历代王朝不可超越的历史铁律。

纵观历代政权或经营成功的团体，多则经营几百年，少则维持十几天，但均未能逃脱覆灭惨败的命运。初兴后亡的“周期律”，几千年来一直困惑着历代统治者、管理者。没有一个统治者、管理者不想跳出这个周期律，达到他们所期望的“万年”境界，但也没有一个统治者与管理者能够跳出这个周期律。

从远处来看，秦、隋二朝的短命自不待言，就是强盛一时的春秋五霸中的吴越两国、铁蹄遍及欧亚两大洲的成吉思汗的蒙古大帝国，不也是“其兴也勃，其亡也忽”的最好注脚吗？

袁世凯与他经营的北洋集团，从1894年在天津小站练兵开始起家，经过短短的不到20年的发展，就由一个小小的军事团体迅速成长为一个全国性的军事官僚集团，其领导人袁世凯也水涨船高，入主中南海，成为了中华民国大总统。可是，仅仅过了4年，这个集团就因为帝制问题而离心离德、土崩瓦解，最终也成为了历史周期律的最好的注脚。

袁世凯与他的北洋集团，其兴也勃，其亡也忽，原因不外乎两条：1．利益瓜分不均所致；2．集团主要成员之间“只可同患难，不可同富贵”的狭隘意识的作祟。但归根结底，问题的关键还是出在袁氏集团的团体文化劣根性上面。

事实表明，从袁世凯小站练兵开始，袁氏集团就带有如下特质：

1．投机性。

袁氏集团是一个相信实用主义，重视权力角逐，由一群军人、官僚组成的一个利益集团。有利自己之事则为之，不利自己之事则避之。

在维新变法运动期间，作为该集团的核心领袖袁世凯、徐世昌二人都先后参与了这场旨在挽救中国危亡、使中国走向富强道路的变法运动。但是，他们赞成康有为的爱国主张，却并不支持康有为、梁启超等人的激进的政变举动。因此，在帝、后两党权力斗争阵线明朗、胜负之数已十分明了的情况下，袁世凯、徐世昌立刻放弃了自己的维新主张，坚决选择站在了实力强大的后党阵营一边。

在清末官制改革中，虽然袁氏集团基本上是一个专制观念根深蒂固的私人团体，但一旦袁世凯看到实行君立宪制对他好处更大，可以虚君摄政，操纵更大的权力，便毫不犹豫地一反常态，“尚新更甚”，带领部下倾力进行。当时的官制改革方案，几乎是袁世凯及幕僚一手草订而成。尽管明知前方有危险，明知可能会遭到慈禧太后的反对，但袁世凯依然冒进不已，后虽遭挫仍努力不息。

1911年，辛亥革命爆发后，南方各省主张共和，袁世凯尽管已经就任清政府的内阁总理大臣，但他看到清王朝气数已尽，为了攫取中华民国临时政府大总统的职位，不惜放弃了自己长期主张与坚持的君主立宪制，转而与南方议和，改行共和政体，从而达到他取得最高权力的目的与野心。

实际上，在袁世凯的内心深处，是根本不相信共和政体是能够解决中国问题的。可以设想，如果袁氏集团真有自己的政治主张或政治定见，那么，在辛亥革命中，一旦袁世凯坚持君主立宪制，像在山东时期镇压义和团那样对待革命党人，则清政府大局是否不保、南北是否一定分裂、共和是否顺利诞生，可能都还是一个应当重新探究的问题。这样看来，太注重眼前的利益，缺乏政治定见，实在不仅是袁世凯个人的不幸，也是中华民族在20世纪初叶关键年代丧失了一个极好复兴时机的不幸。

2．趋利性。

袁氏集团是一个以个人利害关系相维系的旨在猎取权力与利益的军人官僚团伙。个人的官位利禄是他们追求的终极目标；为了满足个人利益，他们可以采取一切不正当的手段，其行为并不受任何法纪、制度的约束。

袁氏集团集中国传统政治负面文化之大成。他们在早年的社会化过程中，确定了趋附清王朝统治者来求取高官厚禄的行为准则。在他们趋附袁世凯形成了利益集团后，其集团内部上下之间基本上是一个个人私心和野心的结合体。他们所关注的主要是个人利益的实现与私欲的满足，被他们把持的各种军事、民政机构成为他们联合起来进行谋私、牟利的工具。集团的首领把自己控制的军政机构交给忠实于自己的下属看管。下属官员则屈从上司的旨意运用权力，不断聚敛财物孝敬上级，政治上也唯自己的首领马首是瞻。袁世凯推荐杨士骧接任直隶总督就是一个很典型的例子。

当初，袁世凯在直隶总督任上，因为用直隶的行政费用贿赂中央要员，所以，当慈禧太后调他入京担任军机大臣兼外务部尚书时，他因办公经费亏空太大，一时无法交卸弥补。如果继任者把此漏洞上报中央，则会东窗事发，引发袁世凯仕途上新的危机。一番绞尽脑汁、苦思冥想后，袁世凯向慈禧太后上书，建议让自己派系成员杨士骧接替他的直隶总督位置，果然，杨士骧到任，不久即偿清了袁世凯的所有亏空，自后羡余，就全入了他的私囊。[①]

进入民国后，由于这一集团进入了国家政治生活的核心，袁世凯和北洋集团的政治野心更加膨胀，其政治行为越发不受限制。为了谋取个人和集团利益，入民国以后他们的种种行为，诸如金钱政治、暗杀异己、摧残党人、违背约法以及伪造民意、帝制自为、接受日本“二十一条”等行为都说明了这一点。

可以说，进入民国后，袁氏集团发生了严重的蜕变，由于这一集团的内部成员之间的关系是以谋取个人利益的利害关系相维系的，一旦共同追逐的利益目标不复存在，或者主要成员的利益得不到满足，或者集团内部在重大利益上瓜分不均时，该集团内部的分裂和瓦解也就在所难免了。到了没有更多爵禄可给之时，袁氏集团内部的矛盾和积怨即难以调和。袁世凯最后祭起称帝这件宝器，是不是也是一种没有办法的办法呢？这也正应了“以势利交者，终以势利而败”这句千古不易至理。

3．私人性。

袁氏集团的成员大都视袁世凯为他们的“衣食父母”，以对袁世凯的服从、效忠、报恩为其做人准则，至于国家与政府的政治准则，在他们的眼中，几乎是形同虚设。除袁世凯外，无人能够维系这个集团的团结与权威。

吴虬在《北洋派之起源及其崩溃》一书中的看法一针见血，他说：“北洋军人，多系卵翼于袁世凯，才质驽下者居多，对上只知服从，不敢有所主张，盖北人对长官之忠，非发于公的意识，全基于私的情感，服从之外，更有‘报恩’的观念，牢不可破。只要是‘恩上’，或是

---

① 《袁世凯轶录续录》卷一，第42页。

‘恩宪’，无论是否‘乱命’，必须服从，意谓不如此则为‘忘恩’，受同人道德责备，此北洋军人之共同心理。”[①]

由于袁世凯的提拔和重用，北洋军人官僚集团的成员们才有了高官厚禄、锦衣玉食。因此，他们视袁世凯为恩师与主人，畏威怀德，把个人的前程寄托给他，亦把个人的忠心和才干奉献给这位“恩上”。北洋官僚集团的成员多年受袁世凯的赏识、提拔和保荐，大有“士为知己者所用”的精神，竭尽其才能为他效力，以回报袁世凯的“知遇之恩”。他们之中的旧派官僚自不必说，就连留学日本，受过近代新式资产阶级文化教育的杨度，其政治理想亦是：欲以悬河之口及纵横之术物色一个有魄力有地位有帝王思想的主子，地位要与曾国藩相若，胆子比曾要大，然后帮他取天下，而自为开国元勋。其思想深处依然是传统的“效命于明君”思想。袁世凯正是通过对这些追随者施予恩惠和利益，建立起了一个自上而下的、层次分明的、依附和效忠于他的私人关系网络，使北洋集团成为他在清末民初政争中的有力工具。

4. 拜力性。

迷信实力是袁氏集团的一个重要特征。

在半封建半殖民地的中国社会，近代的政党政治和民主观念实际上从未能真正深入人心过，在近代的中国，实际上也没有滋生它的土壤。作为“舶来品”，它与中国实际国情的结合，客观上还需要条件和时间。这个时间，也许需要百年之久。在此时的政治实践中，要成为成功的政治领袖，不是靠演说、竞选或文章才华，而是要靠军事、政治、外交等能够操纵政局的实力。传统政治和实践，将袁世凯及集团成员磨炼成为一个个实用主义者。他们看重实力，尤重军队。他们深深懂得，在近代中国，从政者如无足够之武力，其政治地位必不易存在与稳定。“在中国，主要的斗争形式是战争，而主要的组织形式是军队。”[②]枪杆子里面出政权；有枪就有权，兵多权则大，这是一条重要的历史经验。袁世凯宦海沉浮的一生及北洋集团兴亡的历史，便是对这条经验最好的

① 吴虬：《北洋派之起源及其崩溃》，《近代稗海》（六），四川人民出版社1987年版，第223页。

② 《毛泽东选集》第2卷，人民出版社1991年版，第543页。

注脚。袁世凯与集团的成员在其日常实践中，认识到实力的重要性，认为只要有实力，就能立足于社会并让人依附。因此，他们崇拜实力，首先依附清王朝和实力派官僚，进而创建自己的实力集团。在这种战略理念的驱使下，袁世凯创建新建陆军，编练北洋新军，举办北洋新政，使北洋集团从军事领域扩充到政治、经济、警政、教育、地方宪政等众多领域，从直隶走向京师，从地方一步步走向全国，成为全国性的政治实力派集团。尽管袁世凯曾一度被皇族亲贵集团赶下台，但他的实力地位却无法改变，列强在华势力一直把袁世凯视为“有实力的人物”，北洋集团成员照样唯他马首是瞻。由于对实力的崇拜成为北洋集团的政治共识，法律公理对他们就显得微不足道。他们都把政治权力当作一种商品来对待，他们完全靠金钱和军队取得政治权力。他们有些像意大利文艺复兴时期的雇佣兵队长，只是把追求个人财富和权力作为他们奋斗的目标。

进入民国以后，袁世凯与北洋集团的成员大都仍然崇拜武力，认为武力是解决一切政治问题的最终手段。当袁世凯欲称帝时，幕僚张国淦曾以舆论、外交、军事三者不允劝之，袁言：“舆论是空气作用，已早有布置，外交有英美钳制日本，军事我有把握。”[①]由于过分迷信武力而忽视其他社会力量的合力作用，最终导致了袁世凯北洋集团在民初国家政治舞台上角逐的失败。

5．帮派性。

袁氏集团具有强烈的结党营私的团体意识。袁氏集团形成伊始，就形成了他们的政治军事势力圈。凡是集团以内之人，他们即互相援引，互相提携，而对非自己团体之人则一概排斥。

据史料记载，光绪末年，“官员欲取富贵者，捷径有二：一曰商部，载振主之；一曰北洋，袁世凯主之。皆内因奕劻而借二杨（杨士骧、杨士琦）为交通枢纽，当袁世凯初莅北洋，梁敦彦方任津海关道，凌福彭任天津府，朱家宝任天津县，杨士骧、赵秉钧均以道员在直隶候补。不二三年，敦彦官至尚书，家宝、士骧均跻节镇，福彭升藩司，秉

① 张国淦：《袁世凯与黎元洪的斗争》，《北洋军阀史料选辑》（上），中国社会科学出版社1981年版，第171页。

钧内召为警部侍郎，其非北洋官吏而攀附以起者。严修以编修在藉办天津学堂，遂擢学部侍郎；冯汝骙与世凯联姻遂擢江西巡抚；吴重熹为世凯府试受知师，遂擢河南巡抚，唐绍仪旧从世凯驻朝鲜，甲午之变，出死力护之以归，故遇之加厚。即夺盛宣怀路政畀之，邮传部开，又用为侍郎，一手把持部务，案卷合同尽为所匿，尚书张百熙虽属世凯姻娅，不能与之抗也。唐绍仪既得志，复引用其同乡梁如浩、梁士诒、陈昭常等，皆列要位。士骧又引其弟士琦入商部。徐世昌久参世凯戎幕，铁良亦常从之练兵，既入军机，始稍稍携贰。世凯不由科目出身，遇投帖称门生者，大喜，必力援之。定成晚入其门，遂掌大理院。方其势盛时，疆臣端方、陈夔龙、陈壁、袁树勋无不附之”[①]。

从1902年开始，袁世凯陆续从北洋随营学堂中选拔学生赴日留学，这些人回国后，大都进入北洋军内担任重要军职。而对非北洋出身的留日学生，袁世凯则不予重用，使他们很难进入北洋军队的要害部门。这种营私的团体意识保护了北洋集团利益不受损失，使各级组织机构都能按照袁世凯的意志运转。由于这种团体意识的作用，载沣上台后，虽放逐了袁世凯，但北洋各镇的各级军官均为袁世凯一手培植，自成体系，亲贵们根本无法插足；而北洋势力遍布清政府各官僚机构，绝非一朝一夕所能铲除。因此，袁世凯虽然远离政治权力的重心，却能在暗中纵横捭阖，加以操纵。

正是因为袁氏集团具有上述几项特质，所以，当慈禧太后死后，尽管袁世凯被罢官回籍，远离政治舞台达3年之久，但该集团却没有因此而解体，相反更加固结。因而，袁氏集团利用辛亥革命之机倾覆清政府，取得政权，就不是一件难以理解的事情了。

另一方面，从袁氏集团的本身来看，它所形成的这套文化观念是传统的宗法式的文化观念，这种文化观念实际上是一柄双刃剑。它在维系和团结袁氏集团成员的同时，也同时埋下了日后纷争的种子。

事实表明，袁氏集团本身就是袁世凯私人欲望长期发展积累的结果。在这个集团中，成员们不知有国家，只知有袁世凯。他们为了自身利益与个人前途和地位而联系在一起，却没有远大的具有生机的理想与

① 胡思敬：《国闻备乘》卷三。

目标。团体之间的联系纽带是以私人关系为基础的，有的人把这些关系叫作感情，其中包括家族、亲戚、师生、僚属、结拜兄弟、同学、同乡等等传统的私人关系。团体的维系只能靠袁世凯这一偶像化的军事权威，一旦这个权威去世或出现问题，团体马上就出现四分五裂、互相夺权的局面。

6. 缺乏世界眼光。

作为统治者，袁世凯及其党羽缺乏近代民主政治意识与新型治理国家的理论与观念。他们所依赖和实行的只是长期以来积累起来的一套传统的官僚统治经验和一味信奉的“实力主义”。作为北洋集团的领袖和中华民国大总统，袁世凯生平除一游朝鲜而外，足未出国一步，故无世界眼光、政治常识。日常所接触者，无非清政府腐败之官僚，于进德修学、炼才建国之道并无多大的益处。民国元年以后，袁世凯及北洋集团的政治眼光和经验与日新月异发展的时代潮流、时尚观念已经拉开了一定的距离。

白蕉在《袁世凯与中华民国》一书中这样写道：“袁氏固非无才无能，其智术、其心力，亦过常人；顾无道德以为体，学识以为用，思想落伍，遂使其一切行事，多入歧途，卒至祸中于生民，流毒于后世！”①

民初著名记者黄远庸曾这样评价袁世凯：“袁总统之为人，意志镇静，能御变故，其长一也；经验丰富，周悉情伪，其长二也；见识闳远，有容纳之量，其长三也；强干奋发，勤于治事，其长四也；拔攫材能，常有破格之举，能尽其死力，其长五也。有此五长，而乃善日少而恶日多者，一由智识之不能与新社会相接，一由公心太少，而自挟植势力之意太多。综言之，则新智识与道德之不备而已，故不能利用其长于极善之域，而反以济恶。既自顾手执政权者十余年，天下之大、变故之繁，无不为其牢笼而宰御，则益骄视一切，以为天下事不过如此。于是其手段日益老辣，其执行益以勇往，乃至举中国之人物为供奔走，尽中国国家之所有，供其政治演剧之材料。某今敢断言于此，长此不变以终古，袁总统者，在世界历史上，虽永不失为中国怪杰之资格，而在吾民

---

① 白蕉：《袁世凯与中华民国》，《近代稗海》（三），四川人民出版社1985年版，第269页。

国历史上，终将为亡国之罪魁。”①

尽管袁世凯做上了中华民国大总统，但他根本就不相信中国能够发展成为一个民主的共和国。袁世凯不懂得共和国是个什么样子，也不知道共和国为什么一定比其他形式的政体优越。他不了解共和的含义，认为中国的老百姓怎能明白这些道理，他甚至结论：共和制的试验是冒险的，而帝制在习惯上和人民心目中却是根深蒂固的，袁世凯的眼光、阅历和所具有的统治经验表明他只能回归到中国传统政治的老路中去寻找发展的出路，终不能于旧势力之外，发生一种独特的政治的生面。他的统治只能越来越趋向恢复旧制，保持旧有的制度，用传统的治国模式，使自己高高在上，以皇权重整所谓的已经“失灵”的权威。

袁世凯自身的这种阅历与观念说明，他是一个传统的人物。袁世凯及其团体只不过是中国在过渡时期的一种半新半旧的产物。这种情况决定了袁氏集团只能是中国政治舞台上匆匆的过客，而不能带领充满危机的近代中国这艘航船绕过暗礁，驶向光明的地方。

果然，袁世凯死后，这一集团立刻土崩瓦解，纷争四起，在内讧中很快就走向了灭亡。

问题出在窝里反

既然袁氏集团是一个利益的结合体，那么，其团体成员依附于他，全是因为袁世凯能让他们升官发财，能让他们得到他们向往的权势与财富。而现在，袁世凯因称帝问题在玩火自焚，再附和袁世凯，他们就有可能成为陪葬品，于是，貌视强大的袁氏集团顷刻呈现出土崩瓦解之势。这正应了那句老话：利益团体是个最不靠谱的东西。因利益而结合，因利益而崩溃，构成了袁世凯集团兴亡过程的轨迹。

袁世凯的老友徐世昌，对袁世凯的败亡，曾经作过如下的议论：

> 旧军人方面言，项城（袁世凯的字）成功，所倚为干城者为段祺瑞、冯国璋、王士珍3人，时称北洋三杰也。帝制失败，

① 黄远庸：《远生遗著》卷一，商务印书馆1984年版。

其原因固甚复杂，而关系此3人者为多。段素性倔强，长陆军有年，冯久驻南京，严然藩镇，渐渐不如当年之绝对服从。项城思以军政大权操之于己，于是在总统府设陆海军统率办事处，以移陆军部之权，已为段所不快。关于军事人员之进退，段请旅长以上由大总统主持，团长以下交陆军部办理，其用心可以想见。项城又借口北洋军队暮气沉沉，另组模范团，挑选各师旅之优秀将校为主干，以别于北洋旧军队。盖因某公子（指袁克定）对于北洋老前辈不能指挥，故项城为其培植新势力，此更予段最深之刺激。某公子最忌段，段又毫不敷衍，即项城左右其他诸人，段亦皆盛气凌之。后来项城对段屡次表示："你气色不好，想是有病，应当休息休息。"7月间，又有陆军次长徐树铮参案发生，以迫胁段。段于是请假赴西山，托辞养病，愤愤不平。段管军事教育，又握军政多年，亦有其普遍之潜势力，然慑于项城之威势，亦无可如何。

当帝制风传甚盛时，7月间冯入京谒项城，言："外间传说，大总统欲改帝制，请预为秘示，以便在地方着手布置。"项城言："我绝对无皇帝思想，袁家没有过六十岁的人，我今年五十八，就做皇帝能有几年？况且皇帝传子，我的大儿子克定残废，二儿子克文假名士，三儿子克良土匪，哪一个能继承大业？你尽管放心。"又言："北洋军队暮气沉沉，有事时便不能用，你在南京要好好整顿，我们自己家人总当团结，保持我们的实力，你既来京，可与相国（徐世昌）、芝泉（段祺瑞）筹划一番。"云云。此次项城说话甚多，对冯抚慰备至。冯退出，忻然密告余。冯回南京，相信袁决不做皇帝矣，及帝制揭晓，以为受袁欺骗，倘袁正位，自己首领且不保，故此后与西南暗通声气，以防阻帝制。冯在南京有实权，其势力固不可轻侮。王则以黄老之学依违其间，一面听袁所为，一面则偏袒于冯。在项城左右，以新势力尚未养成，不得不勾结张勋、倪嗣冲等极旧派以抵制段、冯，某公子皆主其谋。而项城遂陷于孤立，以致失败。[①]

作为袁世凯订交最早、最为倚重的老朋友，时任国务卿的徐世昌见袁世凯断然决定帝制自为，决心引退。

袁克定曾经亲自出马，劝徐世昌改变态度，徐世昌告诉袁克定："帝制我不阻止，也不赞成，请诸君好自为之！"

不久，袁世凯生病，徐世昌登门探望，当时袁乃宽也在一旁。袁世凯叹息道："人生难免生病，生死实难预料。平心而论，我的才能虽然不及古人，但当代中国并无过我之人。任总统4年之久，未能尽展吾志。假如我离位而去，继任之人名虽已预先列出，但才能还在我的下面，中国未来的安危祸福，非常难以预料啊！"

一旁的袁乃宽心领神会，马上接茬说："总统有任期限制，不能尽展您的才华，不如更改国体。"两人一唱一和，袁世凯双目直瞪徐世昌，想逼徐表态。

但是徐世昌主意已决，低头不语，只当没听见，袁世凯非常生气，而徐世昌心里也更加不满。

由于袁世凯极力拉徐世昌入彀，最后逼得徐世昌没有办法，只好开门见山地对袁世凯说："举大事不可不稍留回旋余地，若使亲厚悉入局中，万一事机不顺，无人以局外人资格发言为谋转圜矣，某当此时而求去，非为自身计也。"10月下旬，徐世昌辞职退居河南辉县水竹村，准备帝制失败时，以局外人资格出来为袁世凯收拾局面。

徐世昌还在日记中写道："人各有志，志为仙佛之人多则国弱，志为圣贤之人多则国治，志为帝王之人多则国乱，世之操治化教育之权者盍审诸？自筹安会成立，政象纷纭，故公慨乎言之也。"

徐世昌分析袁世凯失败的原因，认为北洋集团的背叛是其主要原因。确实，在袁世凯帝制自为的道路上，段祺瑞和冯国璋的所作所为加速了袁世凯的失败。[②]

---

① 张国淦：《徐世昌谈洪宪小史》，《北洋述闻》，上海书店1998年版，第75—76页。

② 木子：《袁世凯权术阴谋奸雄之道》，经济日报出版社2006年版，第350—351页。

确实，段祺瑞和冯国璋反对袁世凯帝制自为并非像蔡锷那样出于维护共和的目的，这两人反对袁搞帝制完全是为了一己的私利。到袁政府的后期，两人的势力渐渐坐大，如果政体不改为君主制，则冯、段都有继袁之后问鼎总统的可能，而若实行君主制，皇位世袭，冯、段就再无当上元首的可能。

段祺瑞被称“北洋三杰”之虎，民国以后，段祺瑞久掌陆军，逐渐培植起自己的势力，因此袁、段之间开始有了芥蒂。

关于此事还有一段小故事：

袁称帝以前，小站旧人都恢复了跪拜礼，只有段祺瑞不肯跪，其他问题他都觉得无所谓，就是反对民国时代还要屈膝跪拜。这年正月，冯拉了段一齐到袁那儿去拜年，冯国璋较随和，劝他说：“芝泉，你别任性吧，皇帝和终身总统有何区别？跪拜礼和脱帽鞠躬礼又何尝不是一样？”两人见了袁世凯，冯国璋自己先跪下去，段祺瑞没有办法，只得依样画葫芦也跪下了。袁世凯见了这两员大将跪在自己面前，倒有点不好意思，慌忙站起身来，哈着腰说：“不敢当，不敢当！”

两人坐了一会儿，又到袁克定处，也行跪拜大礼，心里当然是十二万分的委屈，谁知这位大少爷比他老子的架子还大，端坐不动，受之泰然。段祺瑞一肚子委屈，怒冲冲地离去，他埋怨冯国璋说“你看，老头子倒还谦逊不遑，大少爷却架子十足，哪里拿我们当人！我们做了上一辈子的狗，还要做下一辈子的狗！”冯也连连摇头说：“芝泉，莫说你发怒，我也忍耐不住，今后我跟着你走，我们不能再当一辈子狗了。”后来有人将冯、段的不满告诉袁克定，埋怨他不该摆架子激怒了北洋的两大将，谁知袁克定却淡淡地说：“这正是我的安排，这两个人都是老头子养大的，现在他们都有点尾大不掉，我若不折折他们的骄气，将来他们更不得了，难免不爬到我的头上呢！”

袁世凯在接受北洋系将领大礼时，总是喊着自己儿子的名字说：“你们快来还礼呀！”袁克定从不答应，俨然以未来储君自居。

这是小过节，然而，问题虽小，却足以促使北洋系的将领对袁世凯离心。不过这还不是致命伤，最致命的，是他们逐渐感觉到袁世凯不肯向他们说真话，又想解除他们的兵权，他们觉得“鸟还未尽而弓已藏，狡兔未死而走狗将烹”！既然老头子已不把我们当作自己人了，我们又何必对他忠心呢?

当袁世凯小站练兵，也就是袁氏集团草创之初，袁世凯心无旁骛地从事建军工作，所有的事他都亲力亲为，诸如新军规章制度的制定，遴选军官，训练制度的引进、完善等。随着袁世凯在政坛上逐渐得势，袁世凯以军事将领而成为封疆大吏，精力也随之转移到地方行政上去了，而北洋军就交给“北洋三杰”去负责了，以北洋三杰为首的北洋将领的权力也水涨船高。辛亥之后，袁世凯一跃成为民国总统，国事更加繁忙，军事上的事就完全交给了段祺瑞、冯国璋等北洋将领。

民国初年，“北洋三杰”之中，王士珍退出政坛，归隐正定；冯国璋坐镇南京，成为东南的一方藩镇；而段祺瑞则留驻中央，主管陆军部。三杰之中，以段祺瑞的权势最大，袁世凯任总统时期，除了在袁帝制自为的一段时间外，段祺瑞一直担任陆军总长，掌握全国的军权，不但北洋集团的军权握在段手中，就是各省非北洋系的军权，段祺瑞也能统筹调度。段祺瑞既为陆军总长多年，渐渐养成了自己的势力，当时军官选拔、提升都由段祺瑞负责，因此北洋军中的中下级军官多是段的学生和部属，段祺瑞在北洋系中的势力逐渐羽翼丰满。

原来，冯、段两人在北洋军中势均力敌，现在段的势力远远超过冯，冯国璋心中自然不满。

面对这种局面，袁克定劝袁世凯把兵权收回自己手上，同时另外组建一支新军，冯国璋也在极力推动此事。

这样，袁世凯和段祺瑞之间的矛盾，在1913年后就开始激化起来。

当时，留学日本的士官生中，蒋方震和蔡锷、张孝准并称“士官三杰”。蒋方震是当年日本士官学校的第一名，相当于中国的“武状元”，日本天皇还亲自颁给他一把军刀作为奖励，因此很受袁世凯的赏识。袁任命蒋方震为保定军官学校校长。但是因为事先没有和段祺瑞商量，段心存芥蒂，但是又不敢说袁什么，于是蒋方震就成了段祺瑞的出气筒。该校的经费归陆军部划拨，段祺瑞常常为难该校，身为校长的蒋方震负气欲自杀，但自杀未遂，乃愤而辞职。袁世凯改派蒋方震任总统府军事处参议。当时段以陆军总长兼任总统府军事处长，他拒绝发委任状给蒋方震。事情被袁世凯知道后，勃然大怒，便又亲笔下条子，派蒋方震为军事处头等参议，并在头等上加了两个大圈圈。但蒋方震不想受段祺瑞的气，一直不到任，直到段解除军事处长兼职后，才去办公。此事对袁世凯触动很大，于是，他开始了一系列不动声色的对北洋军的改造工作，开始逐步减少段祺瑞对北洋军将领的兵权。

袁世凯把全国兵权从陆军部收归到自己手里的第一个具体措施，是取消总统府军事处，成立陆海军大元帅统率办事处，削弱陆军部的权力。

陆海军大元帅统率办事处是1914年5月9日成立的，囊括陆军、海军、参谋3个部，袁本人凌驾其上，总揽军权。办事处设办事员，由陆军、海军、参谋三部总长及大元帅所派高级军官组成。

统率办事处成立后，段祺瑞的权势大大削弱，陆军部成为了办事处下的一个办事机构，陆军总长也退为办事员之一。段对袁的做法来了一个消极抵抗，不到部办公，一切事务交由他的得意门生、陆军次长徐树铮代为办理。

大元帅统率办事处成立后，袁世凯见收拢军权的第一步已经付诸实现，于是就开始在全国范围推行第二步废省改道、废督裁兵、集权中央的计划。

但是，废督计划还在筹划阶段就走漏了风声。北洋将领们立刻怨声四起。有人大发牢骚："咱们出生入死替袁打天下，袁现在准备做皇帝，就想把咱们打入冷宫！"为了对抗废督计划，北洋将领互通声气采取各种手段进行抵制。袁世凯见势不妙，考虑到北洋军毕竟是自己的老部下，他害怕闹僵了，于是就来了一个缓兵之计。一是先废除都督，改称将军，改名而暂时不改变职权；二是恢复前清文官掌握兵权的制度，将各省巡防营、警备队等地方部队划归民政长官管辖，以分地方军事长官的兵权。

6月30日，袁世凯下令在北京建将军府，并设将军的名号。在将军名号里大有文章，各省有兵权的将领冠以"武"字，没有兵权和地盘的则称"威"。如冯国璋为宣武上将军，段芝贵为彰武上将军，段祺瑞为建威上将军，蔡锷为昭威将军等。

按照袁世凯的解释，无论中央、地方，无论有没有兵权，都称将军，因此将军可以互调，在中央的将军仍可以出掌各省的兵权，而各省将军也可以上调到中央，这样就会无损于将军们的威尊。但袁世凯的真正意图，是逐步解除地方上那些拥兵自重、尾大不掉的疆吏的兵权，逐步将他们调到北京来，用“将军府”的虚衔加以安置，最终完成他的废省废督、集权中央的计划。因此，“武”将军只是一种暂时的过渡，最后，全国将军都将成为只有“威”风，而无用“武”之地的山猫。

袁世凯改造北洋旧军的第三个措施就是编练“模范团”。

可以认定，袁、段最终决裂是因为袁克定编练“模范团”导致的。

袁氏父子成立“模范团”显然是不放心北洋系将领渐渐坐大，想以新军取代北洋军，以取卸磨杀驴与暗度陈仓之计划。对此，北洋系的将领都感到寒心，他们感觉到袁世凯已经不再和他们一荣俱荣、一损俱损，不再是从前那个和北洋军荣辱与共的袁宫保大人了。

显然，袁世凯以北洋军起家，但天下局势还未稳定，就急欲取消北洋军，这是他一生之中最大失策之处。

最初，袁世凯想建的是模范军，但他不愿太刺激段祺瑞和北洋旧将，因此把模范军缩小为模范团，模范团的性质与规模都有别于模范军，更像一个大规模的军官训练班，模范团筹备处处长为王士珍，由统率办事处直接管辖。

1914年10月23日，模范团正式成立，地址设在西城，袁世凯自兼团长，以曾任赤峰镇守使的陈光远为团副，王士珍、袁克定、张敬尧、陈光远为办事员，团本部设在北海。

显然，模范团是袁家班“大圈圈中的小圈圈”。

据史料记载，在筹建模范团之初，袁世凯决定让袁克定担任模范团团长一职，但遭到了段祺瑞的严拒。段以袁克定资格尚浅、不懂军事为由，断然提出了反对的意见。袁世凯大怒，曾当面质问段祺瑞：“那么我任这个团长够不够资格？”厌恶之情，溢于言表。

模范团成立后，士兵由北洋军各师下级军官中抽调，又派荫昌从保定军官毕业生中抽调直、豫、吉、奉各省的280人为中下士，以北洋军各师中的上级军官为该团下级军官。袁预定模范团分作5期训练，每期训练半年，每期可产生四旅的新军军官，暂以训练十师的模范军官为目标。策划训练成熟后，袁特设“新建陆军督练处”，成立拱卫军步兵四旅、炮兵一团、骑兵一团、机关枪营一营、辎重营一营。模范团的军火都是购自德国的最精良武器弹药。

但是，袁世凯显然心情太急，第二期就以袁克定为模范团团长。司马昭之心，从此路人皆知矣。袁克定到任后，自作聪明，特挑选一批中学以上学生与各师下级军官配合训练，但毕业后仅能成立两旅，第一期成立者在后来编为第11、12两师，第二期后来仅编为第9师一师。袁世凯则每星期必乘马至模范团观操一次，观操的时候必召集军官训话。

袁世凯在军队中培养自己新的军事力量的同时，还有意冷落段祺瑞，平时对他的消极态度视而不见，但陆军部一出差错就找到他，训斥段一通。

有一天，袁召段进府查问一事，段回答说：“要到部查明。”袁世凯大为光火：“怎么还要查明，你的呈文不是已经送来了吗？”段祺瑞非常尴尬。因为他根本就没看过这件公文，是徐树铮代他签名送上来的。

袁世凯因此借题发挥，指责冯、段。他常对人说：“咱们北洋团体，还成一个什么样子的团体，冯国璋要睡到12点钟以后才起床，段祺瑞老不到部！”

袁和日本就“二十一条”进行谈判的时候，陆军部上了一道呈文，请求增加职员薪水，袁世凯作了如下批示：“稍有人心，当不出此！”

“二十一条”签署后，袁克定公开向人表示：所以要向日本屈服，只是因为中国不能抗日；为何不能抗日？因为陆军不能作战，陆军部事务无人负责，因此袁总统不能孤注一掷，冒险去抗日，将签约之责，一股脑全推到段祺瑞的身上。

不久，陆军部发生茶役藏置炸弹案，日本报纸大肆宣扬此事为袁谋杀段的政治阴谋。这件事可能不是袁世凯干的，但是谣言的流传说明了袁、段矛盾已成了公开的秘密。

炸弹事件之后，段从此不再到陆军部上班。

徐树铮是段祺瑞最亲信的人，当然也就成了袁世凯最讨厌的人。袁想将他调职，段祺瑞怒不可遏，与袁争论了起来，最后干脆威胁：“很好，请总统先免我的职，随后要怎样办就怎样办。”

回去后，段祺瑞向袁世凯呈上辞职函，不等批准就赴西山养病去了。

这正中了袁世凯的下怀，现在段祺瑞自己请辞正是求之不得，袁世凯于是就让“北洋三杰”之一的没有羽翼的王士珍出任陆军总长。

袁世凯选归隐已久的王士珍而不选北洋的另一大将冯国璋，个中原因人们十分清楚。

“北洋三杰”中，王士珍喜欢黄老，个性最随和。民国成立后，王士珍功成隐退，回到了正定原籍，不再过问民国政治，相比重兵在握、坐镇南京的冯国璋，王士珍归隐多时，手里没有军队，袁世凯自然对他比较放心。

早在1914年春，袁世凯就派长子袁克定到正定以叙旧的名义将王士珍接到了北京。王、段两人私交甚厚，王士珍不肯出卖朋友，一再表示不愿出任陆军总长，但见袁的心意已决，为自保起见，只好走马上任，挂个职务而已。

1915年5月31日，袁世凯派王士珍署理陆军总长，并下令给段祺瑞两个月的病假，赠人参4两，医药费5000元。后来，再经过虚情假意的挽留后，袁世凯正式下令解除段祺瑞陆军总长的职务，这是1915年8月29日的事。

段离职后，陆军次长徐树铮也被撤职，袁世凯让肃政厅弹劾徐树铮订购外军火浮报40万元，于6月26日免去他陆军次长职，以田中玉继任。

袁、段之间由于段的病假、袁的明令给假而惹起满天风雨，外间普遍谣言袁、段已经正式决裂。为了辟谣，8月3日，段祺瑞不得不发表通电：“廿年前大总统在小站练兵时，祺瑞以一武备学生充下级武秩，与大总统素无关系，乃承采及虚声，立委为炮队统带，升任统制，不数年由千总微秩，擢道员、总兵、副都统各职。及大总统东山再起，祺瑞复见任湖广总督、陆军总长各职，以大总统知祺瑞之深，信祺瑞之坚，遇祺瑞之厚，殆无可加。是以感恩知己，数十年如一日，分虽部下，情逾骨肉。近数年来，祺瑞因吐血失眠，吁恳息肩，乃包藏祸心之某国报纸，以挑拨离间之诡计，直欲诬祺瑞为忘恩负义之徒，甚至伪造被人行刺之话，更属毫无影响。不得不略表心迹以息讹言。”①

中国官场向来是谣言越辟越真，段所谓行刺及某国报纸，指的就是陆军部发生的茶役偷置炸弹案，日本报纸指为是袁欲谋杀段的政治阴谋。

各种信号表明，袁氏集团分裂已趋明显化、公开化。

不久，因袁世凯复辟帝制，护国战争打响，袁世凯不得不调兵遣将，部署力量，征付护国军。

环顾左右，谁来主持征滇军事？最合适的人选当然要数段祺瑞，当年平定“二次革命”，踏平国民党军队占据的长江中下游各省，就是段祺瑞一手指挥的。但此时段因抵制帝制，被袁世凯解除了陆军总长职务，正在西山“养病”。当此“国难思良将”的重要时刻，袁世凯又想让段祺瑞出来主持一切。

一天，袁世凯派人带了许多礼品来看段祺瑞，要段率军南征。此时的段祺瑞，犹如当年武昌起义后的袁世凯，清廷要袁出山，他却借口“足疾未愈”讨价还价，只是段祺瑞不讲任何条件，也不出来领兵。段的真正意图和心态是，袁世凯称帝必然引起全国的反对，现在西南起兵，看你怎么应付，我绝不为你当炮灰。他在静观时局变化，不仅如此，段祺瑞还分别与护国军和调往前线的北洋军暗通消息。

段祺瑞不挂印出征，北洋将领中能和他比肩的，这时候只有冯国璋了。“北洋三杰”中的另一位王士珍不留恋权力，虽然被袁世凯请出来取代段祺瑞为陆军总长，但态度甚为消极，又长期不掌兵权，在人们心目中的印象已经淡化了。而冯国璋则不然，辛亥革命后虽然不像段祺瑞那样掌握中央军权，但先后做过直隶都督和江苏都督，担任江苏都督时，驻扎南京。南京乃东南重镇，一般地方都督、将军不能比，以致有人把他看作帝制成败的关键，“左袒则左胜，右袒则右胜”。然而冯国璋既不左，也不右，始终居中间立场。对袁世凯要他出任征滇统帅一事，他以有病为名，托词不就。

段祺瑞和冯国璋是北洋军中一流的军事人才，从袁世凯清末练兵

① 张华腾：《洪宪帝制》，中华书局2007年版，第142—143页。

到民初问鼎，直至驱赶孙、黄国民党稳定全国局势，他们为袁世凯建立独裁政权做出了巨大的贡献。在民主共和的政治局面下，凭借他们的实力和威望，袁世凯以后，他们有足够的实力竞争国家元首；而袁世凯称帝，袁氏子孙万世一系，就等于杜绝了他们出任元首的机会。最不能让他们容忍的是，以后他们还要对蛮横骄傲的袁克定称臣。正如冯国璋所说："帝制自为，传子不传贤，像这样的曹丕（指袁克定），将来如何伺候得了。"[①]北洋集团中仅次于袁世凯的两大军事支柱段祺瑞、冯国璋不支持帝制，不出任征讨护国军的总司令。无奈，袁世凯只好亲自指挥，在北京设立征滇指挥部。此时的袁世凯可谓焦头烂额，内有护国军讨袁，外有列强不承认帝制；既要征滇，又要应付外交。

这一时期北洋军中的二流将领，直接参与讨伐护国军的要数曹锟，三流的如张敬尧等，四流的如吴佩孚等。他们这些人不像段祺瑞、冯国璋，具有竞争元首的地位和实力，因此直接听命于袁世凯。但是他们也不是完全死心塌地为袁卖命，而是各有各的考虑。

面对护国军的进攻，袁世凯按当年康熙帝平定平西王吴三桂的策略，分三路进兵云南。任命曹锟为第一路总司令，第一路包括曹锟的第二师、张敬尧的第七师和李长泰第八师中的王汝贤旅，这是北洋军正面进攻的主力，兵进四川。这一路军队按袁世凯的部署开往前线，然而他们并没有到前线去建功立业的雄心壮志，而是考虑万一袁世凯失败以后怎么办？曹锟的悍将、时为混成旅旅长的吴佩孚说："我们不能一味地服从命令，应该多留几手，暗中联络各省，将来项城失败，可免赞成帝制之嫌疑，如果护国军失败，则与项城交谊还在，此为一举两全之策。"北洋军主力部队中的将领竟有如此投机心态，在前线的表现就可想而知了。曹锟按吴佩孚的建议行事，一方面继续向袁世凯敷衍，一方面与各省联络，暗通消息。

最早与护国军接仗的是陈宧。帝制运动中，陈宧可以说是一个铁杆帝制派。早在帝制运动进行之中，他就曾致袁密电，表示忠心："我军人以定乱保安为天职，但知效忠元首，不识其他……伏乞大总统俯顺舆情，毅然裁断，深维孔子正名之义，上追大舜察迩之训，早定大计，以

① 恽宝惠：《谈袁克定》，《文史资料选辑》，总第26辑，第141页。

幸天下。”1915年2月，袁世凯任命陈宧会办四川军务，同时抽调北洋军中的李炳之、伍祯祥、冯玉祥三个混成旅随其入川，完全将陈宧视作嫡系。陈离京前，按北洋军内部的规矩，要给总统叩头谢恩。陈宧带着三个旅长面见袁世凯，他“伏地九叩首，膝行而前，嗅袁之脚”，大呼“大总统如不明岁登基，正位中国，陈宧死都不回来了”。陈宧如此作态，连袁世凯都有点受不了。

然而，陈宧却是一个反复无常的小人。袁世凯对他如此厚爱，离京前还曾让袁克定与之换帖为盟兄弟，而到了四川以后反而对袁世凯颇有怨言。原来他离京前，袁世凯曾面许他川、滇、黔三省军务交他全权处理，但至四川后不仅没有落实，袁还派张联棻取代刘一清（陈的湖北老乡）做他的参谋长。为此，他认为这是袁世凯对他不信任，派张联棻就是来监视他的。后来袁世凯派曹锟督师入川，事先没有征求他的意见，也引起了他的不满。这些都促使他对战事采取消极应付的态度。蔡锷曾电劝他响应独立，他没有接受，在电文中也从来不骂蔡，对蔡锷始终保持着一种似敌非敌似友非友的态度。据袁世凯的亲信夏寿田说：“陈宧督川，在袁本倚做西南屏藩。陈未出京前，首先以帝制谄袁，故袁深信之其受命督川，赫赫一时，袁之宠信，几架乎北洋诸将之上，北洋旧部多不服，且以其人终有贰心也。帝制公开，陈一致赞成，滇黔事起，一面与北洋主张讨伐，一面与西南通款。”

前线北洋将士如此，后方北洋将士又如何呢？

1916年3月19日，直隶将军兼巡按使朱家宝向袁世凯呈了一个密电，揭发冯国璋等人的幕后逼宫行为。原来，冯国璋密电与他有联系的各省军政要员，建议共同发出一个压迫袁世凯取消帝制、惩办祸首的联名电报，借以打击袁世凯。回电表示同意列名的有江西将军李纯、浙江将军朱瑞、山东将军靳云鹏和湖南将军汤芗铭。冯国璋觉得五个人联名声势还不大，想进一步扩大范围，因此又以五个人联名密电的形式征求其他省将军的意见。不料这个密电到了朱家宝那里，被朱告了密。当袁世凯看到密电中请求“取消帝制，以安人心”时，几乎要晕过去，至此他才知道，自己一手培养起来的北洋诸将，已经转变成他的敌人，而内部的敌人，比护国军这个敌人更可怕。他预感到自己的末日就要到来了，两眼失神地对夏寿田说："完了，一切都完了，我昨天晚上看到天上有一颗巨星掉下来，这是我生平所见的第二次。第一次文忠公（李鸿章）死了，这次也许轮到我了。"

就事实而言，蔡锷倒袁对袁世凯来说不过是癣疥之病。雷声大，雨点小，并不能起到决定性的作用。他也没有能力与实力去实现推倒袁世凯的愿望。但是，最怕的是北洋团体内部出现问题。俗话说，堡垒往往从内部攻破。经过蔡锷一点火，袁氏集团内部的倒袁动作，就像一个癌细胞一样迅速扩散开来，它导致了袁氏集团架构与秩序无法正常运作，从而注定了袁世凯及其集团失败的命运。

半厚半黑难成事

抗战时期，四川富顺自流井地方有个叫李宗吾的人，著书立说，先后发表《厚黑学》、《厚黑经》、《厚黑传习录》等文，将中国二十四史、四书五经，从厚黑的角度进行解析，视角独特，言语犀利，令人耳目一新，故大受欢迎，在市场上一直畅销不衰。

李宗吾认为，三国英雄，首推曹操，他的特长，全在心子黑。他杀吕伯奢，杀杨修，杀孔融，杀董承、伏完，杀皇后、皇子，心狠手辣，悍然不顾。他敢于明目张胆地说："宁可我负天下人，勿使天下人负我。"有这样的本领，当然可以成就大事。其次，要算刘备。他的特长，全在脸皮厚。他因为没有根基，长期靠依附别人为生，而且平生善哭，以弱示人，善于求得同情。有这样的本领，当然也可以成事。此外还有一个孙权，心子之黑，仿佛曹操，脸皮之厚，又如刘备，二者兼备，也就不能不算是一个英雄。

如果用宗吾大师的理论来评估袁世凯，来看待他的失败原因，倒也能悟出几分道理。

按道理说，袁世凯行伍出身，长期戎马生涯，杀人也算无数，对于鲜血该早已司空见惯了吧，说他心黑，似乎不应为过。他先背叛清室，后又背叛民国，脸皮也算够厚的了吧。他既然是一个既黑又厚的本色英雄，为什么最后却落得个里外不是人的惨败下场呢？这就需要我们开动自己的脑筋，不要被一些所谓的大历史专家的表面上的观点所迷惑。

实际上，袁世凯的心子还不够黑，脸皮也不够厚。如果他的心子黑得彻底，黑得透亮发光，脸皮厚得真如十八丈城墙的话，他是有机会做成皇帝的。

辛亥革命的真实情况是，武昌起义发生后，为了镇压起义，清政府以惊人的速度做了一次徒然的努力。

但是，革命之火已如燎原之势迅速蔓延到了其他的省份，清政府大有顾此失彼、力不从心之感；尤为严峻的是，清廷花了大量财力与心血编练的新军一镇接着一镇地倒向了革命。清政府的手中，只剩下了袁世凯一手编练的北洋六镇。但是，北洋六镇的将士们多是袁世凯的心腹，他们虽然没有背叛清王朝，但别人根本指挥不动。在万般无奈的情况下，监国摄政王不得不重新起用这个令他头痛无比的军界铁腕人物。

面对南北对峙的局面，清政府、南方革命政权都多少做了一点尝试，但都很难成功。环顾宇内，此时似乎只有袁世凯才是收拾时局的最佳人选。

此时的袁世凯重兵在握，他一手培植和始终暗中控制的北洋军队无人可以匹敌，而南方政权的军队则大多是临时招募而未加训练的新兵，战斗力根本就不行。可以这样说，当时只有袁世凯具有“助汉则汉兴，助楚则楚兴”的军事力量。他也因此成为南北双方争相拉拢的对象。南方许其以临时大总统职位促其早日“反正”，结束清王朝的专制统治；清政府则不得不屡次为其加官晋爵，委他以重任，希望他像当年的曾国藩一样，将反叛力量迅速镇压下去。

这个千载难逢的机会就摆在面前，何去何从可以说任由袁世凯自由选择。

但是，在这个可以说是民无所依、局势不明、完全可以帝制自为的关键时刻，袁世凯却并没有马上去黄袍加身。对此，历史学家们普遍认为是由于袁世凯当时的军事、政治力量不够，还不足以去发动“陈桥兵变”，像宋太祖赵匡胤那样来个黄袍加身。

事实果真如此吗?

长期以来，人们认为由于辛亥革命是以孙中山为首的革命党人发动领导的，因此孙中山应该是理所当然的中华民国政府临时大总统。然而，当时的真实情况是，自从武昌起义爆发后，国人普遍瞩目翘盼的对象却是袁世凯而不是孙中山。这是因为，当时的客观情形是，各省纷纷独立，国家四分五裂，政权失去重心，假如要维持国家统一，早日结束国内战争，达到国内各方政治势力的平衡，就需要有一个能为南北双方都普遍接受，同时又强有力的具有全局影响力的铁腕人物。而袁世凯则正是被各方视为既能促使清帝退位，又能保持国家统一，并且免于列强干涉的唯一合适的人选。正因为这样，武昌起义发生后，国内外不少势力纷纷要求清政府起用袁世凯，其目的无非是要借用袁的威望和力量来扑灭南方革命的烈火。

然而，几乎在清政府起用袁世凯的同时，南方革命党人也把视线集中到了袁世凯的身上，反清阵营中同样产生了“非袁莫属”的舆论与呼声。黄兴就亲口许诺：如果袁世凯能够起来推翻清室，国民党就选举他做大总统。此后，随着南北议和，对袁妥协的空气更加弥漫到南方独立各省。这种情况所以产生，绝非用偶然性的理由能够解释清楚。事实上，这也正是当时中国实际情况的客观使然。

客观地说，袁世凯取代孙中山而为临时大总统，确实反映了当时国内一定的实际政治状况，并不完全是袁的权术，也不尽是立宪派和士绅名流为虎作伥的结果。在中国这样一个传统的小农经济国家，政治影响表现为行政权力支配社会，而行政权力的获取与权力行使的基础无疑是军事权威，离开这个本质问题就无法理解当时的政治发展规律。例如，黄兴在担任南京临时政府的陆军总长、参谋总长时，因“无主兵，命令难行”，许多军队他根本指挥不了。孙中山当临时大总统，“政令不出南京，甚至出不了总统府”[①]。这也从一个侧面反映了袁世凯在当时作为军事、政治权威的重要性。

1911年武昌起义发生，拥有实力的各省立刻纷纷宣布独立，就连清王朝倚为柱石和干城的袁世凯及其北洋军队也都因为南方赠送的总统一职而从内部倒戈出来。从一定意义上说，清王朝与其说是被革命推翻

① 何遂：《辛亥革命亲历纪实》，《辛亥革命回忆录》（一），文史资料出版社1961年版，第488页。

的，倒不如说是在一定条件下自己内部迅速烂掉的更为恰当。认识到这一点是很重要的，因为，从历史上看，在一场革命中，推翻旧政权的过程越是艰难，需要的时间越长，对革命后新生政权的建设往往越会产生有利的影响。因为在这一过程中，不仅会形成一支可以作为新政权基础的强大的军队，也会造就一个较为成熟的领导集团。而这两者是任何新政权的建设都不可或缺的。

但是，辛亥革命推翻清王朝的过程似乎是太容易了，更多的困难留给了革命之后。由于清王朝不是由长期的剧烈革命斗争推翻的，也就没有为革命派在战争中创建一支强大的军队创造条件。在当时，虽然在一些地方，特别是在南方的一些省份，独霸一方的实力派们曾纷纷站到革命一边，但对于手中没有什么实力的南京临时政府来说，要控制和指挥这些军事力量是相当困难的。这种情形也反映在领袖的影响力上。孙中山个人的威望和影响是形成临时政府权威基础的一个重要因素。历史上许多革命的例子都表明，领袖个人的魅力和感召力是形成革命后新的政权基础的一个重要方面。但“轻而易举”的辛亥革命无法为形成这样的领袖提供舞台。孙中山虽具有相当的威望，但与历史上那些在长期艰苦斗争中形成的“革命英雄式的领袖”是不同的；而且，孙中山的大部分革命活动是在海外进行的，因此，孙中山在海外华人中的威望要远高于国内。种种迹象表明，利用领袖个人感召力来建立南京临时政府权威基础的条件并不充分。在上述条件下，南京临时政府只维持几个月，就不得不将权力移交给袁世凯，这就毫不奇怪了。

革命的基本问题是政权问题。资产阶级革命派长期斗争、梦寐以求的就是推翻清王朝封建专制政权，建立一个资产阶级民主共和国。武昌起义和全国响应为这个共和国的建立提供了机会。经过独立各省代表的讨论酝酿及孙中山的回国，1912年1月1日，中国第一个资产阶级共和国——中华民国终于诞生了。对此，孙中山高兴地说：“予三十年如一日之恢复中华，创立民国之志，于斯竟成。”但是，这个南京临时政府实际上却并未能如孙中山所愿的那样成为一个强固统一的政府，它从一开始就软弱无力，对独立的17省政权从未实现过真正的号令权力。

在南京临时政府成立的过程中，独立各省就存在着严重的派系斗争和畛域观念。在建立全国统一的政权活动中，就出现过武昌和上海两地相争的现象。1911年11月7日，湖北都督黎元洪以“义军四应，大局略定，唯未建设政府，各国不能承认交战团体”为由，向各地军政府发出征求意见电。越二日，便通电各省代表赶赴武昌，筹组临时政府。对于黎元洪的这种做法，江浙革命党人与立宪派首领立即起而抵抗。11月11日，江苏都督程德全和浙江都督汤寿潜联名致电上海都督陈其美，提议在上海开会，筹建革命政权。理由堂而皇之，即上海既是位居交通枢纽，又是为列强各国注视之地。陈其美随即于11月13日通电各省代表来沪。11月15日，浙江、江苏、镇江、福建、山东、湖南、上海七处代表在沪集会，成立“各省都督府代表联合会”。这样，便形成了武昌与上海两个争夺建立中央政府的权力中心，直到孙中山回国到沪，武昌、上海两地的争吵与矛盾才算告一段落。

同时，在南京临时政府的运作过程中，独立各省并不听命，中华民国临时政府实际上成为一个对外名义上的代表独立各省的共和国中央政府。1912年1月1日，孙中山在南京就任中华民国第一任临时大总统时宣誓说：“倾覆满清专制政府，巩固中华民国，图谋民生幸福，此国民之公意，文实遵之，以忠于国，为众服务。至专制政府既倒，国内无变乱，民国卓立于世界，为列邦公认，斯时文当解临时大总统之职。谨于此誓于国民。”他还发布了《临时大总统宣言书》和《告全国同胞书》，提出中华民国临时政府的任务是：“尽扫专制之流毒，确定共和，以达革命之宗旨。”但是，要真正实现上述任务谈何容易。在民国初建、内忧外患、困难重重之时，临时政府要求其中坚力量同盟会加强统一领导，以适应千变万化的复杂局面，但同盟会却恰恰相反，在革命的紧要关头，反而更加涣散了。1912年1月3日，南京临时政府刚刚成立，章炳麟就宣布正式脱离同盟会，而与立宪派、旧官僚联合，在上海组织中华民国联合会；1月14日，沪军都督陈其美因不能容许光复会首领陶成章在自己的禁脔之内活动而派蒋介石将其暗杀于上海法租界广慈医院；湖北革命党人孙武由于未能取得南京临时政府中的部长席位，便愤然脱离了同盟会，转而联合湖北的立宪派另行组织“民社”，拥戴黎元洪为领袖，与同盟会作对。革命尚未成功，南方政府内部就已经四分五裂。

不仅如此，孙中山回国到沪所以受到东南各省民军的热烈欢迎，一个重要的原因就是光复各军是把他当作财神来迎接的。当时盛传他“携华侨捐款数十百万以来饷军者”，江浙联军的将领们轻视黄兴而支持孙中山，这也是一个重要因素。孙中山当选临时大总统当日，即有将领前来相问：“公携华侨捐款几何？诸军望之如望岁焉！”但是孙中山当时既没有华侨捐款，也没有借到外债，回答只能是那么空洞无力的一句话：“我携归革命精神耳！”[①]这不能不使他的威信大受影响。在这样的情况下，孙中山的号令就大大地被打上了折扣。孙中山当上临时大总统，手中无兵无将无钱，临时政府设在南京，但是在革命后，江苏省政府也常常是不买孙中山的账。南京临时政府从成立的那一天起，就因财政上的困难无法维持下去。当时任南京临时政府秘书长的胡汉民在后来回忆中说：“一日，安徽都督孙毓筠以专使来，言需饷奇急，求剂于政府。先生（指孙中山）即批给二十万。余奉令到财政部，则金库仅存十洋。”当时，孙中山为了摆脱南京临时政府的经济窘境，亦曾努力谋求日本等国在经济方面的支持，但列强皆从自己国家的现实利益出发，一致拒绝了南京临时政府的借款请求。孙中山在后来解释这一段历史时曾沉痛地说：“局外人不察，多怪弟退让。然弟不退让，则求今日假共和，尤未可得也。盖当时党人，已大有争权夺利之思想，其势将不可压。弟恐生出自相残杀战争，是以退让，以期风化当时，而听国民之自然进化也。”[②]无可奈何心态溢于言表。

历史进程往往是受内在的一般规律支配的。袁世凯在清末民初的政治舞台上所以能脱颖而出，实际上决定于当时的社会政治经济状况，受历史发展的必然规律制约是毫无疑问的。同时，也与当时交错的各种因素相关。袁世凯作为一个有能力的汉人官僚，也占尽了当时社会上普遍存在的“排满”心理、呼唤“强人”出现的时望的便宜。当时，企盼权威、喁喁望治的政治心态，并非民族资产阶级所独有，希望汉族军事强人入主政治中枢，不仅是一般人的“民意”，甚至孙中山、黄兴等革命

① 中国史学会：《辛亥革命》（七），上海人民出版社1957年版，第56页。
② 《总理全集·函札》（上），第375—376页。

领袖也曾有过类似的看法。

1912年2月13日，孙中山在给南京临时参议院的咨文中就说过："此次清帝逊位，南北统一，袁君之力实多，发表政见，更为绝对赞成，举为公仆，必能尽忠民国。且袁君富于经验，民国统一，赖有建设之才，故敢以私见贡荐于贵院。请为民国前途熟计，无失当选之人。"①

袁世凯任临时大总统后，孙、袁会谈，讨论国家大政方策，孙中山回上海发表演说又指出："故余信袁之为人，很有肩膀，其头脑亦甚清楚，见天下事均能明彻，而思想亦很新，不过，做事手腕稍涉于旧，盖办事本不能全采新法。革命起于南方，而北方影响尚细，故一切旧思想，未能扫除净尽。是以北方如一本旧历，南方如一本新历，必新旧并用，全新全旧，皆不合宜。故欲治民国，非具新思想、旧经练旧手段者不可，而袁总统适足当之。故余之荐项城，并不谬误。"②"十年之内，大总统非公（袁）莫属。"③

另外，在当时，还有一个不可忽视的重要因素，这就是西方列强的作用和影响。在当时半殖民地的中国，凡属重大的内政措施，不得到列强的支持与认可是难以行得通的。半殖民地半封建社会的中国遭受帝国主义列强掠夺瓜分的基本国情，大大加剧了问题的复杂性和严重性。列强需要的是对其俯首听命，但又能以高压手段、维持社会治安的强人，袁世凯正是当时的合适人选。

正因为如此，各国在华公使公开扬言："只有袁世凯才能得到列强的信任，因为他已经显示出他的治理国家的才能比当代中国任何政治家为高。""任命像孙中山或黎元洪这样的领袖为民国总统，决不能指望得到列强的早日承认。"

列强支持袁世凯上台的力量是强大的。

列强的这种态度无疑成为时人对局势观察的重要参照和依据因素之一，这对于国人的盼袁心态又起了推波助澜的作用。人心普遍厌战并害怕列强干涉，从而一致强烈要求列强挑选的代理人袁世凯出面解决时局

① 《孙中山全集》第2卷，中华书局1982年版，第85页。

② 《孙中山全集》第2卷，中华书局1982年版，第484—485页。

③ 《民生日报》，1913年7月29日。

问题，自然也就成为当时一个无可挑剔的选择。

列强的支持，为袁世凯的成功提供了必不可少的条件。

不仅如此，辛亥革命推翻清王朝统治以后，由谁来担当起治理国家的重任一时显得十分的迫切与重要。

治理国家远非进行革命斗争所能相比，需要有一批真正具有治理国家经验的人马。

但就当时的实际情况来说，革命党人实在难以胜任。

同盟会为其最广泛组织的革命组织，在辛亥革命前的年代里没有能够始终保持团结一致。它的全国性领导人往往与各省的革命发展联系甚少，不能把在革命进程中成长起来的各种势力融为一个紧密结合的整体。尤其要命的是，他们担心持续的分裂和战乱可能导致外国的全面干涉，更担心自己因为无钱无声望而不能坚持下去。随着这种忧惧心理的蔓延，当解决全国性基本问题的时机来临时，他们因为没有能力，不得不让位给袁世凯。

同时，革命党人虽然有着高度的革命热情与建立一个富强国家的美好愿望，但他们长期流亡海外，缺乏实际从政经验、执政能力与为各方所接受的资望。

北洋为世所重，民党为俗所轻。这就是当时历史的真实情况。

关于这一点，黄兴在1912年6月就说得很清楚。他说："事情很清楚，没有行政工作阅历的青年人不能忽视那些（旧人）的国务才干，尽管那是旧制度的才干；军队应该留下一批行家，尽管他们先前为清朝卖过命；外交方面，需要在欧洲有影响的人物，尽管他们的活动与清朝有联系；无论制度破坏得怎样合理，我们没有旧制度有经验的官员却是不行的，姑且这样说吧！"[①]这也从一个方面说明，袁世凯及其党羽长期以来积累起来的巨大政治资源，已经成为当时人们需要和倚重袁氏集团的一个重要因素。不然的话，为什么在清帝退位、袁世凯宣布共和政见、孙中山提出辞呈之后，南京临时参议院马上就"开临时大总统选举会"，并且会"满场一致，选公（袁世凯）为中华民国临时大总统"

① 《黄兴同俄国驻汉口领事馆秘书沃兹涅斯基的谈话》，转引自《天津社会科学》1990年第5期，第93页。

呢？“查世界历史，选举大总统，满场一致者，只华盛顿，我中华民国之第一华盛顿。统一之伟业，共和之幸福，实基此日。”[1]当日的国民代表对袁世凯的重望，史实俱在，足以说明这一客观历史问题了。

可见，袁世凯做上总统，并非因其心黑，而确是众望所归。

袁世凯的心黑得不够彻底，那么他的脸皮是否厚到了足以成大事的程度了呢？

历史事实表明，袁世凯的脸皮还没有厚到不顾别人嘴巴吐唾沫星、只管做自己大事的程度。

在可以称帝开国的重要时刻，袁世凯却顾及世人的舆论，瞻前顾后、婆婆妈妈地再三声明自己世受圣恩，不忍从隆裕太后与宣统皇帝的孤儿寡母手中夺取政权。再三观望，直至中华民国成立，共和体制已经诞生于中国，他遂失去了这黄袍加身的千载一逢的重要机会。

当初，在武昌起义之后，袁世凯如乘天下大乱之际，亲率精锐虎狼之师，破汉口，下汉阳，占武昌，然后，北扫清穴，利用无人可阻、民无所归的大好形势，传檄各省，开朝定尊，建立一个新人新气象的中华大帝国，造成既成事实，帝业之脉谁能说不能在中国延续下去呢？退一步讲，在平定革命党人的“二次革命”之时，袁世凯逐孙、黄，定长江，四方拥戴，民心所望，如果在此时以雷霆万钧之势，由共和一转而为帝制，估计反对派也不能成就什么气候。可惜，袁世凯既想挂羊头，又想卖狗肉，最终因为犹豫不决，丧失了机会。时过境迁，他又想在错误的时间里复辟帝制，最终失掉了民心。

巅峰之处不胜寒

常言道：日满则坠，月满则亏。

袁世凯在当上了终身大总统后，他的人生与事业也达到了巅峰。

巅峰状态其实是一种危险。鲜有人能够在巅峰上长久地停留。

---

① 凤岗及同门弟子：《山水梁燕孙先生年谱》（上），1939年铅印本，第113页。

袁世凯身着新设计的洪宪皇帝戎装

长期以来，各种有关清末民初的历史书籍，无不把袁世凯的面目刻画成“窃国大盗”、妄图复辟帝制、开历史倒车的民族罪人，将他说成是一个利欲熏心、狡诈阴险、机关算尽的小人，其实，真实的情况并非如此。

在清末民初的中国政坛上，袁世凯无疑是一个强有力的人物。他能从一个布衣百姓，经过数十年的奋斗，就成为中国政治舞台上权势最大的人物，没有真正的、超人的一流本领，要达到这一步，无异于是癞蛤蟆想吃天鹅肉。应该说，他是中国历史上为数不多的一位杰出的政治实践家，本可以成为国人所期待的华盛顿、拿破仑那样的人物，然而，由于受宵小包围，一念之差，在帝制的道路上错走了一步，就最终沦落为国人不可原谅的千古罪人，使他本可辉煌灿烂的一生黯然失色。

与袁世凯交往长达30年之久、对袁世凯有着深刻了解的张謇，在得知袁世凯去世的当天，在日记中这样写道：“午后得沪电，知洹上（指袁世凯）以午前十时弃世，三十年更事之才，三千年未有之会，可以成一流之人，而卒败于群小之手，谓天之训迪吾人乎？抑人之自为而已？”

在这位可算是袁世凯半师半友的人的口气中，对袁世凯的失败充满了惋惜之情。

那么，袁世凯为什么要做这个导致他名声落地的皇帝？

什么时间动了这个念头？

又是什么事情让他放不下这个念头？

张謇所说的“卒败于群小之手”，这又是怎么一回事情？

按道理，以袁世凯的眼光与聪明，不可能不看到其中的风险，可是，在他生命的最后一段日子里，他却违逆着民意，不顾心腹股肱的反对，把自己放在了火炉之上？这一切又究竟是什么东西在作祟？

实际上，袁世凯一开始并没有做皇帝的念头，想做皇帝的念头始于他做上了终身大总统之后。

纵观中国历史，由一个当朝宰相或统兵大将乘乱窃位，在中华5000年历史上，是有其一定轨迹可循的。那就是，乘乱抓权、抓军，清除异己，培养死党，待时机成熟后，然后逼宫、受禅做下一朝的开国之君。东汉末年，曹丕在受禅之后就变成魏朝的开国之君魏文帝了。儿子做了皇帝，就追封他那位皇帝未做成的爸爸曹操为魏武帝。但是天道好还，45年之后，公元265年，魏相司马炎又逼魏主曹奂退位，自己受禅，是为晋武帝，追封他那位“司马昭之心，路人皆知”却始终未做成皇帝的老爸司马昭为晋文帝。晋武帝于公元281年灭吴，结束了80年的三国分裂之局。司马炎死后，他的儿子司马衷即位，便是那个有名的糊涂皇帝——晋惠帝。当大臣告诉他老百姓没饭吃，都要饿死了时，他却反问说：“百姓没饭吃，为什么不吃肉糜？”总之，从曹魏的开国之君曹丕开头搞尧舜禅让的把戏以后，接着晋、宋、齐、梁、陈、隋六朝，都是由大将当权，入朝拜相，封公、封王、加九锡，然后再逼宫、篡位的。一篡六朝，历时数百年。

可是，辛亥革命时期，在袁世凯利用内阁总理大臣职位、占手握重兵之势，将清政府最高统治者溥仪和隆裕太后孤儿寡母玩于掌心之上，让南方革命党人胆战心惊之时，他没有利用这个大好时机做皇帝，而是养敌自重，最后逼宫成功，做上了中华民国历史上第二任临时大总统。在袁世凯1913年挥师南进，将北洋势力遍布长江流域、珠江流域，完成统一中国的大业时，他也没有在声望达到极点时动做皇帝的念头，而是做上了中华民国正式大总统。这样看来，将袁世凯说成是中国历史上的曹操、王莽之类的人物，未免小觑了这位不世之才的能量。将袁世凯定性为一开始就蓄谋篡夺辛亥革命的果实，企图复辟帝制的奸雄，也未免有失公允。历史的真正事实是：袁世凯最初并没有做皇帝的野心。他之所以搞洪宪帝制，原因错综复杂，并不像一般历史书上说的那样简单。

最初，袁世凯显然认为大总统也就是皇帝，名望与权力都是一样的。可是，经过两年国会政治和政党政治的折磨，他才恍然大悟：总统究竟不是皇帝。再经过世界法学权威古德诺与有贺长雄那两位教授的一番剖解，袁世凯益发相信共和与帝制只是两个不同的政治制度，无所谓优劣，而帝制更适合中国国情和他自己的个性，更能满足他的虚荣心。从此，他就存心化共和为帝制了。但是，政治家最忌讳的就是将不现实的计划纳入眼下的实践之中。袁世凯精明睿智，自然不会去贸然出手，他是既想着又怕着，举棋不定，最开始也就是抱着走着看的态度，并不一定非要做成这个皇帝。但有了这种态度，他身边的一帮醉心名利之徒就乘虚而入了。常言道：苍蝇不叮无缝的蛋。袁世凯最终落入他儿子袁克定的陷阱和圈套，也就不是一件奇怪的事了。因为，他毕竟也只是一个人，一个比别人富有更多的智慧与能力的人罢了。

历史学家唐德刚在《袁氏当国》一书中将袁世凯与汪精卫相比。唐德刚认为："袁世凯、汪精卫二人一为能臣，一为才士。二人之错，错在晚节，错在一念之间。一失足成千古恨。一为曹操，一为张邦昌，就遗臭万年了。汪精卫之失足，实由于身边那个才胜于德、做宰相大梦、而生就汉奸坯子的周佛海，联合汪氏泼辣偏狭的老婆陈璧君，而拖其下水。袁世凯之失足，则由于他身边那个对现代政治知识实无所知却恃才傲物的杨度，联合袁氏那位'浑球太子'、欺父误国的袁克定，把老头子推下粪坑，其失足情况，与汪氏如出一辙也。"

袁氏称帝，袁克定的确是个关键人物。袁克定除私人野心之外，别无足述，而其人又无德行，晚年竟以好男宠而破产破家，贫困以终。袁世凯一代枭雄，败在这么个败类的儿子之手，也真是窝囊之极。杨度此人则自高自大，心比天高，口若悬河，自己尚且不知，何能教人帮人？袁世凯为这样一个思想上的巨人、行动上的矮子的一介书生所误，不败待何?

在另一部力作《晚清七十年》中，唐德刚又这样感叹道：袁公之不幸，是他原无做皇帝之实，却背了个做皇帝之名。民国政治史上，第一任正式大总统袁世凯，原也是个第一等大政客、伪君子。不幸受了儿子愚弄，群小包围，以一念之差，偶一失足，变成了真小人——至今不能翻身，亦可叹矣。

民国时期的山西土皇帝阎锡山在袁世凯复辟帝制时曾是山西督军，作为一个冷眼旁观者，他对袁世凯称帝原因的观察也具有一定的客观性。

对于袁世凯帝制原因及其失败原因，阎锡山做过如下分析：促成袁世凯称帝的有五种人：一为袁氏长子袁克定，意在获立太子，膺承大统；一为清朝的旧（官）僚，意在尔公尔侯，谋求子孙荣爵；一为清朝的亲臣，意在促袁失败，以作复清之地步；一为副总统黎元洪之羽翼，意在陷袁于不义，冀（希望）黎得以继任总统；一为日、英、俄三国，意在促中国于分崩离析，永陷贫弱落后之境地，以保持其在中国之利益与东亚之霸权及瓜分中国的阴谋。可以说，怂恿帝制的人，大多数是为富贵利禄所趋，或者是另有别图。

综合看来，袁世凯产生做皇帝的念头，是由以下几个主要因素所导致：

1. 对共和的失望；

2. 儿子愚弄；

3. 群小包围；

4. 列强的欺骗；

5. 袁世凯的迷信思想及传子打算。

首先，袁世凯之所以要复辟帝制，很大的原因，是根源于他对共和的失望。

在袁世凯担任中华民国临时大总统的一年半的时间内，在他的经验感受之中，这个总统当得没有味道。当初他之所以同意推翻清室，建立民国，一是凭他的感觉认识到君主专制制度已经成为末路，共和也已经成为世界的潮流；二是他认为大总统相当于是前清的皇帝，其职权相同，不过名号不同而已。但是，现在清室刚刚宣布退位，孙中山就根据自己的主张擅自将已经确立的总统权限较大的美国总统制肆意变成为了总统权限较小的法国内阁制。这虽有限制袁世凯的意思，但此举也让人感觉到共和制度不过是政客手中的游戏工具而已，其神圣性在袁世凯那里就大大打了折扣。另一方面，袁世凯在前清任巡抚、总督的时候，在自己的权力范围内可以独断独行，快意威风，甚至超出了今日的大总统。就是在军机处时，国家大政也只是谋及二三位大臣，太后拍板，即刻就可以贯彻执行。哪里像现在，一受制于国会。几百个不能办事、只会清谈的议员事事要求讨论、表决；二是受制于内阁。国家行政及人事举措的发布，还得经过总理和相关总长的签字副署才能生效。事事掣肘，时时钳制，不仅办事不能痛快，行政效率也极低。袁世凯为了行使自己的总统职权，最终不仅要费脑筋与国会、内阁斗智斗勇，还因为此限制与自己昔日并肩战斗的兄弟唐绍仪翻了脸。越到后来，袁世凯越念起昔日的好时光，怀念起了他在北洋时代快意的政坛经历。在他的心目中，已经越来越讨厌这个束缚人手脚的共和体制来，对共和的失望，使得他越来越想走他曾经驾轻就熟的传统的施政老路，加强中央集权，加强自己的生杀陟黜的权力。

其次，袁世凯之所以要复辟帝制，很大的原因，是由大公子袁克定催促生成。

“儿子愚弄”，是使袁世凯丧失政治现实感、做出错误判断和决策的重要原因，这也是中国几千年政治、经济圈中经常会发生的一种现象。自古以来，有哪个人不信任自己的骨肉、不信任自己的亲人？不信，你可以仔细观察一下你周围的政坛诸公，看看有多少是真正能够过得了老婆、子女这一关的。一个人官做得小的时候，往往能够做到谦虚谨慎，但随着官越做越大，其自我也就难免于随之膨胀；如果一旦做到了领袖这个位置，程度不够的人往往就没有了自知之明，真个觉得自己英明伟大得不行，对于不同的甚至逆耳的意见就难得听得进去了。手下的政客们，自然也不脱政治人的本性，个中的况味，当然了然于胸，对领导人的心理变化早也揣摩得明白透彻，话捡好听顺耳的说，高帽子不妨时时递上几顶，领导高兴，自己也因之发达，何乐而不为呢？报喜不报忧、舆论一律，等等，就是这么来的。像称帝这种大事，积极参与拥立，那在新朝可就都是“从龙”之臣，前途未可限量着呢。一个精明的领袖人物，只要存了当皇帝的私欲，暴露出了自己的弱点，就会给“小人”可钻的空子，久而久之，其心智就会为这种谄媚逢迎的环境蒙蔽、窒息，不可避免地陷入“当局者迷”的状态之中。

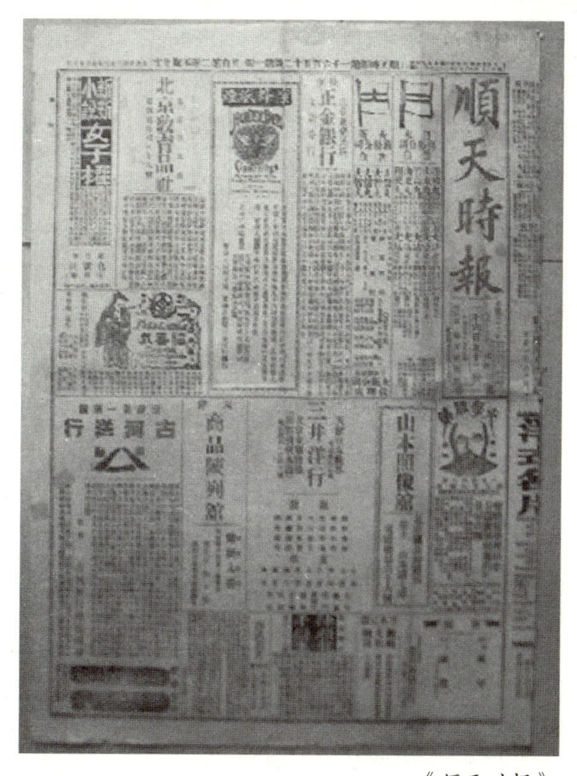
順天時報

正金銀行

三井洋行

古河洋行

《顺天时报》

民国初年，既无广播，又无电视，外界信息或来自政府报告公文，或来自报刊，袁世凯十分关注国内外舆论对帝制运动的反应，袁克定为了当太子，也知道父亲能否下称帝的决心，舆论的影响是个关键。于是，他伙同亲信伪造了袁世凯最看重的《顺天时报》，悄悄替换下了真的《时报》内容，若不是让他妹妹揭破，袁世凯恐怕到死还被蒙在鼓里呢。

袁静雪在《我的父亲袁世凯》一文中曾经这样写道：“《顺天时报》是当时在北京销行数量比较多的日本人所办的汉文报纸。我父亲平时在公余之暇，总是专门看它。这大概由于它是日本人办的报。可是，也就是因为这个缘由，才使他受了假版《顺天时报》的欺骗而毫不自知。假版《顺天时报》，是大哥纠合一班人……搞出来的。不但我父亲看的是假版，就是我们家里别人所看的，也同样都是假版。大哥使我们一家人和真实的消息隔绝了开来。有一天，我的一个丫头要回家去探望她的父亲，我当时是最爱吃黑皮的五香酥蚕豆的，便让她买一些带回来吃。第二天，这个丫头买来了一大包，是用整张的《顺天时报》包着带回来的。我在吃蚕豆的时候，无意中看到这张前几天的报纸，竟然和我们平时所看到的《顺天时报》的论调不同，就赶忙寻着同一天的报纸来查对，结果发现日期相同，而内容很多都不一样。我当时觉得非常奇怪，便找二哥。问是怎么回事？二哥说，他在外边早已看见和府里不同的《顺天时报》了，只是不敢对我父亲说明。他接着便问我：'你敢不敢说？'我说：'我敢。'等到当天晚上，我便把这张真的《顺天时报》拿给了我父亲。我父亲看了之后，便问从哪里弄来的，我便照实说了。我父亲当时眉头紧皱，没有任何表示，只说了一句：'去玩去吧。'第二天早晨，他把大哥找了来，及至问明是他捣的鬼，我父亲气愤已极，就在大哥跪着求饶的声音中，用皮鞭子把大哥打了一顿，一边打，一边还骂他'欺父误国'。大哥给人的印象是，平素最能孝顺父母，所以他在我父亲面前的信用也最好。我父亲时常让他代表自己和各方面联系。可是从这以后，我父亲见着他就有气，无论他说些什么，我父亲总是面孔一板，从鼻子里发出'哼'的一声，不再和他多说什么话，以表示对他的不信任。"①

自己的儿子尚且如此，手下官员的欺蒙之事就更可想而知了，更难得向他讲真话。所以，袁世凯满耳朵听到的都是想要听到的话，在这种错误信息基础上所做出的决策，偏离了实际情况，当然会导致失败。

第三，袁世凯之所以要复辟帝制，还有一个原因，就是受到群小包围的缘故。其中，影响袁世凯最大的人当属杨度。杨度曾留学日本，学习政法，为袁世凯、张之洞所器重，被保荐到宪政编查馆，官职四品。杨度洋洋得意，但不久袁世凯被贬，张之洞去世，他的仕途前景也就暗淡下来。杨度主张君主立宪，但辛亥革命后中国走上了民主共和道路，他自忖虽满腹经纶，才华横溢，却无处施展。杨度极为关注中国政治走向，袁世凯以果敢手段驱逐革命党人，确立起中央集权政治，他从中嗅到了帝王的气息，心想自己从老师王闿运那里学到的帝王之术将有用

① 袁静雪：《我的父亲袁世凯》，《八十三天皇帝梦》，文史资料出版社1983年版，第24—26页。

武之地了。他慧眼独识，很早就把目标锁定在了袁世凯之子袁克定的身上。若能够帮助袁克定开创基业，自己就成了房玄龄、杜如晦一类的人物，青史留名，有多好啊！有了这样的想法，杨度就开始阿谀袁克定，称他是“当代秦王李世民”，他怂恿袁世凯称帝，为的是袁克定，而不是袁世凯。杨度在民初一直没有受到袁世凯的重用，他是不甘心的，于是把赌注投向了袁克定，梦想以辅佐之功做一朝宰辅。有了杨度的怂恿，袁克定促父亲反水的步伐当然大大加快。

第四，袁世凯所以决心帝制，显然也是上了列强欺骗的大当。袁世凯在儿子愚弄、群小包围下滋生了帝制的念头。但是，他敢于将这个念头付诸实施，显然，是得到了列强的鼓励。正如阎锡山所分析的，列强之所以鼓动袁世凯称帝，其“意在促中国于分崩离析，永陷贫弱落后之境地，以保持其在中国之利益与东亚之霸权及瓜分中国的阴谋”。最初，德、英、日、美诸国皆积极向袁世凯抛去橄榄枝，声言支持他的帝制事业。可是，当袁世凯帝制行动的锣鼓敲响之后，列强看到中国内乱将起，可能会危及他们在中国的利益，立刻又联合加以警告。以日本为例，在帝制运动进入高潮时，日本内阁指示驻华领事馆静观发展，不予表态；而在内里，大隈首相则密告中国公使陆宗舆给袁世凯带话：如果袁诚意联日，日本会努力予以援助。由于没能得到袁的回应，日本内阁遂于10月内阁会议中议决干涉袁世凯的帝制活动。在袁世凯接受皇帝推戴书后的第三天，日本联络英、俄、法、意四国公使联合向中国外交部提出警告，要求暂缓改行帝制，但袁世凯未予理会。护国战争爆发后，日本自1916年1月起，由参谋本部次长田中义一、第二部部长福田稚太郎少将和外务省政务局长小池张造每周聚会一次，研究对华政策。同时，派出参谋本部高级特务青木宣纯中将，以“考察时政”的名义前往上海，实际上他是日本联络策动中国各派反袁势力的总情报官和总联络官。他于1月26日抵沪后，次日即会见了梁启超，商讨反袁事宜。护国战争爆发前后，蔡锷、梁启超及海外流亡的孙中山、岑春煊、黄兴等人的活动均有日本人的参与，如蔡锷假道日本南下赴滇，一路上就有多名日本特务跟随保护；又如协助梁启超南下策动广西独立，也是青木宣纯一手做出的安排，用随同梁启超赴广西的黄溯初的话说，此行“因事前与日本当道预有接洽，故到处得到日本人的帮助，否则会被香港或海防政府捉将官里去了”。

在外交层面上，日本先是拒绝袁世凯的特使周自齐赴日参加天皇加冕典礼，故意羞辱袁世凯。随后又以内阁名义“严重警告”袁政府，再次要求延缓帝制，否则实力干涉。3月7日，日本内阁会议决定乘中国内乱之机，确立对华霸权，推翻袁世凯；承认中国南北两军为交战团体，默许日本国民援助南军，开始公开与袁为敌了。

至于流亡海外的原国民党人，除黄兴一派的李烈钧、李根源等先期潜回云南，附庸蔡锷，参与了护国战争而外，困处日本的中华革命党人，虽然看到这是倒袁的大好机会，但限于财力，难有作为。中山其时焦灼不已，每日奔走于日本朝野政要之门，奋力告帮，但收效甚微。面对国内党人纷纷来电要求接济饷械的电文，孙中山曾于云南发难之初致电上海机关，告以“吾党当力图万全而后动”。直到日本内阁做出了支持倒袁的决策，孙中山的窘境才有了转机。3月7日，日本阁议倒袁。3月8日，孙中山就从日本财阀久原房之助那里得到了第一笔20万元的借款，此后两个月内，久原陆续向中山提供了总计140万元。此外，久原还借给袁世凯的老对头岑春煊100万元，让他招兵买马拉队伍。他还资助北方的肃亲王等宗社党人搞满蒙独立。好在护国战争的主流出自进步党和立宪派，并非日本之阴谋主使，否则这场战争在历史上就难逃负面的评价与责难了。

最后，袁世凯之所以敢在帝制的道路上走下去，与他的迷信及传子思想，也有着一定的关系。

袁静雪说：我父亲是有迷信思想的，他既相信批八字，也相信风水之说。有人给我父亲批过八字，说他的命“贵不可言”。还听得说，我们项城老家的坟地，一边是龙，一边是凤。龙凤相配，主我家应该出一代帝王。这些说法，无疑地会使我父亲的思想受到影响。他之所以“洪宪称帝”，未始不是想借此来“应天承运”吧。

但是，光有帝王思想仍不足以解释袁世凯何以敢行险侥幸，其实，最终的病根还是出在袁世凯的迷信心理上。正是这种迷信心理，促成了他的失败和死亡。袁世凯晚年最常念叨的话就是：我家几代人没有长寿的，我年近五旬，没有几年活头了，当皇帝对我没有什么意义，云云。一般史家常常把这当作袁世凯的欺人之谈而加以忽略，殊不知这恰恰是索解袁世凯帝制自为的钥匙呢。

袁氏家族自从以科举发迹之后，其出名的男性长辈确实都是短寿之人。如袁世凯的叔祖袁甲三（1806—1863，袁家第一代进士）只活了57岁；袁甲三的长子袁保恒（1826—1878，袁家第二代进士、翰林）死时年仅52岁；次子袁保龄（1841—1889，举人）命更短，死时年仅48岁。袁世凯的本生父袁保中（1823—1874）死时年仅51岁，而其嗣父袁保庆（1829—1873）只活了44岁。这种普遍的短寿现象，很可能成为袁世凯心理上的一种宿命，尤其年过50之后，他更是觉得自己进入了临界期，恐惧成为他心头上一个挥之不去的阴影。他那么急着做皇帝，很有可能存有把称帝当作“厌胜”的办法，以渡过他短命的一劫。

袁世凯曾说过他大儿子是残废，二儿子是假名士，三儿子是土匪，他如果做皇帝，实在传位无人，云云。这话似乎颇具诚意，不但使冯国璋信以为真，连当时驻华的美国使领馆也信以为真。他们竟据之报向华盛顿白宫，说袁总统不会恢复帝制。但是，我国古人说：“知子莫若父。”其实，反之亦然。他那个有野心的大儿子袁克定，就不把老爸不恢复帝制的话当真。袁克定当然深知其父的真实心理，便抓住袁家无人活过60岁的老传统，直接或间接地不断向老头子明言和暗示：这一不祥的家庭命运，只有做了真命天子才能冲破。另外，他更制造出无数中国传统帝王最容易用来欺人自欺的所谓祥瑞、显圣等以突破迷信老人的心理防线，使他深信称帝乃天意。例如此时湖北某地发现龙骨，长数丈。上书者言之凿凿。事实上，或许就是一种恐龙遗骨，是实有其事，使袁氏不得不信。还有更荒唐的真龙显圣的笑话，说某次袁世凯午睡方醒，家童以总统最心爱的玉杯进茶，竟失手把玉杯打碎了，说是在床上看到一条五爪金龙，惊恐之下，才打碎玉杯的。这些荒唐故事，可以肯定，都是出自袁克定的巧妙设计，但都是在袁氏心理防线最弱之时，最能触动他的心理暗示。这样，袁克定顺着袁世凯的心理，步步设下陷阱，促使老头子跳进火坑，改总统为皇帝，以为他将来可以君临天下做好准备。

袁世凯墓

仔细想想，袁世凯在终身大总统的任上，如果不是想多增寿几年，不是为了后代子孙考虑，不去触犯帝制这个雷区，也许，他的荣华富贵还会长久一些，他的统治也许就会慢慢地稳定下来。可惜，人一旦被欲望冲昏了头脑，就会把自己视作上帝，真的会认为自己无所不能。其实，不过是一叶障目、身陷迷局罢了。谁不服这个理，谁要较这个真，谁就必然会输得一塌糊涂。

在袁世凯鬼迷心窍、心乱意迷之时，袁世凯的二儿子袁克文倒很清醒，为了告诫他这位已经犯了迷糊的老爸，曾特意写过一首题目为《明志》的小诗进行讽谏。

乍着微绵强自胜，荒台古槛一凭陵。
波飞太液心无住，云起苍崖梦欲腾。
几向远林闻怨笛，独临虚室转明镫。
绝怜高处多风雨，莫到琼楼最上层。[①]

这首诗重点是最后两句，“绝怜高处多风雨，莫到琼楼最上层”。

① 袁静雪：《我的父亲袁世凯》，《八十三天皇帝梦》，文史资料出版社1983年版，第30页。

袁克文奉劝老爹不要到“琼楼最上层”做皇帝。因为，《易经》首卦云，“九五至尊”已到顶点，如果不及时刹车，冲到“九六”，就会“亢龙有悔”。可惜，此时的袁世凯，在袁克定等一帮利欲熏心之辈的包围和推动下，已经骑虎难下，开弓没有回头箭，最终走过头了，醒悟时再想回头，已经没有后悔药可吃了。

结 语

全书写到这里，该是到了点睛的时刻了。

通观全书，诸君肯定已经得到共识：袁世凯一生的成败得失，与他在人生关口的抉择有着非常密切的关系。

这是全书的主线。

对人生道路的选择，与个人所处时代的客观环境有着十分密切的关系。周围的环境与条件，是决定人生选择的重要力量。但也不尽然，一些杰出人物的超常眼光，往往使他能够透过现实，看到更远、更重要的东西。

青中年时代的袁世凯，就是这样一个人物。

袁世凯成长于乱世，从小耳濡目染战火厮杀，家族又是靠军功起家的，这使他对从戎有着比参加科举考试更强烈的兴趣。兴趣即天才。兴趣决定动力与出路。当袁世凯在乡试道路上遇到挫折后，本就不热衷于通过学问安身立命的他，呐喊出“大丈夫当效命疆场，安内攘外，乌能龌龊久困笔砚间，自误光阴耶”的豪言壮语实际上是很自然的一件事。事后证明，袁世凯放弃科考、投笔从戎是一个多么正确的选择。与他同时代走科考之路、幸运中了进士的徐世昌，最后还不是靠袁的能量才跻身于清末政治大舞台？

人生道路的选择，看似简单，其实背后的重要性不言而喻，步步荆棘。袁世凯投笔从戎后，曾经拿到了父执辈的周馥将他推荐到李鸿章幕府的推荐信。按照常理，李鸿章当时权倾朝野，到这样人身边工作机会会更对一点。但袁世凯经过再三衡量，还是弃李鸿章而投奔了在一线工作的吴长庆。事后再次证明，袁世凯的抉择又是正确的。袁随吴到朝鲜，在短时间内即干得风生水起，声名鹊起，其名声不仅声达朝野，甚至引起了国际外交家的注意。

甲午战后，淮军覆灭，李鸿章失势，袁世凯又抓住机会，通过运作取得了小站练兵的权力。正是这个抉择，从此改变了他在中国近代历史上的地位。袁世凯靠新建陆军起家，蒋介石靠黄埔军校成事。这个经验已经是人所共知，在此不再啰唆。

1898年戊戌变法，袁世凯差一点因此毁灭自己的人生事业。因为手握兵权，帝后党都在竭力争取他。在排队问题上，袁世凯最后舍康有为党而站在荣禄一边，最终规避了风险，并且进入了最高掌权人慈禧太后的视野。可以设想，袁的政治发达是与每一步的惊心动魄、如履薄冰紧紧联系在一起的。

1900年的义和团运动。袁世凯又因为谨慎行事，在王命遵守与不遵守间找到了一个平衡，结果不仅躲过了灭顶之灾，而且从此成为驻华列强与慈禧太后须臾离不开的重量级人物。

1905年，羽翼已丰的袁世凯借立宪派宪政呼声，企图问鼎中央，攫取更大的政治权力，结果因为慈禧太后的警觉不仅没有得逞，而且引起了满洲亲贵对他的斗争。

1911年辛亥革命，袁世凯再次借势出手，结束了清王朝的统治，成为中华民国大总统，走向了他的事业的顶峰。

1915年底，袁世凯因为踌躇满志，没有能抵挡住周围小人的挑唆，帝制自为，自绝于民国，一着不慎满盘皆输，1916年3月，他在悔恨交加中愤愤死去。一生名声功业，全部付诸东流，成为永远抬不起头、遭人唾骂的一代国贼。

走笔至此，已经无话可说。

千秋功罪，付与后人评说。

主要参考文献

一、档案资料

陈旭麓等. 辛亥革命前后——盛宣怀档案资料选辑之一[A]，上海：上海人民出版社，1979.

故宫博物院明清档案部. 清末筹备立宪档案史料[A]，北京：中华书局，1979.

国家档案局明清档案馆. 戊戌变法档案史料[A]，北京：中华书局，1958.

赵凤昌. 国家清史编纂委员会文献丛刊[A]，北京：国家图书馆出版社，2009.

秦国经. 清代官员履历档案全编[A]，上海：华东师范大学出版社，1997.

天津历史博物馆. 北洋军阀史料——徐世昌卷[A]，天津：天津古籍出版社，1992.

天津历史博物馆. 北洋军阀史料——袁世凯卷[A]，天津：天津古籍出版社，1992.

天津市档案馆. 北洋军阀天津档案史料选编[A]，天津：天津古籍出版社，1990.

天津市档案馆. 天津商会档案汇编（1903—1911）[A]，天津：天津人民出版社，1989.

天津市档案馆. 袁世凯天津档案史料选编[A]，天津：天津古籍出版社，1990.

中国第二历史档案馆. 中华民国史档案资料汇编第1辑[A]，南京：江苏古籍出版社，1991.

中国第一历史档案馆. 光绪朝朱批奏折[A]，北京：中华书局，1995.

中国第一历史档案馆. 光绪宣统两朝上谕档[A]，桂林：广西师范大学出版社，1996.

中国第一历史档案馆. 清代档案史料丛编第10辑、第11辑[A]，北京：中华书局，1984.

中国第一历史档案馆. 清政府镇压太平天国档案史料[A]，北京：光明日报出版社，1990.

中国第一历史档案馆. 咸丰同治两朝上谕档[A]，桂林：广西师范大学出版社，1996.

中国第一历史档案馆. 义和团档案史料[A]，北京：中华书局，1959.

中国第一历史档案馆. 义和团档案史料续编上册[A]，北京：中华书局，1990.

中国第一历史档案馆. 御笔诏令说清史——影响清朝历史进程的重要档案文献[A]，济南：山东教育出版社，2003.

中国第一历史档案馆、承德市文物局. 清宫热河档案[A]，北京：中国档案出版社，2003.

中国第一历史档案馆藏. 袁世凯奏折[A]，民政部档及其他未刊档案。

中国社会科学院近代史研究所图书馆藏未刊档案和稿本，袁世凯在辛亥年与各方来电，甲147，一册。袁世凯、张謇等信稿，甲147—1，一函一册。袁世凯存函电杂件，甲147—2，一函一册。袁世凯家书，甲147—5，一函二册。袁世凯诗稿，甲147—7，一函一册。铁良存稿，甲363，一函四册。徐世昌致严修函札，甲154，一册。汪荣宝存札，甲56，一函五册。瞿鸿禨档案，甲375，五函四册。严范孙朋僚函札，甲59，一册。荣禄存札，甲123，1—6，共六函。谕折汇存，乙F33，一册。许同莘日记（1898—1911），甲622。

二、文献史料

［澳］骆惠敏. 清末民初政情内幕（上）[M]，刘桂梁等译，北京：知识出版社，1986.

［日］佐藤铁治郎，孔祥吉等. 一个日本记者笔下的袁世凯[M]，天

津：天津古籍出版社，2005.

爱新觉罗·溥仪. 我的前半生[M]，北京：群众出版社，l979.

爱新觉罗·载沣. 醇亲王载沣日记[M]，北京：群众出版社，2014.

北京大学历史系近代史教研室. 盛宣怀未刊信稿[A]，北京：中华书局，1960.

北京市档案馆. 那桐日记[A]，北京：新华出版社，2006.

卞孝萱、唐文权. 辛亥人物碑传集[M]，北京：团结出版社，1991.

陈宝琛等. 宣统政纪[M]，北京：中华书局影印本，1987.

陈春华、郭兴仁、王远大. 俄国外交文书选译（有关中国部分1911.5—1912.5）[M]，北京：中华书局，1988.

陈夔龙. 梦蕉亭杂记[M]，北京：北京古籍出版社，1985.

贾祯等. 筹办夷务始末、咸丰朝[M]，北京：中华书局，1979.

戴执礼. 四川保路运动史料[M]，北京：科学出版社，1959.

丁文江、赵丰田. 梁启超年谱长编[M]，上海：上海人民出版社，1983.

丁贤俊、喻作凤. 伍廷芳集[M]，北京：中华书局，1993.

杜春和、耿来金、张秀清. 荣禄存札[M]，济南：齐鲁书社，1986.

杜春和、林斌生、丘权政. 北洋军阀史料选辑[M]，北京：中国社会科学出版社，1981.

杜镇远. 叶遐庵先生年谱（线装本）[M]，北京：中国社会科学院近代史所图书馆藏。

凤岗及门弟子. 三水梁燕孙先生年谱（2册）[M]，1939年初版铅印本。

甘厚慈，北洋公牍类纂[M]. 京城益森印刷有限公司，光绪丁未年，1907年初版。

甘厚慈，北洋公牍类纂续编[M]. 北洋官报兼印刷局代降雪斋书局印，清宣统二年，1910年初版。

公孙訇. 冯国璋年谱[M]，石家庄：河北人民出版社，1989.

故宫博物院. 清光绪朝中日交涉史料选辑[A]，台北：大通书局有限公司等，1995.

顾维钧. 顾维钧回忆录（第1、2卷）[M]，北京：中华书局，1983.

顾维钧. 顾维钧回忆录（第1、2卷）[M]，北京：中华书局，1983.

顾延龙、戴逸. 李鸿章全集[M]，合肥：安徽教育出版社，2008.

郭嵩焘. 郭嵩焘日记[M]，长沙：湖南人民出版社，1981—1983.

王钟翰. 清史列传[M]，北京：中华书局，1987.

韩策、崔学森. 汪荣宝日记[M]，北京：中华书局，2013.

胡滨，英国蓝皮书有关义和团运动资料选译[M]. 北京：中华书局，1984.

胡思敬. 国闻备乘[M]，上海：上海书店出版社，1997.

胡思敬. 退庐全集[M]，近代中国史料丛刊第45集，台北：文海出版社，1970.

胡思敬. 退庐全集[M]，沈云龙：近代中国史料丛刊第45辑，台北：文海出版社，1970.

黄浚. 花随人圣庵摭忆[M]，上海：上海古籍出版社，1983.

黄浚. 花随人圣庵摭忆[M]，上海：上海书店，1998.

黄远庸. 远生遗著[M]，上海：商务印书馆，1920.

金梁. 光宣小记[M]，上海：上海书店，1998.

来新夏. 北洋军阀（1—5）[M]，上海：上海人民出版社，1988—1993.

郑孝胥. 郑孝胥日记[M]，北京：中华书局，1993.

雷庆禄. 李鸿章年谱[M]，台北：台湾“商务印书馆”，1977.

黎庶昌. 曾国藩年谱[M]，长沙：岳麓书社，1986.

李慈铭. 越缦堂日记[M]，上海：商务印书馆，1920.

李文忠公荣哀录（线装本）[A]，北京：中国社会科学院近代史所图书馆藏。

梁方仲. 中国历代户口、田地、田赋统计[M]，上海：上海人民出版社，1980.

陈奋. 梁士诒史料集[A]，北京：中国文史出版社，1991.

廖一中、罗真容. 袁世凯奏议[M]，天津：天津古籍出版社1987.

刘成禹. 世载堂杂忆[M]，沈阳：辽宁教育出版社，1997.

刘大鹏. 退想斋日记[M]，太原：陕西人民出版社，1991.

刘锦藻. 清朝续文献通考[M]，上海：上海古籍出版社，2000.

刘坤一等. 变法奏议丛钞（线装本）[M]，北京：中国社会科学院近代史所图书馆藏。

中国科学院历史研究所第三所. 刘坤一遗集[M]，北京：中华书局，1959.

刘体仁. 异辞录[M]，上海：上海书店，1984.

刘体智. 异辞录[M]，北京：中华书局，1988.

骆宝善、刘路生. 袁世凯全集[M]，开封：河南大学出版社，2013.

宓汝成. 中国近代铁路史资料[M]，北京：中华书局，1963.

闵尔昌. 碑传集补[M]，北京：燕京大学国学研究所，1923.

皮明庥等. 吴禄贞集[M]，武汉：华中师范大学出版社，1989.

钱实甫. 清代职官年表[M]，北京：中华书局，1980.

秦国经. 逊清皇室轶事[M]，北京：紫禁城出版社，1985.

钱仪吉. 清代碑传全集[M]，上海：上海古籍出版社，1987.

辜鸿铭、吾森等. 清代野史[M]，成都：巴蜀书社，1987.

佚名. 清末实录[M]，北京：北京古籍出版社，1999.

清实录. 光绪朝[A]，北京：中华书局，1987.

清实录. 同治朝[A]，北京：中华书局，1987.

清实录. 咸丰朝[A]，北京：中华书局，1987.

赵尔巽等. 清史稿[M]，北京：中华书局，1977.

谢兴尧. 荣庆日记[M]，西安：西北大学出版社，1986.

尚秉和. 辛壬春秋[M]，北京：中国书店，2010.

沈桐生. 光绪政要[M]，扬州：江苏广陵古籍刻印社，1991.

沈云龙. 盛宣怀未刊信稿[M]，近代中国史料丛刊续编第13集。

沈祖宪. 养寿园电稿[M]，台北：文海出版社，1967.

沈祖宪. 养寿园奏议辑要[M]，台北：文海出版社，1966.

沈祖宪、吴闿生. 容庵弟子记[M]，1913年铅印本。

恽毓鼎. 恽毓鼎澄斋日记[M]，杭州：浙江古籍出版社，2004.

舒新成. 中国近代教育史资料[M]，北京：人民教育出版社，1981.

孙宝瑄. 忘山庐日记[M]，上海：上海古籍出版社，1983.

孙毓棠. 中国近代工业史资料第1辑[M]，北京：科学出版社，1957.

孙中山研究室等. 中心大学历史系孙中山全集[M]，北京：中华书局，1981.

《泰晤士报》驻华首席记者莫理循直击辛亥革命，窦坤等译. 福州：福建教育出版社，2011.

陶菊隐. 政海轶闻[M]，上海：上海书店，1998.

中国人民政治协商会议全国委员会文史资料研究委员会. 晚清宫廷生活见闻[M]，北京：文史资料出版社，1982.

汪敬虞. 中国近代工业史资料第2辑[M]，北京：科学出版社，1957.

汪康年. 汪康年文集[M]，杭州：浙江古籍出版社，2011.

王闿运. 湘绮楼日记[M]，长沙：岳麓书社，1997.

王铁崖. 中外旧约章汇编[M]，北京：生活·读书·新知三联书店，1957.

王锡彤. 抑斋自述[M]，开封：河南大学出版社，2001.

王延熙、王树敏. 皇清道咸同光奏议，近代中国史料丛刊第34辑[M]，台北：文海出版社，1969.

王彦威辑、王亮. 清季外交史料[M]，北京：书目文献出版社，1987.

文斐. 我所知道的北洋三杰[M]，北京：中国文史出版社，2004.

文斐. 我所知道的袁世凯[M]，北京：中国文史出版社，2004.

文庆等. 筹办夷务始末[M]，上海：上海古籍出版社，2008.

沃丘仲子. 近代名人小传[M]，北京：中国书店，1988.

吴长翼. 八十三天皇帝梦[M]，北京：文史资料出版社，1983.

吴闿生. 北江先生集（线装本）[M]，北京：中国社会科学院近代史所图书馆藏版。

吴虬. 北洋派之起源及其崩溃[M]，中华书局，2007.

吴廷燮. 合肥执政年谱初稿[M]，1938年铅印本。

吴永口述、刘治襄记. 庚子西狩丛谈[M]，长沙：岳麓书社，1985.

中国科学院历史研究所第三所. 锡良遗稿[M]，北京：中华书局，1959.

项城袁氏宗祠. 养寿园奏议辑要[M]，1938年铅印本。

张木丹、王忍文. 辛亥革命前十年间时论选集[M]，北京：三联书店，

1978.

徐世昌. 退耕堂政书[M]，台北：成文出版社，1968.

徐世昌等. 东三省政略[M]，长春：吉林文史出版社，1989.

徐世昌年谱（上）. 近代史资料第69号[M]，北京：中国社会科学出版社，1988.

许恪儒. 许宝蘅日记[M]，北京：中华书局，2010.

许指严. 十叶野闻[M]，太原：山西古籍出版社，1995.

薛福成. 庸庵笔记[M]，南京：江苏人民出版社，1983.

严修. 严修日记[M]，天津：南开大学出版社，2001.

叶遐庵先生年谱，1946年铅印本。

中国史学会. 中国近代史资料丛刊（义和团）[A]，上海：上海人民出版社，1986.

于右任. 于右任辛亥文集[M]，上海：复旦大学出版社，1986.

虞和平、夏良才. 周学熙集[M]，武汉：华中师范大学出版社，1999.

袁世凯. 袁世凯家书[M]，上海：上海中央书店，1935.

袁世凯未刊书信稿（上、中、下）[A]，北京：中华全国图书馆文献缩微复制中心，1998年编印

袁世凯奏折专辑[A]，台北：台北“故宫”博物院影印，1970.

袁英光、胡逢祥. 王文韶日记[M]，北京：中华书局，1989.

苑书义等. 张之洞全集[M]，石家庄：河北人民出版社，1998.

曾国藩. 曾文正公全集[M]，上海：九州书局，1935.

张国淦. 北洋述闻[M]，上海：上海书店，1998.

张国淦. 辛亥革命史料[M]，香港：大东图书公司印行，1980.

张集馨. 道咸宦海见闻录[M]，北京：中华书局，1981.

张謇. 张謇全集[M]，南京：江苏古籍出版社，1994.

张孝若. 张季子九录[M]，上海：中华书局，1931.

张一麐. 古红梅阁笔记[M]，上海：上海书店，1998.

张一麐. 心太平室集[M]，1947年印行。

章伯锋、李宗一，北洋军阀[M]，武汉：武汉出版社，1990年。

章伯锋、荣孟源. 近代稗海[M]，成都：四川人民出版社，1985—

1989.

章开沅、罗福惠、严昌洪. 辛亥革命史资料新编（1—8）[M]，武汉：湖北人民出版社，2006.

章鸾印. 清鉴[M]，北京：中国书店，1985.

赵炳麟. 赵柏岩集[M]，台北：文海出版社，1969.

赵烈文. 能静居日记[M]，台北：学生书局，1965.

中国人民银行总行参事室. 中国近代货币史资料[A]，北京：中华书局，1964.

中国社会科学院近代史研究所中华民国史组. 清末新军编练沿革[A]，北京：中华书局，1978.

中国史学会. 太平天国（中国近代史资料丛刊）[A]，上海：上海人民出版社，1957.

中国史学会. 戊戌变法（中国近代史资料丛刊）[A]，上海：上海人民出版社，1961.

中国史学会. 辛亥革命（中国近代史资料丛刊）[A]，上海：上海人民出版社，1981.

中国史学会. 洋务运动（中国近代史资料丛刊）[A]，上海：上海人民出版社，1961.

周小鹃. 周学熙传记资料汇编[M]，兰州：甘肃文化出版社，1997.

朱传誉. 袁世凯传记资料[M]，台北：天一出版社，1979—1985.

朱孔章. 中兴将帅别传[M]，长沙：岳麓书社，1989.

朱寿朋. 光绪朝东华录[M]，北京：中华书局，1958.

朱有瓛. 中国近代学制史料[M]，上海：华东师范大学出版社，1983.

邹念之. 日本外交文书选译——关于辛亥革命[M]，北京：中国社会科学出版社，1980.

左宗棠. 左宗棠全集[M]，长沙：岳麓书社，1992.

左宗棠. 左宗棠全集[M]，上海：上海书店，1986.

三、学术著作

［美］保罗 · S. 芮恩斯.《一个美国外交官使华记》[M]，李抱宏、盛震溯译，北京：商务印书馆，1982.

［日］波多野善达. 中国近代军阀研究[M]，东京：河出书房新社，1973.

［美］陈锦江. 清末现代企业与官商关系[M]，王笛、张箭译，北京：中国社会科学出版社，1997.

［澳］冯兆基. 军事近代化与中国革命[M]，郭太凤译，上海：上海人民出版社，1994.

［美］吉尔伯特・罗兹曼. 中国的现代化[M]，上海：上海人民出版社，1989.

［美］拉尔夫・鲍威尔. 1895—1912年中国军事力量的兴起[M]，陈泽宪、陈霞飞译，北京：中华书局，1978.

［美］李约翰. 清帝逊位与列强[M]，孙瑞芹、陈泽宪译，北京：中华书局，1982.

［美］李约翰. 清帝逊位与列强[M]，孙瑞芹、陈泽宪译，南京：江苏教育出版社，2006.

［美］任达. 新政革命与日本——中国（1989—1912）[M]，南京：江苏人民出版社，1998.

Mackinnon， Stephen R.‘Power And Politics in late Imperial china—Yuan shi-kai in Beijing and Tianjin， 1901—1908.’1980, The Regents of the University of California printed in the U. S.

Mackinnon， stephen R.‘The Peiyang Army， Yuan Shih-kai and the origins of modern chinese warlordism.’JAS， 32. 2（May 1973）.

Mackinnon， Stephen R.‘Yuan shih-kai in Tientsin and peking： the sources and structure of his power’. University of California ph. D. dissertation Davis， 1971.

Mackinnon， StephenR.‘Liang Shih-i and the communications clique.’JAS， 29. 3（May 1970）.

曹汝霖. 曹汝霖一生之回忆[M]，台北：传记文学出版社，1970.

陈赣一. 甘簃随笔[M]，北京：中共中央党校出版社，1998.

楚双志. 变革中的危机——袁世凯集团与清末新政[M]，北京：九州出版社，2008.

楚双志. 晚清中央与地方关系演变史纲[M]，北京：中共中央党校出版社，2006.

戴逸、李文海. 清通[M]，太原：山西人民出版社，2000.

董丛林等. 清末直隶新政研究[M]，石家庄：河北人民出版社，2002.

董丛林等. 晚清直隶总督与辖区经济开发[M]，北京：当代中国出版社，2002.

杜继东. 清代人物传稿 · 下编第9卷[M]，沈阳：辽宁人民出版社，1993.

樊百川. 淮军史[M]，成都：四川人民出版社，1994.

费正清. 剑桥中国晚清史[M]，北京：中国社会科学出版社，1985.

傅宗懋. 清代督抚制度[M]，台北：政治大学研究所，1963.

郭世佑. 晚清政治革命新论[M]，长沙：湖南人民出版社，1997.

郭廷以. 近代中国的变局[M]，北京：九州出版社，2012.

韩延龙、苏亦工等. 中国近代警察史（上、下）[M]，北京：社会科学文献出版社，2000.

郝庆元. 周学熙[M]，天津：天津人民出版社，1991.

侯宜杰. 二十世纪中国政治改革风潮——清末立宪运动史[M]，北京：人民出版社，1993.

胡福明. 中国现代化的历史进程[M]，合肥：安徽人民出版社，1994.

黄征等. 段祺瑞与皖系军阀[M]，郑州：河南人民出版社，1990.

蒋方震. 中国五十年来军事变迁史[M]，上海：申报馆，1923.

金冲及、胡绳武. 辛亥革命史稿[M]，上海：上海人民出版社，1991.

金梁. 光宣小记[M]，上海：上海书店，1998.

黎澍. 辛亥革命前后的中国政治[M]，北京：人民出版社，1961.

黎澍. 辛亥革命与袁世凯[M]，北京：中国大百科全书出版社，2011.

李剑农. 戊戌以后三十年中国政治史[M]，北京：中华书局，1965.

李剑农. 中国近百年政治史[M]，北京：商务印书馆，2011.

李剑农. 中国近百年政治史[M]，上海：复旦大学出版社，2002.

李细珠. 地方督抚与清末新政——晚清权力格局再研究[M]，北京：社会科学文献出版社，2012.

李玉. 晚清政治经济史论[M]，北京：生活·读书·新知三联书店，2013.

李志茗. 大变局下的晚清政治[M]，上海：上海古籍出版社，2009.

李治安. 唐宋元明清中央与地方关系研究[M]，天津：南开大学出版社，1996.

李宗一. 袁世凯传[M]，北京：中华书局，1980.

凌冰. 最后的摄政王——载沣传[M]，北京：文化艺术出版社，2006.

刘凤翰. 新建陆军[M]，台北："中央研究院"近代史研究所编印发行，1967.

刘厚生. 张謇传记[M]，上海：上海书店，1985年影印本。

刘伟. 晚清督抚政治[M]，武汉：湖北教育出版社，2003.

刘小萌. 爱新觉罗家族全史[M]，长春：吉林人民出版社，1997.

刘小萌. 近代旗人史话[M]，北京：社会科学文献出版社，2000.

刘小萌. 满族的部落与国家[M]，长春：吉林文史出版社，1995.

刘小萌. 满族的社会与生活[M]，北京：北京图书馆出版社，1998.

刘小萌. 清代八旗子弟[M]，沈阳：辽宁民族出版社，2008.

刘小萌. 清代北京旗人社会[M]，北京：中国社会科学出版社，2008.

刘小萌. 清代满汉关系研究[M]，北京：社会科学文献出版社，2011.

马平安. 北洋集团与晚清政局[M]，沈阳：辽海出版社，2011.

刘小萌. 正说清朝十二王[M]，北京：中华书局，2006.

刘子明. 中国近代军事史研究[M]，南昌：江西人民出版社，1993.

刘子扬. 清代地方官制考[M]，北京：紫禁城出版社，1988.

龙盛运. 清代全史第七卷[M]，沈阳：辽宁人民出版社，1993.

龙盛运. 湘军史稿[M]，成都：四川人民出版社，1990.

罗尔纲. 绿营兵志[M]，北京：中华书局，1984.

罗尔纲. 晚清兵志（3、4卷）[M]，北京：中华书局，1997年；（5、6卷），北京：中华书局，1999.

罗尔纲. 湘军兵志[M]，北京：中华书局，1984.

罗澍伟. 近代天津城市史[M]，北京：中国社会科学出版社，1993.

骆宝善. 骆宝善评点袁世凯函牍[M]，长沙：岳麓书社，2005.

马平安. 晚清非典型政治研究[M]，北京：华文出版社，2014.

马平安. 中国近代政治得失[M]，北京：华文出版社，2014.

马震东. 袁氏当国史[M]，北京：团结出版社，2008.

苗长青. 晚清官僚派别派系研究[M]，沈阳：辽宁大学出版社，1993.

聂泠. 辫子大帅张勋[M]，北京：中国青年出版社，1994.

彭剑. 清季宪政编查馆研究[M]，北京：北京大学出版社，2011.

彭泽益. 十九世纪后半期的中国财政与经济[M]，北京：人民出版社，1983.

钱实甫. 清代的外交机关[M]，北京：生活·读书·新知三联书店，1959.

申君. 清末民初云烟录[M]，成都：四川人民出版社，1984.

唐宝林、郑世渠. 共和与专制的较量[M]，郑州：河南人民出版社，1996.

珠海市政协、暨南大学历史系. 唐绍仪研究论文集[M]，广州：广东人民出版社，1989.

天津地方志编修委员会总编室. 二十世纪的天津概况[A]，1986年油印本。

田胜武、田艳华. 冯国璋全传[M]，郑州：中州古籍出版社，1993.

王德昭. 清代科举制度研究[M]，北京：中华书局，1984.

王尔敏. 淮军志[M]，北京：中华书局，1987.

王吉尧. 中国近代军事教育史[M]，北京：解放军出版社，1996.

王家俭. 清末民初我国警察制度现代化的历程（1901—1928）[M]，台北：台湾“商务印书馆”，1984.

王守恂. 天津政俗沿革记[M]，1948年刻本。

王晓秋、尚小明. 戊戌维新与清末新政[M]，北京：北京大学出版社，1998.

韦庆远、高放、刘文远. 清末宪政史[M]，北京：中国人民大学出版社，1993.

文公直. 最近三十年中国军事史[M]，上海：上海太平洋书店，1920.

吴春梅. 一次失控的近代化改革——关于清末新政的理性思考[M]，合肥：安徽大学出版社，1998.

吴玉清、吴永兴. 清朝八大亲王[M]，北京：学苑出版社，1993.

萧功秦. 危机中的变革——清末现代化进程中的激进与保守[M]，北京：生活·读书·新知三联书店，1999.

萧一山. 清代通史（共5册）[M]，北京：中华书局，1986.

谢俊美. 翁同龢传[M]，北京：中华书局，1994.

谢俊美. 政治制度与近代中国[M]，上海：上海人民出版社，1995.

谢世诚. 晚清道光咸丰同治朝吏治研究[M]，南京：南京师范大学出版社，1999.

熊志勇. 晚清社会变迁中的军人集团[M]，天津：天津人民出版社，1998.

许纪霖、陈达凯. 中国现代化史（第1卷，1800—1949）[M]，上海：上海三联书店，1995.

殷啸虎. 近代中国宪政史[M]，上海：上海人民出版社，1997.

苑书义. 李鸿章传[M]，北京：人民出版社，1994.

张焘. 津门杂记[M]，天津：天津古籍出版社，1986.

张德泽. 清代国家机关考略[M]，北京：学苑出版社，2004.

张国淦. 北洋述闻[M]，上海：上海书店，1998.

张海鹏. 追求集——近代中国历史进程的探索[M]，北京：社会科学文献出版社，1998.

张华腾、苏全有. 袁世凯与中国近代化[M]，西宁：青海人民出版社，1999.

张焕宗. 唐绍仪与清末民国政府[M]，石家庄：河北人民出版社。1998.

张朋园. 立宪派与辛亥革命[M]，长春：吉林出版集团有限责任公司，2007.

张玉法. 清季的立宪团体[M]，北京：北京大学出版社，2011.

章开沅、林增平. 辛亥革命史[M]，北京：人民出版社，1981.

赵军. 折断了的杠杆——清末新政与明治维新比较研究[M]，长沙：湖南出版社，1992.

郑曦原. 帝国的回忆——纽约时报晚清观察记[M]，北京：生活·读书·新知三联书店，2001.

中国社会科学院近代史所民国史组. 清末新军编练沿革[A]，北京：中华书局，1978.

周育民. 晚清财政与社会变迁[M]，上海：上海人民出版社，2000.

周志初. 晚清财政经济研究[M]，济南：齐鲁书社，2002.

朱诚如. 清朝通史[M]，第13卷，光绪宣统朝，北京：紫禁城出版社，2003.

朱东安. 晚清政治与传统文化[M]，天津：百花文艺出版社，2012.

朱东安. 曾国藩传[M]，成都：四川人民出版社，1985.

朱东安. 曾国藩集团与晚清政局[M]，北京：华文出版社，2003.

朱沛莲. 清代之总督与巡抚[M]，台北：文行出版社，1979.

朱英. 晚清经济政策与改革措施[M]，武汉：华中师范大学出版社，1996.

四、报刊杂志

东方杂志、政治官报、中国日报、京报、时报、申报、国风报、民报、新民丛报、盛京时报、江苏、浙江潮、清议报、大公报、北洋官报、天津商报、直隶教育杂志、近代史资料、天津文史资料、文史资料选辑。